Winfred Kaminski
Einführung in die Kinder- und Jugendliteratur

Grundlagentexte Soziale Berufe

Winfred Kaminski

Einführung in die Kinder- und Jugendliteratur

Literarische Phantasie und
gesellschaftliche Wirklichkeit

4. Auflage 1998

Juventa Verlag Weinheim und München

Winfred Kaminski, Jg 1948, Promotion 1975, Habilitation 1991, war wissenschaftlicher Mitarbeiter am Institut für Jugendbuchforschung der J.W. Goethe-Universität, Frankfurt a.M. Seit 1990 lehrt er an der Fachhochschule Köln Sprach- und Literaturpädagogik mit dem Schwerpunkt Kinder- und Jugendliteratur und unterrichtet außerdem als Privatdozent am FB Erziehungswissenschaft der Frankfurter Universität. Er ist als Redakteur des „Lexikon der Kinder- und Jugendliteratur" (1975-1982) und als Mitherausgeber des Handbuches „Kinder- und Jugendmedien" (1984) hervorgetreten.

Die Deutsche Bibliothek — CIP-Einheitsaufnahme

Kaminski, Winfred:
Einführung in die Kinder- und Jugendliteratur : literarische Phantasie und gesellschaftliche Wirklichkeit / Winfred Kaminski. — 4. Aufl. — Weinheim ; München : Juventa Verlag, 1998
 (Grundlagentexte soziale Berufe)

ISBN 3-7799-0748-8

Das Werk einschließlich aller seiner Teile ist urheberrechtlich geschützt. Jede Verwertung außerhalb der engen Grenzen des Urheberrechtsgesetzes ist ohne Zustimmung des Verlags unzulässig und strafbar. Das gilt insbesondere für Vervielfältigungen, Übersetzungen, Mikroverfilmungen und die Einspeicherung und Verarbeitung in elektronischen Systemen.

© 1987 Juventa Verlag Weinheim und München
Umschlaggestaltung: Atelier Warminski, 63654 Büdingen
Umschlagabbildung: Ludwig Richter, Die Bildermann-Seite aus dem ABC-Buch für große und kleine Kinder, Leipzig 1845.
Printed in Germany
ISBN 3-7799-0748-8

Vorbemerkung

Die vorliegende Einführung in die Kinder- und Jugendliteratur ist nicht in erster Linie eine literaturwissenschaftliche Studie, sondern wendet sich an Erzieher und Sozialpädagogen. Deshalb ist sie nicht — wie sonst üblich — nach literarischen Gattungen gegliedert — Epik, Dramatik, Lyrik — oder nach Sub-Genres wie Novelle, Fabel, Anekdote oder ähnliche. Statt dessen habe ich mich auf eine Gliederung des Stoffes eingelassen, die nach der Geschichte der Kindheit fragt und dann nach dem Ort von Kinder- und Jugendliteratur, die eine geschichtliche Übersicht der Kinder- und Jugendliteratur von ihren Anfängen bis in die Gegenwart bringt, um in den weiteren Abschnitten fallweise das Bilderbuch vorzustellen, die Kinderliteratur im engeren Sinne und die Jugendliteratur. Diese fünf Kapitel bilden die Grundstruktur dieser Einführung.

Die detaillierte Auseinandersetzung mit Bilder-, Kinder- und Jugendbüchern bringt typische Beispiele aus der Geschichte und in ergänzenden Zwischenschritten ältere sowie jüngere zeitgenössische Exempel internationaler oder deutscher Herkunft, unter anderem in der Form kleinerer Portraits der Künstler und der Autoren. So werden im Bilderbuchkapitel Heinrich Hoffmann und Wilhelm Busch für das 19. Jahrhundert bekannt gemacht, Leo Lionni und Maurice Sendak für die Gegenwart sowie Janosch und Helme Heine zusammen mit anderen als Bilderbuchkünstler der Gegenwart.

Der Zugriff aufs Kinder- und Jugendbuch erfolgt in der Weise, daß nach allgemeiner gehaltenen Überlegungen, sei es zur realistischen, sei es zur phantastischen Kinder- und Jugendliteratur, Autoren und Werke vorgestellt werden und dazu für die Gegenwart thematisch und/oder literaturgeschichtlich herausragende Linien. Auf diese Weise werden die Positionen einer eher abbildenden und eher phantasiebetonten Schreibweise vorgeführt werden. Das läuft zum Beispiel im Jugendbuch-Kapitel auf die Gegenüberstellung von problemorientierter realistischer Literatur einerseits und Fantasy andererseits hinaus. Anzumerken bleibt, daß auf ein eigenes Kapitel „Mädchenbuch" verzichtet worden ist, weil hierzu an den betreffenden Stellen unter literaturgeschichtlichen oder inhaltlichen Aspekten einiges ausgeführt wird.

Winfred Kaminski

Zur 3. ergänzten und erweiterten Auflage

Hiermit liegt die dritte Auflage meiner „Einführung" vor. Vor jetzt sechs Jahren ist sie erstmals erschienen und hat neben Kritik viel positives Echo erfahren. Den korrigierenden Hinweisen, die ich den Rezensionen habe entnehmen können, bin ich in vielen Fällen gefolgt. Dabei ist manches, was in den vorangegangenen Auflagen vielleicht etwas zu kurz gekommen war, jetzt ein wenig ausführlicher gestaltet. Ich habe aber daran festgehalten, daß dies eine Einführung in die Kinder- und Jugendliteratur ist und damit ein eher verallgemeinernder Tenor vorherrschend bleiben sollte. Erweitert habe ich meine Diskussion der Kindermedien und der Kinderkultur sowie die Überlegungen zur Kritik, ausführlicher sind auch die jeweils einleitenden Bemerkungen gestaltet worden, ergänzt wurden zudem einige Autorenporträts und manche Definition. Dabei war ich bemüht, die Illustratoren und Autoren selbst reden zu lassen, um so ihr besonderes Profil erkennbarer zu machen.

Ich hoffe, daß durch die Korrekturen und Erweiterungen der Band nicht an Lesbarkeit verloren, sondern an Informationswert gewonnen hat. Am Schluß möchte ich meiner Frau und meinen Kindern Dank dafür abstatten, daß sie mit viel Geduld meine Schreibtischarbeit ertragen und mitgetragen haben.

Winfred Kaminski   Frankfurt a.M., im Oktober 1993

Vorwort zur 4. Auflage

Die „Einführung zur Kinder- und Jugendliteratur" behauptet sich mittlerweile ein gutes Jahrzehnt auf dem Markt. Das war nicht leicht vorherzusehen. In diesem Jahrzehnt hat sich auf dem Feld der Kinder- und Jugendliteratur einiges getan, aber es ist auch — überraschend — vieles gleich geblieben. Die Weiterungen, die diese Auflage erfahren hat, können sich deshalb auf wenige unumgängliche Nachträge und Korrekturen beschränken, ohne das gesamte Konzept zu ändern.

Winfred Kaminski   Frankfurt a.M., im September 1997

Inhalt

I. Zur Geschichte der Kindheit

1. Wandlungen des Kinderbildes 9

II. Geschichte der Kinder- und Jugendliteratur

2. Vom Nutzen und Vergnügen zur Moral der Märchen
   Zwischen Aufklärung und Romantik. Kinder- und Jugendliteratur Ende des 18. und zu Beginn des 19. Jahrhunderts 17

3. Patriotismus und Sentiment
   Verspätetes Biedermeier und Mangel an Realismus. Kinder- und Jugendliteratur in der zweiten Hälfte des 19. Jahrhunderts 21

4. Vom Blumenmärchen und Großstadtleben
   Jugendschriftenbewegung und Neue Sachlichkeit. Kinder- und Jugendliteratur gegen Ende des Kaiserreichs und in der Weimarer Republik 25

5. Dienst am Volk als Abenteuer
   Zum heroischen Realismus der Kinder- und Jugendliteratur im Dritten Reich 31

6. Wirklichkeit und Phantasie
   Vom „guten" Jugendbuch zum neuen Realismus und sozialer Phantasie. Kinder- und Jugendliteratur in der Bundesrepublik Deutschland 36

III. Das Bilderbuch

7. Was ist ein Bilderbuch? 45

8. „Wilde Kinder" – Zwei Klassiker 47

9. Zeitgenössische Bilderbuchporträts 51
   Kunst und Gestalt. Zwei internationale Vorbilder 51, Von Nonsense, Spiel und Sachgehalt 55

IV. Das Kinderbuch

10. Was ist ein Kinderbuch? 65

11. Gläubig und mutig – Zwei Klassiker 66
    Johanna Spyris „Heidi" 66, Karl Mays „Deutsche Helden" 69

12. Realistische Kinderliteratur 72
    Soziales Lernen, Phantasie und Politik 72, Die realistische
    Kinderliteratur und ihre Autoren: Porträts 77
13. Märchen und Phantastische Erzählungen 90
    Die Kinder- und Hausmärchen der Brüder Grimm 90
    Die Phantastische Erzählung. Ihre Probleme 93
    Phantastische Kinderliteratur — Autoren im Porträt 95

V. Das Jugendbuch

14. Was ist ein Jugendbuch? 107
15. „Fremde Kinder" — Zwei moderne Klassiker 109
    Gesellschaftliche Wirklichkeit im Werk Christine
    Nöstlingers 109, Auswege in eine andere Wirklichkeit — Michael Endes „Die unendliche Geschichte" 112
16. Realistische Jugendliteratur 115
    Zeitgeschichtliche Jugendbücher 115, Die Darstellung
    der „Dritten Welt" 119, Friedensliteratur 123
17. Fantasy 126
    Phantasie und Utopie 126, Wege in die Anderswelt.
    Ein Beispiel deutscher Fantasy 130

Was ist „gute" Kinder- und Jugendliteratur?
Hinweise zur Bewertung und Beurteilung 132

Zwei Literaturen?
Schlußbemerkung 141

Zitierte Literatur 143

Weiterführende Literatur 145

Anschriften
„Rund um die Kinder- und Jugendliteratur" 149

Sammlungen 151

Fachzeitschriften 152

I. Zur Geschichte der Kindheit

1. Wandlungen des Kinderbildes

Mitte der siebziger Jahre hat in der Bundesrepublik ein Buch von sich reden gemacht, das 1960 erstmals in Frankreich erschienen war. Es ist die „Geschichte der Kindheit" des Historikers Philippe Ariès. Wer sich seither mit Kinder- und Jugendliteratur beschäftigen will, kann an seinen Überlegungen nicht vorbeigehen. Die Kinder- und Jugendliteratur entstand nämlich in engem Zusammenhang mit der Herausbildung von ‚Kindheit', indem sie ein bestimmtes Bild des Kindes verbreiten half und wiederum selbst von der Geschichte der Kindheit beeinflußt wurde.

Ariès' Buch beginnt mit der Untersuchung der frühneuzeitlichen Vorstellungen von den sogenannten ‚Lebensaltern'. Er belegt, daß die Ideen und Vorstellungen über die verschiedenen Altersstufen nicht immer dieselben waren. Seit dem 16. Jahrhundert entsteht überhaupt erst ein Interesse an der Altersbestimmung von Personen oder von Kindern, und dies zunächst nur in den gebildeteren Bevölkerungsschichten. Plötzlich schwankten die Altersangaben einer Person zwischen Ungewißheit und Übergenauigkeit. Dieser Umstand verwundert deshalb nicht, weil damals noch völlig unklar erlebt wurde, was ein ‚Kind' oder ein ‚Jugendlicher' eigentlich waren. Vor allem die Phase der sog. Adoleszenz hatte im Denken keinen Platz. Bis weit ins 18. Jahrhundert hinein wurde zwischen Kindheit und Adoleszenz nicht unterschieden. Auch Vierundzwanzigjährige zum Beispiel konnten noch als Kinder gelten und als solche angesprochen werden. Denn mit Kindheit, Kindsein und Kindlichkeit verband sich entweder soziale Abhängigkeit oder ein religiös-patriarchalisches Verhältnis: Gotteskindschaft.

Im Mittelalter waren Kinder oft nur „in der Größe reduzierte Erwachsene". Literatur und Kunst weigerten sich, die ‚Morphologie' des Kindes wahrzunehmen. Die Idee von Kindheit im modernen Sinne entwickelte sich über die Verweltlichung der Abbildungen von Engeln, des Jesuskindes oder der Maria mit dem Kinde. Diese Darstellungen wurden im Laufe der Zeit alltäglicher und profaner. Erst im 17. Jahrhundert beginnt die Darstellung eines Kindes um seiner selbst willen. In einigen Familiendarstellungen rückt das Kind jetzt sogar ins Zentrum.

Ein weiterer Hinweis auf die Gleichgültigkeit Kindern gegenüber war die Kleidung des Kindes. Wiederum erst seit dem 17. Jahrhundert setzt das Bemühen ein, die Kinder in der Kleidung hervorzuheben und zu uniformieren. Um sie als Kinder zu kennzeichnen, griff man zu dem Trick, für sie solche Kleidung aufzuheben, die die Großen schon lange aufgegeben hatten. D.h., man reservierte für Kinder jene Kleidung, die nicht mehr in Mode war; wie im Falle des ehemals von allen Altersgruppen, jungen wie alten, getragenen langen Gewandes.

Zuerst aber hat sich das Verständnis für die Kindheit zugunsten der Jungen geregt. Die Mädchen blieben länger der traditionellen Lebensweise verhaftet, die sie mit den Erwachsenen vermischte. Unterschiede gab es in der Einstellung zum Kind jetzt auch in den verschiedenen gesellschaftlichen Klassen. Die Sonderstellung, die man Kindern einräumte, galt anfangs nur in Adel und Bürgertum. Die Kinder des Volkes, der Handwerker und Bauern, waren weiter Teil einer gemeinsamen Welt, die keine ‚Geheimnisse' voreinander kannte. Ariès kann in seiner Darstellung des Wandels von der ‚Schamlosigkeit' zur ‚Unschuld' zeigen, welche psychischen Folgen der Bruch zwischen Jungen und Alten hatte. Lautet eines der kategorischen Erziehungsgesetze noch unserer Gegenwart, daß sich Erwachsene vor den Kindern jeder sexuellen Anspielung zu enthalten haben, so war eine solche Einstellung der alten Gesellschaft fremd. Eine Erziehung zur ‚Schicklichkeit' schien erst angesichts des herannahenden Mannesalters angebracht, vorher wurde sie nicht als sinnvoll erachtet.

Es waren die Aktivitäten des Pädagogen Jean Gerson und seiner Anhänger, die dazu aufforderten, bei den Kleinen Schuldgefühle zu wecken. Sie empfahlen, den Kindern nüchtern entgegenzutreten und sich ‚züchtig' ihnen gegenüber zu verhalten. Zugleich begannen sie, die Kinder voneinander und von den Erwachsenen zu trennen und ihr Tun und Lassen zu überwachen. Dadurch entstand die ‚moralische' Auffassung vom Kinde. So bildete sich das Konzept der kindlichen Unschuld heraus. Man betonte seine Schwächen, wobei diese mit der Unschuld als dem wahren Widerschein göttlicher Reinheit verbunden wurden.

Die altgewohnte ‚Vertraulichkeit' wurde aufgegeben und durch strenge Lebensführung abgelöst. Den Erwachsenen oblag es nun, die Kinder vor den schmutzigen Erscheinungen des Lebens zu bewahren und sie zu stärken, indem sie für die Entwicklung des Charakters und der Vernunft Sorge trugen.

Auf einer anderen Ebene spiegelte sich dieser Wandel der Kindheit in der Veränderung der Schule — und in der Identifizierung der Zeit der Kindheit mit der Schulzeit —, diese veränderte sich von der sogenannten Scholarenfreiheit des Mittelalters zur modernen Disziplinarordnung. Es änderte sich ebenso die Position des Lehrers. Er ist nicht mehr ‚erster unter Gleichen', sondern wird Verwalter übergeordneter Autorität. Ariès erkennt in dieser Entwicklung einen Prozeß von relativer Liberalität zur Militarisierung der Erziehung.

Die weiteren Diskussionen zur Geschichte der Kindheit (neben Ariès, deMause, 1977) zeigen uns den wandelbaren Charakter dessen, was man darunter faßt, und folglich auch den veränderlichen Charakter des kindlichen Lesers und dessen, was als kind- oder jugendgemäß gelten kann. Kindheit und Jugend als ‚biologische' Phasen menschlicher Entwicklung sind nicht aufhebbar, aber ihre kulturelle Überformung war zu verschiedenen Zeiten je verschieden; im 18. Jahrhundert anders als zum Beispiel heutzutage.

Die Differenz zwischen den Anforderungen an die Kinder, wie sie zum Beispiel im späten Mittelalter der Humanist Erasmus von Rotterdam in seinen „Colloquia Familiarum" erhob und denen des aufklärerischen Philanthropinismus im letzten Drittel des 18. Jahrhunderts, ist offensichtlich. Das Anstandsbüchlein des Erasmus „De civilitate morum puerilium" zeichnet sich dadurch aus, daß es ausführlich und mit völliger Unbefangenheit Fragen der Sexualität und der Körperlichkeit öffentlich diskutiert. Dinge, die heutzutage und erst recht im 18. Jahrhundert gänzlich privatisiert sind und im gesellschaftlichen Leben unter Sanktionen stehen; sei es auch nur, um zu vermeiden, sich der Lächerlichkeit preiszugeben.

Der Kultursoziologe Norbert Elias (1978, S. 191ff) sieht das vor allem in einem Wandel der Schamgrenze begründet und in deren Vorrücken in einer bestimmten Richtung. Elias befaßt sich besonders mit dem Interesse der Kinder an ihren körperlichen Ausscheidungen und stellt fest, daß die Ge- und Verbote in diesem Bereich zur Zeit des Erasmus noch relativ gering waren. Weder die Verrichtungen selbst noch das Sprechen darüber oder Assoziationen dazu waren in dem Maße der Intimsphäre zugeordnet und mit Peinlichkeitsgefühlen belegt wie in späterer Zeit. Das Vorrücken der Schamgrenze ließ dann die negativ geladenen Affekte wie Unlust und Abscheu als die gesellschaftlich allein üblichen Empfindungen zu, und die Kinder werden in dieser Hinsicht abgerichtet. Die Herstellung des Affekthaushaltes im Einzelnen mündete schließlich in die ‚Distanz' zwischen Erwachsenen und Kindern, so daß selbst ein angeblich so ursprüngliches Gefühl wie Mutterliebe keinesfalls natürlich ist, sondern Resultat der Sozialisation und des Erlernens der weiblichen Rolle. Gleiches gilt für kindliches Verhalten den Großen gegenüber.

Die Erziehungsschriften des Erasmus wollten die Jungen ins Leben einführen (lat. „ad vitam instituendam"). Darunter verstand er ganz unmittelbar das Tun und Lassen der Erwachsenen. In späteren Jahrhunderten – hier beginnt die Rolle der Kinder- und Jugendliteratur als Medium der Sozialisation – entfaltet sich demgegenüber eine verstärkte Tendenz, den Kindern zu zeigen und ihnen zu sagen, wie sie sich zu verhalten haben und wie nicht. Um sie ins Leben einzuführen hatte Erasmus ihnen demonstrieren wollen, wie sich Erwachsene verhalten und wie nicht.

Damit waren die Voraussetzungen geschaffen für eine Konstellation, die seither die Konflikte der Kinder- und Jugendliteratur mitbestimmte. Die Spannung vieler Bücher für junge Leser resultiert aus dem Streit zwischen denen, die die gesellschaftlichen Normen schon zu ihren gemacht haben und denen, die die Normen noch erst eingeimpft bekommen sollen (vgl. hierzu H. Hoffmanns „Struwwelpeter" und W. Buschs „Max und Moritz").

Das informelle Lehrverhältnis des Mittelalters und die Sozialität sind nicht mehr herstellbar. Durchgesetzt hat sich die systematische Disziplinierung des kindlichen Willens und die Schulung des Geistes.

Wenn man der Geschichte der Kindheit nachgeht, so war es fast immer bürgerliche Kindheit, mit der sich die Historiker befaßten. Sie allein hat eine literarische Sprache gefunden. Proletarische oder bäuerliche Kindheit ist kaum dokumentiert. Nicht zufällig hat deshalb die Kinder- und Jugendliteratur ihre historischen Wurzeln in der Emanzipationsbewegung des Dritten Standes, d.h. des Bürgertums, von der Vorherrschaft des Adels und der Kirche. Gegen die angeblich ererbten Vorrechte der Fürsten und Priester, ihre Standesprivilegien sowie ihre vorgeblich überlegenen körperlichen oder intellektuellen Anlagen setzte das Bürgertum seit der Aufklärung auf die Erziehung: „Die Erziehung kann alles" war eines ihrer Schlagworte. Die Kinder- und Jugendliteratur hatte eine bestimmte Rolle in diesem Erziehungsprozeß zu spielen. Indem die Kinder erst einmal von der übrigen Welt ferngehalten wurden, leitete man sie dann gesondert an, um sie auf diese Welt vorzubereiten.

Diese Entwicklung, die gegen Ende des 18. Jahrhunderts ihren Anfang nahm, hat heute neue Dimensionen erreicht. Längst ist moderne Kindheit nicht mehr die des „Kleinen Lord" oder gar der „Pippi Langstrumpf", längst auch ist Kinder- und Jugendliteratur nicht mehr das einzige Medium, mit dem Kinder in Kontakt kommen. Gegenwärtig ist Kindheit hauptsächlich Fernsehkindheit, pädagogische Kindheit, Schulkindheit und Zukunftskindheit (Hentig, 1975, Vorwort). Sie ist Medienkindheit.

Die Diskussion von Kinder- und Jugendliteratur hat sich fortan dieser fast durchgängigen Mediatisierung (d.h. Vermitteltheit) der Erfahrung als dem extremen Gegenpol zum mittelalterlichen Lehrverhältnis beständig bewußt zu sein. Immer weniger erleben wir Kindheit als Phase mit besonderen und unmittelbaren Erfahrungsmöglichkeiten. Der Zugriff auf Psyche und Kopf der Kinder hat einen Umfang angenommen wie im 19. Jahrhundert der Zugriff auf die Körper der Arbeiterkinder. Kinderalltag heute ist bestimmt durch Kontrolle, Lenkung, Steuerung, Reglementierung, Vereinzelung, Einsamkeit und Abhängigkeit. Lebenserfahrung gibt es nur noch aus ‚zweiter Hand'. Kinder sind zudem fast immer ‚unter Aufsicht'. Sie können sich kaum noch pädagogischem Zugriff entziehen. Freiräume, in denen sie sie selbst sein können, existieren allenfalls als Phantasieräume. Diese sind jedoch bedroht von der ‚Kolonisierung' durch Video, Kassette, TV oder Radio.

Vielleicht kann Kinder- und Jugendliteratur, die gleichwohl häufig als Erziehungsinstrument verstanden wird, für junge Leser ein Gegengewicht bilden. Durch die notwendig individuelle Rezeption eines Buches, sei es ein Bilderbuch, ein Roman, ein Comic oder ein Märchen, ist eine Steuerung der Wahrnehmung von außen schwierig. Gegen die gelenkte Rezeption der elektronischen Medien bietet Literatur den Vorteil, daß der Leser ein Buch wie die Partitur eines Musikstücks selber interpretieren kann. Er ist somit Dirigent und Orchestermusiker zugleich. Derart ist Kinder- und Jugendliteratur, wie Literatur überhaupt, den anderen Medien überlegen. Diese gestatten nur ein Bild, das sie zugleich vorführen, während der Leser bei der Lektüre sein Bild einer Sache, einer Person oder einer Situation in seiner Phantasie entwirft. Literatur fordert eine aktive Aufnahme, die elektronischen Medien zumeist ein passives Sich-Ergeben.

Die elektronischen Medien ziehen immer noch pädagogisches Interesse auf sich. Ihnen wird vorgeworfen, in so umfassender Weise auf die Rezipienten Einfluß zu nehmen – im negativsten Falle bis zur ‚sittlichen Verrohung' –, daß es besonderer Organe bedürfe, um sie zu kontrollieren. Ein Vorbild für diese Art Kontrollinstanz bildet seit 1953 die Bundesprüfstelle, die für die Durchführung des „Gesetzes über das jugendgefährdende Schrifttum" verantwortlich zeichnet. Auf dem Hintergrund der Schmutz- und Schunddebatte hatte die Bundesprüfstelle in den 50er Jahren sich vor allem mit „Heftchen" zu befassen und achtete darauf, daß es darin sauber und voll Zucht und Ordnung zugehe. Jedes Stück nackter Haut rief den Zensor auf den Plan; obwohl sich die Bundesprüfstelle selbst nicht als Zensureinrichtung begreift. In ihren Anfangsjahren hatte diese Institution meist mit Printmedien zu tun, gegenwärtig zählt verstärkt die Beobachtung des Video- und Computerspielmarktes zu ihren Aufgaben.

Muß es Jugendmedienschutz geben? Die Bundesprüfstelle und ihr ehemaliger Leiter Rudolf Stefen gehen davon aus, daß die heutigen Erkenntnisse der Wirkungsforschung begründet vermuten lassen, daß Kinder und Jugendliche durch die Aufnahme von bestimmten Medienprodukten in ihrem sozial- und sexualethischen Reifungsprozeß negativ beeinflußt werden und Schaden erleiden können. Zu den jugendgefährdenden Medien zählen sie „verrohend wirkende, zur Gewalttätigkeit, Verbrechen und Rassenhaß anreizende, NS- und kriegsverherrlichende und verharmlosende, frauendiskriminierende und pornographische Medien". Mit diesen Worten erläuterte die Bundesprüfstelle 1989 in einem „Gesamtverzeichnis indizierter Bücher" den Ausgangspunkt ihrer Tätigkeit.

Was den einen verantwortliche und notwendige Prävention, ist anderen ein Relikt aus der Zeit der „Käseglockenpädagogik", die sich an leeren Wunschbildern wie „saubere Atmosphäre" oder „christlich-abendländische Kultur" orientiere. Zu bedenken bleibt, daß diese Behörde ein Organ der Exekutive ist, das mit mehreren Hundert über das Land verstreuten antragsberechtigten Ämtern über ein starkes Netz an Außenstellen verfügt. Die Berechtigung dieser Einrichtung wird unter anderem mit Argumenten der sozial-kognitiv orientierten Wirkungsforschung begründet, die behauptet, daß Medien Wirkungen zeitigen und den Einzelnen prägen. Wir lernen an Modellen und durch Vorbilder, weshalb es nicht länger erlaubt sei, die Annahme der alten Katharsis-Theorie zu übernehmen. Es gibt, so die sozialkognitiv orientierte Wirkungsforschung, keine Katharsis durch die Beobachtung von Modellen, sondern wir haben eher Anlaß zu der Vermutung, daß wir Modelle imitieren und Verhalten habitualisieren.

Wenn dem so ist, müssen wir die Frage stellen, woher das Interesse an gewalttätig-menschenverachtenden Medien herrührt oder welche die persönlichen, familiären und sozialen Voraussetzungen für den Gewalt-Konsum sind. Beschreiben wir Medien pauschalierend als potentiell gewaltauslösend oder sexuell enthemmend, müssen wir uns auch dem Gedanken zuwenden, daß die Medien womöglich selbst Ausdruck von manifester gesellschaftlicher Gewalt sind. Diese strukturelle Gewalt außerhalb der Medien stellt sich dar als soziale Deprivation, Arbeitslosigkeit, Perspektivlosigkeit, Armut und Unterdrückung von Abhängigen, das können Männer, Frauen und Kinder sein, aber genauso Alte oder Junge. Ziehen wir diesen Sachverhalt in Betracht, hat das Gewaltpotential, das sich in den Medien Bahn bricht, und das gewiß nicht zu unterschätzen ist, seine Gründe und Ursachen außerhalb der Medien. Die Medien können nicht besser sein als die Gesellschaft, der sie entstammen und die immer noch nicht ohne Gewalt auskommt.

Damit ist nun kein Freibrief für die Medienmacher ausgestellt, ihre Verantwortung zu vergessen. Hieraus folgt nachdrücklich die Notwendigkeit einer offensiven Aufklärung über die Medien hinaus. Die Öffentlichkeit ist aufgefordert, diese Verantwortlichkeit immer wieder einzufordern. Ergänzt sei noch, daß es mit den §131 und §184 des Strafgesetzbuches ohnehin juristische Sanktionsmittel gegen Produkte gibt, die gegen die Menschenwürde verstoßen.

Um nun nicht nur in einer defensiven Position gegenüber der „Allmacht" der Medien steckenzubleiben, gab es in den zurückliegenden Jahren Ansätze, zu einer aktiven Auseinandersetzung mit unterschiedlichen medialen und kulturellen Produkten zu finden. In diesem Umkreis tauchte seit dem Beginn der 70er Jahre in Verbindung mit der Diskussion der Geschichte der Kindheit und Frage der Vorschulerziehung ein Begriff auf, der seither aus dem Themenfeld Kindheit und Medien nicht mehr wegzudenken ist: Kinderkultur.

Der Terminus Kinderkultur ist ein Sammelbegriff, der unterschiedliche Aspekte kindlicher Lebenswelt einzufangen versucht. Bei der Betrachtung alles dessen, was dazu gehört, müssen mediale, sozialisatorische, juristische, institutionelle, psychologische, folkloristische, spielerische und intellektuell-kognitive Dimensionen einbezogen werden. Die Auseinandersetzung mit zeitgenössischer Kinderkultur erfordert interdisziplinäres Vorgehen. Nur ein Wissenschaftszweig und eine Methode allein sind nicht imstande, die traditionellen Kindermärchen, Spielzeug für Jungen und Mädchen, die Kleidung vom Matrosenanzug und weißen Kleid bis zu modischer Kinderkleidung der Gegenwart oder die Sozialgeschichte der Kinderarbeit gleicherweise angemessen zu untersuchen. Zur Kinderkultur gehören Fragen des Wohnens, der Kinderfeste vom Geburtstag bis zur Weihnacht, die älteren und die neuesten Medien, d.h., Kinderliteratur, -theater, -musik, aber auch die audiovisuelle Medien, Funk, Fernsehen, Schallplatte, Cassette, CDs und Video-Spiele.

Die Frage nach der Funktion dieser Segmente kann in zweierlei Richtungen beantwortet werden: Zum einen dient Kinderkultur der Einübung in die Gesellschaft (sozialisatorische Funktion) und zum anderen der sozialen Interaktion der Kinder (kommunikative Funktion) untereinander durch Vormachen und Nachmachen. Dabei werden nicht allein imitative Fähigkeiten gefördert, sondern auch Imagination, Phantasie und Kreativität der Kinder. Zwar steht die kommerzielle Kindermassenkultur (Beispiel: Barbie und He-Man, Wonderwoman und Superman) stets unter dem Verdacht der Manipulation. Neuere Rezeptionsforschungen haben aber gezeigt, daß Kinder dem Warenangebot der Massenkultur nicht so hilflos ausgeliefert sind, wie vielfach befürchtet. Sie machen einen durchaus eigenwilligen Gebrauch von dem, was in je wechselnder Mode massenmedial (als Comic, Trickfilm oder Spielfigur) an sie herangetragen wird. Kinder sind imstande, die Angebote des Leitmediums Fernsehen zum Beispiel, durch ihre Texte zu überformen; sie rezipieren aktiv.

Wenn Kinderkultur angemessen erfaßt werden soll, müssen wir sie als ein System von Dingen und Zeichen ansehen, die Sinn stiften oder Sinn transzendieren. Insofern ist Kinderkultur auch eine Chiffre für die Hoffnung, daß es eine reibungslose Fremdbestimmung nicht geben wird. Es gibt Räume der Kreativität, die die Kinder ständig erweitern. Der Volkskundler Hermann Bausinger stellte heraus, daß das, was Kinderkultur ausmache, weniger eine Frage des Textes sei, sondern eine des Kontexts. Mit dieser Einsicht werden die Pole *Kultur für Kinder* und *Kultur der Kinder* aneinander angenähert. Offensichtlich sind zahlreiche der kulturellen Angebote für Kinder auf Fixierung aus, sind Spiele mit Gegebenheiten. Und es scheint, als ob — in Opposition dazu — die Kultur der Kinder purer Funktionslust, dem Spiel mit Möglichkeiten, entspringt. Dies sind keine sich ausschließenden Funktionen. Kinderkultur oszilliert notwendig zwischen geschützten Räumen und den immer weiter werdenden Abstechern in ungeschützte Freiheiten. Kinderkultur ereignet sich heutzutage zwischen Spielplatz und Computer, Lego-Bausteine zählen ebenso dazu wie der Game-Boy. Die Spannung zwischen diesen Polen darf nicht bloß negativ gewertet werden. Der allgegenwärtigen kulturellen Durchdringung von Kindheit entspricht auf der Subjektseite eine Vielfalt kultureller Ausdrucksformen. Selbst die kommerzielle Kindermassenkultur, trotz der sich in ihr spiegelnden „höllischen Ausgelassenheit" (W. Benjamin), beinhaltet Möglichkeiten kultureller Selbstdarstellung. Vieles von dem, was Kinder sich aus dem kulturellen Warenangebot, sei es „hochwertig" oder eher „trivial", aneignen, eignen sie sich an im Gegenzug zu den Anforderungen einer vorherrschend technisch-kognitiv orientierten Vernunft.

Gesellschaftliche Handlungskompetenz und soziale Mündigkeit verwirklichen sich nur, durch die Ausbildung von Kreativität, Selbsttätigkeit, Eigeninitiative und Bedürfnisorientierung. Deshalb kommt den spezifischen Gebrauchsweisen der Kinder ein hoher Stellenwert zu. Ihre Auseinandersetzung mit kulturellen Werten und Prozessen erschöpft sich nicht in purem Nachvollzug, sondern — wenn sie zugelassen wird — in oft phantasievoller Aneignung und Umgestaltung.

II. Geschichte der Kinder- und Jugendliteratur

2. Vom Nutzen und Vergnügen zur Moral der Märchen

Zwischen Aufklärung und Romantik. Kinder- und Jugendliteratur Ende des 18. und zu Beginn des 19. Jahrhunderts

Anfänge einer spezifischen Kinder- und Jugendliteratur finden sich schon bei Thomasin von Zerclaere (1215), im „Großen Seelen Trost" (Ende des 14. Jahrhunderts) und in Konrad von Dangkrotzheims „Das heilige Namenbuch" (1435). Das Epos von „Reineke Fuchs", Jörg Wickrams „Der Jungen Knaben Spiegel" (1554) sind weitere Zwischenstufen, bis mit Johann A. Comenius' „Orbis Sensualium Pictus" (1658) das belehrende Buch einen enormen Entwicklungsschritt vollzog.

Der Entstehungsprozeß der aufklärerischen Kinder- und Jugendliteratur als eines selbständigen Literaturzweiges setzt etwa Mitte der sechziger Jahre des 18. Jahrhunderts ein und erreicht einen ersten Höhepunkt Mitte der achtziger Jahre. Zu jener Zeit – und nicht nur damals – war die Kinder- und Jugendliteratur eng mit der Pädagogik verzahnt.

Es muß zwischen einer vorphilanthropischen und einer philanthropischen Kinder- und Jugendliteratur unterschieden werden. Die Unterscheidung dieser beiden Strömungen hat mit ihrem je unterschiedlichen Bild vom Kinde zu tun. So sieht die vorphilanthropische Kinder- und Jugendliteratur im Kind das Vernunftwesen, das eine – wenn auch verworrene – Vorstellung vom Weltganzen in sich trägt. Einstellung auf kindliche Wahrnehmungsformen war darum nicht notwendig. Denn der Sache nach waren die Gegenstände der Außenwelt oder des Unterrichts immer schon begriffen. Von daher wird der heute ungeheuer erscheinende Bildungsstoff der Enzyklopädien und Elementarwerke für Kinder – zum Beispiel von Johann B. Basedow – verständlich.

Für die Philanthropen (griech. „Menschenfreunde") änderte sich indes die Sachlage. Ihnen geht es um die Einstellung auf eine angenommene spezifisch kindliche Wesensart. Die Literatur hat sich zu den Kindern herabzubeugen und sie als Kinder zu bestätigen. Das hatte methodisch zur Folge, daß in den Wissensgebieten nur noch wenige elementare Sachverhalte ausgewählt werden sollten. Als elementar galten den Philanthropen solche Sachverhalte, die zu den ersten sinnlichen Erfahrungen der Kinder gehören.

Zur Kinder- und Jugendliteratur zählten damals die antiken Fabeln des Äsop, die Fabeln Gotthold Ephraim Lessings sowie die „Lieder für Kinder" (1767) von Christian Felix Weisse. Maßgebend war auch Weisses Wochenblatt „Der Kinderfreund". Zur weiteren Etablierung einer eigenen Kinder- und Jugendliteratur trug Joachim Heinrich Campes Bearbeitung des Defoeschen „Robinson Crusoe" bei: „Robinson der Jüngere" (1779/80). Campes „Robinson"-Buch gipfelt in einer Pädagogisierung aller Motive des Defoeschen Vorbildes. Robinsons Geschichte wird erhöht zu einer Art Geschichte der ersten Menschheit. Für Campe gab es keine Autonomie der künstlerischen Gestaltung. Er setzte auf Adaption und Zurichtung, so daß die Abenteuer domestiziert wurden. Auch seine „Kleine Kinderbibliothek" (1778-1784) versucht nicht etwa, Kinder an Literatur als Kunst heranzuführen, vielmehr möchte sie „die Literatur den Kindern dienstbar" machen. Seit 1785 meinte Campe sogar, daß eine literarische Bildung der Kinder erst zu Ende der Kindheit beginnen sollte.

Zu den weiteren wichtigen Ereignissen und Veröffentlichungen im 18. Jahrhundert gehören Friedrich Justin Bertuchs großformatiges „Bilderbuch für Kinder" (1790-1830), Friedrich Eberhard von Rochows „Kinderfreund" (1776), Georg Christian Raffs „Naturgeschichte für Kinder" (1778). Johann Siegmund Stoys „Bilder-Akademie". Maßgeblich wurde auch Christian Gottlieb Salzmanns „Moralisches Elementarbuch" (1782/83).

Ein Genre erreichte in der Aufklärungszeit ein bedeutendes Niveau: das Kinderschauspiel. Die deutsche Tradition beruhte auf J.G. Pfeffels „Dramatischen Spielen" (1769) und auf Moissys „Spiele der kleinen Thalia" (1769). Hauptvertreter dieser Gattung war Chr. F. Weisse, der fast vierzig Theaterstücke für Kinder verfaßte. Seine Grundtypen waren das Vorbildmodell, das Kontrastmodell sowie das Warn- und Abschreckmodell. Inhaltlich verarbeitet Weisse die Individualtugenden sowie die häuslichen und gesellschaftlichen Tugenden. Er begnügt sich mit der Vervollkommnung der als gut erkannten bestehenden gesellschaftlichen Grundordnung. Weisse tastet die Ständehierarchie nicht an und hofft auf die „bessernde Wirkung vorgelebter Beispiele".

Der Philanthropinismus, angeregt durch englische und französische Vorbilder, entdeckte aber nicht nur die Kinder als potentielle Adressaten von Literatur, sondern gerade auch die Mädchen. So stellte Campe seinem „Väterlichen Rath", dem „Theophron", einen „Väterlichen Rath für meine Tochter" (1789) zur Seite. Dieser Text gehört zu der Gruppe von Schriften, die die spezifische Mädchenliteratur etablieren halfen. Vorläuferinnen waren Sarah Fieldings „Die Hofmeisterin", Schriften der Sophie von La Roche sowie von Jeanne-Marie Leprince de Beaumont und Friederike Helene Ungers „Julchen Grünthal". Seither ist die Mädchenliteratur integraler Bestandteil der Kinder- und Jugendliteratur. Sie entstand mit den moralisch-belehrenden Schriften im 18. Jahrhundert und führte hin zur Backfischliteratur des 19. Jahrhunderts. Im Laufe der Entwicklung ist eine zunehmende Verschleierung der transportierten Normen zu erkennen. Im 18. Jahrhundert bekannten die Autoren sich offen zu den Normen, nach denen die Mädchen erzogen werden sollten. Im 19. Jahrhundert flossen sie immer unterschwelliger ein und wurden allenfalls indirekt benannt.

Anfänglich war die Mädchenliteratur Mittel einer „allgemeinen Tugend und Vernunfterziehung", die noch nicht in erster Linie geschlechtsspezifisch ausgerichtet war (D. Grenz, 1981). Aber schon Campe spricht dann vor allem das bürgerliche Mädchen an und will doch allgemeine Aussagen über die Frau machen. Auch hat er seine ursprüngliche Idee der Gleichheit der Geschlechter nicht durchhalten können und greift stattdessen zu der Behelfskonstruktion einer „besonderen und einer allgemeinen Erziehung der Frau", letztere zielte auf die Hausfrau-, Gattin- und Mutterrolle. Campe verlangte schon von den Mädchen und Frauen freudige Selbstverleugnung. Empfindsamere Töne brachte S. von LaRoche, aber bereits 1794 in G.F. Niemeyers „Vermächtnis an Helene von ihrem Vater" waren die moralischen Eigenschaften ‚zweite Natur' geworden und die Unterdrückung weiblicher Sinnlichkeit weit fortgeschritten. Die Bildung der Frauen und Mädchen wird nun vollends auf den privaten Bereich beschränkt und von der Arbeitswelt der Männer getrennt. Die Ausgrenzung der Frau aus dem öffentlichen Leben, ihre Reduktion aufs Heim verstärkte sich bei Jacob Glatz, dem ersten Mädchenbuchschriftsteller im strengen Sinne. Seine weibliche Protagonistin Rosalie handelt nie zielgerichtet, sie wird als ‚schöne Seele' dargestellt. Zu diesem Zeitpunkt setzte auch die religiöse Wende der Mädchenliteratur ein. Mädchenliteratur dient nun vor allem der Verinnerlichung des weiblichen Wesens.

Die Haltung der Entsagung als Merkmal der Persönlichkeit war schon ersichtlich in dem Roman „Clarissa" (1747-1758) des Engländers Samuel Richardson, der 1788/89 erstmals ins Deutsche übertragen worden war. Richardsons „Clarissa" mündete in eine Kritik an der Welt, weil seine Heldin für die Gesellschaft „viel zu gut" war. Nach F.H. Ungers Zwischenspiel „Julchen Grünthal" (1784) bewegte sich die Mädchenliteratur aber bald auf der Linie des sentimental-religiösen Läuterungs- und Prüfungsromans: „Läuterung durch Leiden" ist das selbstverständliche Motiv zahlreicher dieser Geschichten. Mädchen sollen nicht mehr als autonome Wesen Vernunft ausbilden, sondern sie haben weibliches Gemüt, Demut, Sanftmut und Religiosität zu entwickeln.

Kinder- und Jugendliteratur hat immer schon mit Kindheit zu tun. Sich wandelnde Sichtweisen von Kindheit haben Rückwirkung auf die Literatur für junge Leser. Der Kölner Literaturwissenschaftler Walter Pape (1981) ging den Kindheitsmythen nach und untersuchte die je verschiedene Verarbeitung des Kindheitsmythos. Er erkannte, daß in Kinderbüchern selten das reale Kind gemeint ist, sondern daß im Kinde Welt gedeutet wird. Dabei haben sich vor allem zwei typische Ausprägungen des Mythos ‚Kind' herausgebildet: der Mythos vom göttlichen Kind oder dem Kind als Verkörperung der Unschuld der Natur und der Mythos vom Kind als Verkörperung des „Goldenen Zeitalters". Die Werke der von ihm so genannten „literarischen Kindererzieher" der Aufklärung bevorzugen zumeist das Kind als rückwärtsgewandte Sehnsucht oder als vorausweisende Hoffnung; und nicht so sehr die Idee der Kindheit als verlorenes Paradies.

Diese Kritik der Kindheitsbilder hatte bereits im 18. Jahrhundert Vorläufer. Für die deutsche Romantik — seit der von Johann Gottfried Herder entwickelten Volksidee — war die verengte Literaturkonzeption der Aufklärer nicht länger tragbar. Die Romantiker entdeckten wieder neu: Kinderreime, Lieder, Rätsel, Märchen, Sagen, Legenden, Volksbücher und das Puppenspiel. Genres also, die in der Periode zuvor gleichsam zur ‚verbotenen Lektüre' (H.H. Ewers, 1985) — bloßen ‚Ammenmärchen' — geworden waren. Die romantische Kinder- und Jugendliteratur ist so in polemischer Auseinandersetzung mit der vorangegangenen Epoche entstanden. War für die Philanthropen das Märchen quasi tabu, wird es der Romantik zur kardinalen Gattung und zum „Kanon der Poesie" (Novalis).

Seit den neunziger Jahren des 18. Jahrhunderts festigten sich die Positionen der romantischen Kritik der Aufklärung. Der engagierteste Streiter war Ludwig Tieck. Anteil hatten Rousseau und Herder. Die romantische Kinder- und Jugendliteratur ist von Bedeutung, weil sie innerhalb der Geschichte der Kinder- und Jugendliteratur einen wichtigen Platz innehat. Die Autoren der romantischen Kinder- und Jugendliteratur sind allesamt Dichter, Schriftsteller und Germanisten. Es ist eine Kinder- und Jugendliteratur vornehmlich literarischer Prägung, während zuvor und wieder späterhin vor allem Theologen und Pädagogen auf dem Feld der Kinder- und Jugendliteratur aktiv waren. Die Werke der romantischen Kinder- und Jugendliteratur sind von jeher unbestritten als literarische Höhepunkte der romantischen Bewegung allgemein angesehen worden und besetzten, im Unterschied zur übrigen Kinder- und Jugendliteratur, einen unangefochtenen Platz innerhalb der allgemeinen Literaturgeschichte. Herausragende Werke waren von Clemens Brentano und Achim von Arnim „Des Knaben Wunderhorn" (1806) und von Jacob und Wilhelm Grimm „Kinder- und Hausmärchen" (1812-1815). Weitere wichtige Autoren waren Arndt, Kopisch, Kerner, Pocci, Reinick, Fröbel, Güll, Hey, von Schmid, Schwab und Simrock.

Die Pädagogisierung der Kinder- und Jugendliteratur, ihre Funktionalisierung, konnte aber nicht aufgehalten werden. Der künstlerische Höhenflug der Kinder- und Jugendliteratur war von kurzer Dauer, selbst wenn die Grimms und Brentano/v. Arnim heute bekannter sind als die meisten der literaturbeflissenen Moralisten.

3. Patriotismus und Sentiment

Verspätetes Biedermeier und Mangel an Realismus. Kinder- und Jugendliteratur in der zweiten Hälfte des 19. Jahrhunderts.

Das 19. Jahrhundert brachte eine vermehrte Trivialisierung der Kinder- und Jugendliteratur. Es machte sich eine seichte ‚zweite Aufklärung' breit. Fades und Kitschiges wurden tonangebend. Die Kinder- und Jugendliteratur trennte sich wieder von der allgemeinen Literaturentwicklung. Im 19. Jahrhundert waren nicht mehr ABC und Abenteuer in ihrer widersprüchlichen Spannung bestimmend, sondern Ressentiment und Konvention; das eine in den kriegsverherrlichenden Schriften der Oskar Höcker und Carl Tanera, das andere in den Backfischbüchern der Clementine Helm und Thekla von Gumpert.

Das Zeitalter Bismarcks war eine Periode quantitativen Wachstums der Kinder- und Jugendliteratur, vor allem der Mädchenbücher. Bedeutung gewann in jenen Jahren politischen und wirtschaftlichen Aufschwungs das Phänomen der ‚Repräsentation'. Ihr dienten die zahlreichen Anleitungen zum richtigen Benehmen in „Backfischchens Leiden und Freuden", im „Töchteralbum" und in Emmy von Rhodens „Trotzkopf" (1885). Die höhere Tochter hatte zart zu sein, unscheinbar, anlehnungsbedürftig und tugendhaft; Kinder generell: nicht neugierig, vielmehr gehorsam und ordentlich, sauber und pünktlich. Die Jungmädchenbücher jener Zeit sind durchzogen von plakativer Schwarz-Weiß-Malerei und einfachster Gut-Böse-Charakteristik. Die Figuren der Bücher lassen sich fast alle miteinander vertauschen, weil es keine unverwechselbaren Eigenschaften geben durfte. Selbst äußerliche Attribute wie blonde oder schwarze Haare, braune Locken etc. findet man nur selten beschrieben, weil sie nicht auf alle passen und die Identifizierung der Leserinnen mit dem Gelesenen erschweren würden.

In Helms „Backfischchens Leiden und Freuden" (1863) handelt es sich – von dem erzählerisch gestalteten Rahmen abgesehen – um ein Kompendium des feinen Anstandes und der guten Sitte. Handlungslogik wurde in diesen Büchern nur verfolgt, insofern sie den Formalismen richtigen Benehmens dienlich sind. Helm, von Gumpert oder von Rhoden machten geltend, daß Anpassung an die Verhältnisse, so wie sie nun einmal sind, mit Glück identisch sei. Für die höhere Tochter, die zukünftige Ehefrau und Mutter bedeutet das, daß alles, was sich außerhalb des Hauses abspielt, in den männlich dominierten Lebensbereich gehört, allein das Innerhäusliche obliegt der Frau.

Neben der Vorbereitung auf die Rolle daheim hatten die Mädchenbücher die Aufgabe, Wunschbefriedigung zu sein. Daß dies nicht ohne Widersprüche ausgehen konnte, scheint offenkundig. Vor allem, wenn es Kontrastwelt zu Heim und Herd die zersetzende und gefahrvolle äußerliche Stadtkultur herhalten mußte, aber städtische feine Erziehung als oberstes Ziel der Erziehung der Töchter angesehen wurde. Nach dem Ausgeführten verwundert es nicht, daß Arbeit im körperlichen Sinne als Tätigkeit für eine höhere Tochter undenkbar war. Das Erlernen der Benimm-Regeln, das Verfolgen der Repräsentationspflichten waren ‚Arbeit' genug.

Bis heute bekannt blieb aus jener Zeit Emmy von Rhodens „Der Trotzkopf" (1885). Diese Erzählung wird bis in unsere Gegenwart immer wieder bearbeitet und neu aufgelegt, und hatte schon früh durch Else von Wildhagen, der Tochter E. von Rhodens, Fortsetzungsbände erfahren.

Emmy von Rhoden führt ihre Hauptfigur — Ilse Macket —, das ist der Trotzkopf, als ein kleines tierliebes Mädchen ein auf den ersten Seiten, als rechten Backfisch. Ilse wird einnehmend geschildert, und der Leser auf ihre Seite gezogen. Er kann verständnisvoll akzeptieren, daß sie ein hübsches Persönchen ist, wenn auch ein wenig zu unordentlich. Vor allem — hier taucht das Phänomen der Repräsentation auf — sie kümmert sich nicht, wie es sich für die Tochter des Hauses gehört, um die Gäste der Familie. Ihr Vater zeigt Verständnis für ihr Verhalten, jedoch die Mutter sorgt für Ordnung und Anstand. Sie ermahnt das trotzige Kind, das längst eine „junge Dame" sein müßte. Damit ist der Konflikt angesprochen, der über Ilses weiteren Weg Ausschlag geben wird.

Rhoden spielt mit einer auffälligen Konstruktion. Sie teilt die Normen der Mutter, sieht die Bestrafung Ilses als gerecht an und schildert doch das Verhältnis Vater-Tochter mit verhalten erotischen Untertönen; Ilse ist für ihn eine ‚Ersatzfrau'. Er hat viel für das Jugendhafte an Ilse übrig, während sie für die Mutter — es ist Ilses Stiefmutter — nur ein ‚enfant terrible' ist. Deshalb möchte die Mutter Ilse schnellstmöglich in ein Pensionat zur Erziehung geben, damit sie Schliff bekommt. Die Grenze zwischen Kind und Frau darf nicht verleugnet werden. Wenn man der ‚unbändigen Natur' zu viel gestattet, — das ist die Furcht der Mutter —, geht das ‚Frauliche' verloren. Denn zum nicht geringen Erschrecken der Mutter, der alles auf Sitte und Anstand zugeordnet sein muß, reitet Ilse zum Beispiel wie ein „Bube" und nicht — wie es sich für eine junge Frau ziemt — im Damensitz.

Im Pensionat angekommen, erfährt Ilse ihre erste Lektion durch ihre Zimmernachbarin Nellie, ein Waisenkind. Ilse lernt Ordnung zu halten. Durch Nellie, die sanftmütig wie ein „zahmer, kleiner Vogel" ist und voller Geduld, erlebt sie die Art weiblicher Haltung, die ihr zum Vorbild werden soll. Ilse wird lernen, „das zu tun, was Sitte ist". Das oberste Erziehungsziel ist: Sich fügen lernen, die „Wildheit" abstreifen, um ein liebes, herziges Wesen zu werden. Dazu bietet die Autorin verschiedene Methoden an: von der Selbstanklage, über die öffentliche Blamage durch die Institutsleiterin: „Ein Kind muß bitten können ...", bis zur Exempelgeschichte, die davon erzählt, wie es einem ergeht, wenn man nicht gehorcht: „Trotz und Widerstand sind böses Unkraut in einem Mädchenherzen ...". Der Widerstand der Frauen muß gebrochen werden. Sie haben sich dem „ganzen Manne" zu unterwerfen, der ihren „trotzigen Widerstand" zu brechen weiß und sie strafen wird für ihr Fehlverhalten.

Was einer Frau angemessen ist, sagt der Satz: „Es war das Bewußtsein, sich selbst überwunden zu haben". Langsam wird Ilse bereit, sich diese Einsicht, eine Aufforderung zur Selbstverleugnung, zu eigen zu machen: „Wie hätte sie es auch vermocht, sich gegen das nun einmal Bestehende aufzulehnen". Aber so weit getrie-

ben, und am Ziel weiblicher Unterdrückung angekommen, die noch dazu bejaht werden soll, wird Ilse klar gemacht, daß es noch nicht genug ist. Sie gilt weiter als „bäurisch, sehr brutal". Immer noch fehlt ihr etwas. Sie enttäuscht die anderen, weil sie sich wieder einmal wie ein Junge und nicht wie eine junge Frau gibt. Die Opposition ist jetzt die zwischen der praktisch veranlagten Nellie und der impulsiven Ilse. Der Prozeß der „Widerspenstigen Zähmung", den Ilse durchläuft, ist nicht zu Ende. Sie muß noch lernen, sich als Mutter zu geben. Gelegenheit dazu bietet ein kleines Kind, das sie kennenlernt und zu lieben beginnt.

Sie muß alle Ideen der Emanzipation von sich weisen — eine gesittete Person raucht nicht! — und bereit sein, Erotik und Sexualität zu verleugnen. Gestattet ist nur die Schwärmerei für einen „schneidigen" Lehrer. Das Gespräch unter Frauen bezieht sich auf Mode oder auf gemeinsame Festlichkeiten. Der entscheidende Wandel bei Ilse vollzieht sich durch den Tod der geliebten kleinen Lilli und die gleichzeitige Geburt eines Bruders.

Die Vorbereitung ihres Weggangs aus dem Pensionat wird durch andere äußere Ereignisse mitgetragen: Fest und Theater. Ilse spielt auf der Bühne einen Trotzkopf, d.h., sie legt ihre alte Rolle ab. Endlich begegnet sie ihrem zukünftigen Bräutigam Leo Gontrau und Nellie heiratet obendrein einen ehemaligen Lehrer. Für die von allen geliebte Lehrerin, Fräulein Güssow, findet sich ihr ehemaliger Bräutigam wieder ein; es ist ein Onkel von Ilse. Die Ehe — so der Schlußakkord des Buches — ist die „beste Heimat". Das einstige trotzige Kind ist zur zahmen Frau und anschmiegsamen Braut geworden.

Die Erziehung der Mädchen zur Unterwerfung findet ihre ‚männliche' Entsprechung in einem anderen verbreiteten Genre der Kinder- und Jugendliteratur des Wilhelminismus: der Kolonialerzählung. War schon seit dem Deutsch-Französischen Krieg 1870/71 als Vorbereitung wie als nachfolgender Lobpreis der soldatischen Helden das militaristische Schrifttum angeschwollen, so kam seit der Durchsetzung der Wilhelminischen Idee der Notwendigkeit deutscher Kolonien das sogenannte kolonialistische Schrifttum auf.

Zwei bekannte Autoren, die hier genannt werden sollen, waren C. von Falkenhorst und Gustav Frenssen. Seit den neunziger Jahren des 19. Jahrhunderts veröffentlichte der Redakteur der „Gartenlaube" Falkenhorst seine Erzählungs-Reihe „Jung-Deutschland in Afrika" (1894-1897) in elf Bänden. Falkenhorst nennt als seine Absicht, zur Belehrung und zur Vermehrung geographischer Kenntnisse beitragen zu wollen. Er will deutlich machen, daß zum Beispiel Afrika als eigentümliches Tätigkeitsfeld „deutschen Fleißes und deutscher Tatkraft" anzusehen sei: „Es gilt nunmehr, jene Länder zu erschließen, sie, die in Barbarei versunken sind, zu lichteren Höhen der Gesittung emporzuführen". Das Verhältnis der Eingeborenen zu ihren deutschen Herren sieht Falkenhorst paternalistisch als das eines Vaters zu seinen Kindern. Diesen ‚Kindern' soll der „Same der Kultur" — wenn notwendig mit Waffengewalt — eingepflanzt werden. Als besonders bedeutsam erachtete Falkenhorst bei diesem Vorgang die Zusammenarbeit von Handel und christlicher Mission. In seiner Erzählung „Unter den Palmen von Bagamojo" (1904) stellt er deshalb „Gottesfurcht und Arbeit" nebeneinander.

Eine ähnliche Position nahm der Pfarrer Gustav Frenssen in seinem Bändchen „Peter Moors Fahrt nach Südwest" (1906) ein. Hierin steht die Darstellung der „germanischen Lust an der Fremde und am Krieg" sowie das Lob der Härte im Mittelpunkt: „Es ist wunderbar, wieviel der Mensch ertragen kann." Frenssen spricht menschenverachtend und vorurteilsvoll von den schwarzen Afrikanern. Mit „Peter Moors Fahrt nach Südwest" wollte er die Jugend intellektuell und emotional auf kriegerische Taten vorbereiten, indem er andere Völker als Untermenschen diskriminierte, als feige charakterisierte und ihnen jedes eigene Recht absprach.

Die Schriften von Falkenhorst und Frenssen waren – nach einer Formulierung von M. Christadler (1978) – Beiträge zur „literarischen Mobilmachung", die zum Ersten Weltkrieg führte. Selbst ein Buch wie Waldemar Bonsels' Kinderklassiker „Die Biene Maja und ihre Abenteuer" (1912) hat sich diesem hurrapatriotischen Aufbruch nicht entzogen.

Diese Tiergeschichte ist zuerst und zuvörderst eine abenteuerliche Geschichte. Maja ist neugierig, und ungeduldig will sie aus dem engen Bienenstock heraus. Sie gilt als „Ausnahmenatur". Aber sie wird belehrt von Kassandra, einer älteren Biene: „Du mußt warten lernen" und „Alles ist Mühe und Arbeit" sowie daß die anderen ein „Räubergeschlecht" seien. Bonsels unterstellt die Analogie von Mensch- und Tierwelt. Es gibt dort wie hier das Eigentumsprinzip, Unternehmungslust, und den Kampf ums Überleben, den „starken Schutz der Gemeinschaft". Maja gerät bei den Hornissen in Gefangenschaft. Dort bemerkt sie, daß ihr eigener Stock überfallen werden soll. Sie kann sich befreien und ihr Volk vor dem drohenden Überfall warnen. Ihr Volk tritt mit „beseligtem Opferwillen" den Hornissen entgegen. Ausführlich schildert Bonsels diesen Bienen-Krieg. Er erzählt von „kühnem Soldatentod" und der „wilden Seligkeit einer hohen Todesbereitschaft". Am Ende seiner Geschichte steht das deutsch-protestantische Ideal „Pflicht und Arbeit".

Bonsels vollzieht etwas, was eigentümlich für die Kinder- und Jugendliteratur des 19. und große Teile des 20. Jahrhunderts war: Die Veranschaulichung der Normen vermittels belustigender Normverletzung. Majas Ausbruch aus der Enge, so abenteuerlich er geschildet wird, bereitet die letztliche Bejahung des Soseins vor: die Unterwerfung unter die bestehenden Verhältnisse. Ähnliches erfolgte schon im „Trotzkopf" und ähnlich verfuhr Carlo Collodis „Pinocchio" (ital. 1883) – auf deutsch herausgebracht von Otto Julius Bierbaum (1905). Im „Pinocchio" wird auf dramatisch-lustbetonte Weise die „Menschwerdung", d.i. die Sozialisation, als Verzicht auf kindlich-„unnütze" Bedürfnisse vorgeführt und gefeiert. Bierbaum stellt dies gleich zweimal heraus. Zu Beginn und am Schluß des „Pinocchio" heißt es: „... die Menschenkinder sollen von dir lernen, indem sie über dich lachen".

4. Vom Blumenmärchen und Großstadtleben

Jugendschriftenbewegung und Neue Sachlichkeit. Kinder- und Jugendliteratur gegen Ende des Kaiserreichs und in der Weimarer Republik.

Während der Zeit der intensivsten Produktion des patriotisch-wilhelminischen Jugendschrifttums und der sentimentalen Mädchenbücher begann die kinderliteraturkritische Publizistik des Volksschullehrers Heinrich Wolgast. 1896 veröffentlichte er die Streitschrift „Das Elend unserer Jugendliteratur". Als Mitglied der Hamburger Jugendschriften-Kommission und Redakteur der Fachzeitschrift „Jugendschriften-Warte" entfaltete er eine rege publizistische Tätigkeit.

Wolgast, durchaus den damals erstarkenden Sozialdemokraten nahestehend, polemisierte gegen Indianerbücher und fade Erziehungstraktate. Er plädierte stattdessen für eine Erziehung zu „Consumfähigkeit" und „literarischer Genußfähigkeit". Wolgast war es, der von dem funktional-erzieherischen Aspekt der Kinder- und Jugendliteratur wegführte und das Interesse auf die literarische Ästhetik lenkte. Er sah überscharf, wie die dichterische Form von Patriotismus und Religion für ihre Zwecke mißbraucht wurde und führte Theodor Storms Diktum an: „Wenn du für die Jugend schreiben willst, so darfst du nicht für die Jugend schreiben", Wolgast gelangte zu einer fast generellen Ablehnung spezifischer Jugendliteratur und formulierte die Forderung: „Die Jugendschrift in dichterischer Form muß ein Kunstwerk sein". Wolgast verband mit diesen Hinweisen den Kampf für Tendenzfreiheit. Diese Haltung trug ihm von konservativ-nationalistischer Seite den Vorwurf ein, vaterlandsfeindlich und kirchenfeindlich zu sein, obendrein ‚Sozialist'.

Wolgasts Wirken war eingebunden in eine allgemeinere Bewegung: Die Jugendschriftenbewegung und die Kunsterziehungsbewegung. Diese Aktivitäten vereinte der Glaube an die Möglichkeiten ästhetischer Erziehung. Ihre Vertreter wehrten sich gegen die staatliche und ökonomische Beeinflussung des Bewußtseins der Kinder und Jugendlichen zugunsten eines imperialistischen Nationalismus. Es darf jedoch nicht übersehen werden, daß diese Forderung der Tendenzfreiheit an Kunst und Literatur gleichzeitig eine strategische Funktion hatte. Kunstglaube und kulturpolitisches Wirken gingen eine enge Verbindung ein. Als künstlerische Realisierungen der Ideen dieser Bewegungen galten Theodor Storms Erzählung „Pole Poppenspäler" (1899) und Peter Roseggers „Als ich noch ein Waldbauernbub war" (1902).

Die Aktionen von Jugendschriftenbewegung und Kunsterziehungsbewegung ordnen sich unter die Ideen einer Erziehung „vom Kinde aus", wie sie zum Beispiel von der Schwedin Ellen Key in ihrem Werk „Das Jahrhundert des Kindes" (dt. 1902) vorgetragen wurden. Künstlerische Verwirklichungen dieser Konzepte fanden die Lehrer und Kunsterzieher in den Werken Ernst Kreidolfs, Heinrich Vogelers und in der Lyrik Paula und Richard Dehmels.

Der Schweizer Künstler Kreidolf schuf 25 Bilderbücher. Sie tragen Titel wie „Schlüsselblumengarten" oder „Blumen-Märchen". Er stand in der Tradition der Romantik, benutzte die Formensprache des Jugendstils. Gegen Verstädterung und Naturferne setzte er seine Kosmogonie mit einer dominierenden Neigung zum Gewachsenen und Lebendigen.

So eindringlich wie Kreidolfs Pflanzenwelt sind die fast zur selben Zeit entstandenen Verse der Paula Dehmel, die zusammen mit ihm das Bilderbuch „Fitzebutze" (1900) schuf. In der Zusammenarbeit mit Karl Hofer entstand „Rumpumpel". Diese Bilderbücher galten als vorbildliche Exempel für eine „Dichtung vom Kinde aus". Daß der Jugendstil nicht restaurativ mißverstanden wurde, belegen Verse von Richard Dehmel — er war mit Paula Dehmel verheiratet —, vor allem sein „Manifest des emanzipierten Kindes": Erwachsene sind darin „Pack".

Ein anderer wichtiger Künstler jener Jahre war Heinrich Vogeler, der 1907 Illustrationen zu den Grimmschen Märchen vorlegte sowie zu romantischen Märchen von Brentano und Tieck. Hier ist der Jugendstil im Bilderbuch eindeutig wie sonst kaum noch erkennbar und gilt bis heute als einzigartig. In die Zeit des Jugendstils fällt auch die Entstehung des Kindertheaterstücks „Peterchens Mondfahrt" von Gerd von Bassewitz, das in der Nachfolge von J.M. Barries „Peter Pan" die neoromantischen Momente in den Vordergrund stellt und eine allbelebte Welt — in der Menschen und Tiere miteinander Umgang haben — auferstehen läßt.

Wenn auch die in Grenzen kritische Literatur des Jugendstils kaum gegen den vorherrschenden Patriotismus bestehen konnte, ist doch offensichtlich, daß die fortgeschrittene Kinder- und Jugendliteratur der zwanziger Jahre unseres Jahrhunderts — nach dem Ende des Ersten Weltkrieges und dem Untergang des Kaiserreiches — nicht an die wilhelminische Kinder- und Jugendliteratur anknüpfte, sondern — oft in interessanter Absetzung — an die Unternehmungen von Jugendschriftenbewegung und Kunsterziehungsbewegung. So fand Heinrich Wolgasts kritische Vorarbeit ihre Frucht in der neuen Kinder- und Jugendliteratur von Hermynia Zur Mühlen, von Alex Wedding und natürlich von Erich Kästner. H. Zur Mühlen leistete die Entwicklung der Märchen, die ja schon zu Zeiten der Grimms Geschichten der kleinen Leute waren, zu sozialistischen Hoffnungslehren, zum Beispiel in „Die Brillen". Alex Wedding schließlich stellt die im engeren Sinne ersten proletarischen Kinderhelden vor: Ede, einen Arbeiterjungen, und Unku, ein Zigeunermädchen. Ihre Kindergeschichte, eine Geschichte des Klassenkampfes, war zugleich als Kritik an Erich Kästners ‚sozialversöhnlerischem' Kinderbuch „Emil und die Detektive" (1928) gedacht.

Kästners Kinderroman war *das* Ereignis der Kinder- und Jugendliteratur in der Weimarer Republik. Kästner hat hier die ‚Neue Sachlichkeit', eine der wichtigen künstlerischen und literarischen Strömungen der zwanziger Jahre, für die Kinder- und Jugendliteratur fruchtbar gemacht. Seine Erzählung hat ihre Vorläufer und Parallelen. Um die Bedeutung von „Emil und die Detektive" zu erkennen, muß man sich erinnern, daß zuvor von Carl Dantz „Peter Stoll, der Lehrjunge" (1925) und von Wolf Durian „Kai aus der Kiste" (1927) entstanden waren, worin zum ersten Mal die Großstadt als Sujet der Kinder-

und Jugendliteratur ihren Platz gefunden hat. ‚Stadt' muß sich jetzt nicht mehr legitimieren gegen eine vorgeblich heile Bergwelt oder ein idyllisches Kleinstadtleben. Der Kern von Durians Buch ist der Aufstieg eines „dreckigen Straßenkönigs" zum „Reklamekönig". Durians Kinderroman schildert einen sozialen Aufstieg, der merkwürdig kontrastiert zur drohenden Weltwirtschaftskrise.

Die gleichsam aristokratische Variante einer Jugenderzählung veröffentlichte 1927 Wilhelm Speyer: „Der Kampf der Tertia". Speyers Roman spielt fern von der Stadt in einem Landerziehungsheim. Die Stadt ist das Bedrohliche, dem zu widerstehen ist. Die Schüler in Speyers Erzählung sind elitär, konservativ. Sie orientieren sich an aristokratisch-altertümelnden Vorbildern. In diesen Jugendlichen gehen Tierliebe und ungezügelte Gewaltphantasien eine seltsame Mischung ein. Sie lernen gemeinsam und sind doch straff-autoritär organisiert, hierarchisch. Speyer erinnert – die Zeitumstände verleugnend – eine idealisierte ‚Pädagogische Provinz', eine rückwärtsgewandte Utopie.

Wie für Speyer die Großstadt die Negativfolie seines Romans ist, war für Durian die Großstadt voller Möglichkeiten, so ist sie 1932 für Wilhelm Matthießens „Das rote U" der Moloch, der voller Gefahren steckt. Die Familie ist dagegen der sichere Hort für die Kinder. Wird sie verlassen, setzt Bedrohliches ein. Aber die Kinder dieser Abenteuergeschichte sind geschützt, denn ihre Eltern sorgen für sie. Kai – Durians Held – mußte für sich selbst sorgen.

Zeitlich zwischen Durian (1927) und Matthießen (1932) steht „Emil und die Detektive" (1928) von Kästner. Hier ist die Großstadt eine Welt der Möglichkeiten. Kästner feiert das Urbane, das die Kleinlichkeit der Provinz, die Enge der Internate hinter sich läßt und allen offen steht. Schutz, den Emil findet, ist der der Solidargemeinschaft der Kinder, die sofort zu ihm stehen. Kästner erzählt, wie es im Vorwort heißt, deshalb nicht eine phantastische Geschichte zum Beispiel aus der Südsee, weil er „über Sachen, die er kennt", schreiben will. Dabei tritt Autobiographisches zu Tage: Kästner war als Junge ebenso ein Musterschüler wie Emil, seine Mutter war ebenfalls als Friseuse tätig und mußte die Familie ernähren, nachdem der Vater nicht mehr selbständiger Stattlermeister war, sondern Fabrikarbeiter werden mußte.

Kästners Kinder, damals ungewöhnlich in der Kinder- und Jugendliteratur, sprechen Dialekt, Gassenjargon und haben nur wenig Respekt vor den Erwachsenen. Sie sind aufgeweckt und neugierig. Fast scheint, als idealisiere Kästner Kindheit, um sie dadurch um so stärker von der Erwachsenenwelt abzusetzen. Begegnet er der Kinderwelt mit Humor und Anteilnahme, so kleidet er seine Anteilnahme an der Welt der Großen in die Form der Satire und bitteren Protests wie im „Fabian"-Roman. So ungewiß seinem Fabian Vernunft und Toleranz sind, so gewiß ist in Kästners Kinderbüchern daß beide realisierbar sind. Kästner ist sowohl in seinen Kinderbüchern als auch in seinen Büchern für Erwachsene ‚Moralist'. Diese Haltung spricht auch aus seinen anderen Kinderbüchern: „Pünktchen und Anton", „Das fliegende Klassenzimmer" oder „Der 35. Mai oder Konrad reitet in die Südsee".

Über diesen Autor „zwischen den Stühlen", dessen Texte immer noch ihre Leser fesseln, lohnt sich weiterhin nachzudenken. Seine für den Tag geschriebenen Kritiken und Polemiken gegen Bürokratie, Militarismus und Borniertheit zeigen sich immer noch aktuell. Wenig von dem, was Kästner eingeklagt hatte an Humanität, Vernunft und Toleranz, ist schon verwirklicht und Allgemeingut. So ist nur richtig durch und mit Kästner auf die Vernunft gestoßen zu werden und darauf, daß kein Weg an ihr vorbeiführt.

Der Vergleich zwischen Alex Weddings zeitgleichem proletarischen Kinderroman „Ede und Unku" und Erich Kästners „Emil und die Detektive" zeigt, daß in Weddings Kinderroman der Handlungsort zwar Berlin heißt, aber die Ereignisse im Hause stattfinden, in den Wohnungen der Familien Sperling und Klabunde oder — etwas exotisch — im Zigeunerwagen von Unkus Familie. Kästner hatte im Unterschied dazu — gerade entgegengesetzt — den Handlungsort auf die Straße verlegt. In diesem Sinne sind sein Emil und die Detektive Straßenkinder.

Der Kritiker Marcel Reich-Ranicki hat über Kästner gesagt, daß er, „wie keiner vor ihm, die Alltagssprache der Großstadtkinder belauscht und fixiert" habe. Als neu wurde Kästners Hinwendung zur Realität erkannt, und „Emil und die Detektive" als „Kinderroman der ‚Neuen Sachlichkeit'" bestimmt. Die Situierung einer Kindergeschichte mitten in der Stadt war für die Kinderliteratur der Vergangenheit nicht eben typisch.

Für Kästner hingegen war die große Stadt ein selbstverständlicher Lebensort. Im Gegensatz steht dazu die Provinz. Kennzeichnende Haltung ist ihm Weltläufigkeit und Urbanität. Kästner setzte in „Emil und die Detektive" das Städtische mit dem Zivilisatorischen schlechthin identisch. Wie modern, trotz aller Einschränkungen, Kästner war, ist zu ermessen im Vergleich mit den nationalsozialistisch bestimmten Büchern von Schenzinger und Weidenmann im Hinblick auf ihr Großstadtverständnis. Bei Weidenmann heißt es über „richtige" Jungen: „Sie fühlen sich im künstlichen Licht der Städte nicht wohl und suchen ihr Leben draußen vor der Stadt im freien Land". (Weidenmann, 1936). Schenzinger zielt in „Der Hitlerjunge Quex" in dieselbe Richtung. Die Bekehrung seiner Hauptfigur Heini Völker zum NS-Regime beginnt während einer Nacht, die er draußen in freier Natur verbringt. Es ist seine Nacht der Entscheidung für Deutschland: „Dies hier war deutscher Boden, deutscher Wald, deutsche Jungens, und er sah, daß er abseits stand, allein, ohne Hilfe [. . .]" (Schenzinger, 1932). Sein Naturerlebnis bringt ihn dahin, die Hitlerjugend mit ihrer Ordnung, Zucht und Disziplin zu entdecken und anzunehmen.

Hiervon ist Kästner, weshalb er als ‚Asphaltliterat' beschimpft worden ist, weit entfernt. Zwar zeigt er auch, als wie bedrängend Emil die große Stadt erfährt, bevor er die anderen Jungen kennenlernt: „Die Stadt war so groß. Und Emil war so klein. Und kein Mensch wollte wissen, warum er kein Geld hatte und warum er nicht wußte, wo er aussteigen sollte. Vier Millionen Menschen lebten in Berlin, und keiner interessierte sich für Emil Tischbein. Niemand will von den Sorgen des andern etwas wissen. Jeder hat mit seinen eigenen Sorgen und Freuden genug zu tun. Und wenn man sagt: Das tut mir aber wirklich leid, so meint man meistens gar nichts weiter als: Mensch, laß mich bloß in Ruhe! Was würde werden? Emil schluckte schwer. Und er fühlte sich sehr, sehr allein." (Kästner, 1929)

Ohne die Parallelen zu anderen Großstadtbeschreibungen überbewerten zu wollen, ist wichtig, daß Kästners Emil in der Großstadt Berlin sehend wird. Es ist das Leben der Straße, das ihn wachwerden läßt und lehrt, Gefahren zu meistern. Emils Weg führt raus aus der Provinz – von Neustadt nach Berlin – und rein in die Stadt.

Kästners Bücher wurden am 10. Mai 1933 von den Nationalsozialisten zusammen mit denen zahlreicher Autoren verboten und verbrannt. Er durfte in Deutschland nicht veröffentlichen, seine Bücher durften nicht mehr verkauft oder in Bibliotheken ausgeliehen werden. Die Machtergreifung der Nazis beendete ein Kapitel der Geschichte der Kinder- und Jugendliteratur. Sie hatte sich gerade von direkter politischer Bevormundung befreien können, als von ihr wieder verlangt wurde, Sprachrohr der Politik zu sein und einer Pädagogik, die nur Soldaten als Menschen anerkennen wollte. Die Jugendschriften-Ausschüsse und die Zeitschrift „Jugendschriften-Warte" wurden gleichgeschaltet und dem Nationalsozialistischen Lehrerbund zugeordnet. Tonangebend wurden Wilhelm Fronemann, Severin Rüttgers und Eduard Rothemund. Sie setzten der Wolgastschen Forderung nach Tendenzfreiheit die uneingeschränkte Tendenz entgegen und machten sich und die Kinder- und Jugendliteratur zu Propagandisten des Nationalsozialismus.

Wie erfüllte W. Fronemanns 1927 veröffentlichte Schrift „Das Erbe Wolgasts" die selbstgestellte Aufgabe, das von H. Wolgast immer noch Lernbare und Gültige zu bewerten? Bereits ein erster Blick läßt erkennen, daß er sich damit nicht lange aufgehalten hat. Schon im Vorwort wirft er H. Wolgast vor, dieser sei „einseitig" auf die Dichtung orientiert gewesen und hätte das belehrende Buch vernachlässigt. W. Fronemann lehnt im Verlauf seiner Diskussion alle Kernargumente aus dem Buch „Das Elend unserer Jugendliteratur" als unzutreffend ab. Das betrifft sowohl das berühmte Stormsche Diktum, als auch Wolgasts Anti-Tendenz-Votum – es komme vielmehr auf die richtige Tendenz an, meinte Fronemann –, und betont die „zeitgeschichtliche Bedingheit Wolgasts". Er weigert sich, den Blick – mit Wolgast – auf die „heutige Kunstdichtung" zu richten und von der „Volksdichtung" wegzuwenden. Gegen Wolgasts Aussagen greift er auf die literaturpädagogischen Ratschläge Severin Rüttgers zurück. Aber gegen Wolgasts Beiträge zur Jugendschriftenfrage sprechen nicht nur dessen neue Volkspädagogik, sondern ebenso neue völkerpsychologische Erkenntnisse. W. Fronemann glaubte, sich auf Aussagen des Ethnologen Leo Frobenius beziehen zu können. Diese machten fühlbar, schrieb Fronemann, „daß die moderne Literatur für die Jugendlektüre keine überragende Bedeutung besitzt. Die Kinderlektüre muß von der Primitive (! sic) herkommen". Durch solche Hinweise sieht W. Fronemann zusätzlich den Sachverhalt bekräftigt, daß die „Deutschkunde der Volksschule" schon längst „deutsche Wesensschau" betreibe und es in der literarischen Erziehung, wie von S. Rüttgers propagiert, um „Volkskultur" und „Volksgemeinschaft" gehen müsse. Völkerpsychologie und Vitalismus bestärken sein Votum gegen das Verstandesmäßige und fordern das Eintreten für das Irrationale und Gefühlsmäßige. W. Fronemann erlebt sich in einem „intellektualistischen Zeitalter", das von einseitiger „Verstandeskultur" geprägt wird; eine Entwicklung, die von H. Wolgast unterstützt worden sei. An dem, was er das Erbe Wolgasts nennt, vollzieht W. Fronemann deshalb eine völlige Umwertung: „Wolgasts Standpunkt ist im wesentlichen von der Kunst her orientiert. Heute verlangt das Kind, vom Standpunkt einer neuen Psychologie aus gesehen, gebieterisch Beachtung. Also gibt es das Problem der seelischen Annäherung der Literatur an das Kind." Psychologische Argumente, die W. Fronemann bei Charlotte Bühler und Eduard Spranger entlehnt hat, zieht er heran, um Wolgasts Favorisierung der „übergeistigen Dichtung der Gegenwart" als falsch bewerten zu können. Die neuen wissenschaftlichen Einsichten erfordern es, so interpretiert W. Fronemann sie, im Gegensatz zu Wolgast „die Jugendliteratur auch vom Kinde aus aufzubauen". (S. 37)

Selbstverständlich haben W. Fronemanns Schriften Kritik hervorgerufen. Insbesondere die Hamburger Jugendschriften-Ausschüsse sahen sich aufgerufen, ihm die „Preisgabe Wolgastscher Positionen" vorzuhalten. Es bleibt nämlich unübersehbar, daß W. Fronemann nicht bloß die literarästhetische Fragestellung H. Wolgasts abgelehnt hatte, sondern daß er genauso dessen weitergehende und damit verquickte soziale Orientierung, seine Vorstellung vom „ganzen Menschen" und der Erziehung zur „ästhetischen Genußfähigkeit", durch das Nationale, häufig durch das Völkisch-Nationale und zuletzt das Nationalsozialistische zu „überwinden" trachtete.

W. Fronemanns Positionsbestimmung der Jugendschriftenbewegung, die er zu Anfang der dreißiger Jahre vorgenommen hat, stellte früh die Weichen für die Gleichschaltung der Jugendschriften-Ausschüsse nach 1933. Bei ihm versammeln sich beispielhaft alle Elemente konservativer Zeit- und Literaturkritik. Der immer wieder bemängelte rückwärts orientierte Zug der Kinderliteratur dominiert W. Fronemanns Ansatz der Kinderbuchkritik. Ihr hervorstechender Zug, wie ihn Ulrich Nassen herausgearbeitet hat – und was sich an W. Fronemann bewähren läßt –, ist kulturpessimistisch und kulturkonservativ. W. Fronemann mag die Moderne nicht. In seiner Kritik folgt er einem einförmigen Muster: Gegen Zeitgenössisches wird Ahistorisches oder gar Überhistorisches gehalten, das immer gültig sein soll. Gegen den „blutleeren Intellektualismus" feiert er das Erlebnis und setzt das Leben gegen bloß „konstruierte" Texte; dies alles verbunden mit agrarromantischen Anschauungen und ausdrücklicher Großstadtfeindschaft.

5. Dienst am Volk als Abenteuer

Zum heroischen Realismus der Kinder- und Jugendliteratur im Dritten Reich

Die nationalsozialistische Kinder- und Jugendliteratur war gelenkte Literatur, was bestimmend zu ihrer inhaltlichen und formalen Dürftigkeit beitrug. Ob Will Vesper Märchen und Sagen wiedererzählte, Josef S. Viera von Afrika berichtete, Schenzinger Bekehrungserlebnisse vorführte oder Alfred Weidenmann die nationalsozialistischen Jugendorganisationen Revue passieren ließ, alles geschah zum Lobe des nationalsozialistischen Regimes. Das Schreiben war von dieser Voraussetzung her bestimmt: Kinder- und Jugendliteratur war funktional gedacht bei der Vermittlung der nationalsozialistischen Weltanschauung; Schreiben für Kinder und Jugendliche war Instrument von Politik und Pädagogik, nicht etwa Selbst- oder Welterfahrung: Ein Selbst (Subjektivität) sollte geradezu verhindert werden.

In seinem Geleitwort zu dem Band „Deutsche Jugend" (1934) faßte Vesper das Credo seiner Nacherzählung von Märchen, Sagen und Volksüberlieferungen zusammen: Er redet nicht allein von „der uralten geschichtlichen Sendung", vom „gottgesandten Führer" und von der nationalsozialistischen Bewegung als einer „Bewegung der Jugend". Die Aufgabe dieser religiös gefärbten Vokabeln ist die, darauf vorzubereiten, daß die „Freiheitsidee" des nationalsozialistischen Systems in der Unterwerfung kulminiert, „Geschlossen marschiert sie (die Jugend, W.K.) auf das große Ziel zu (...), auf den allgemeinen Volks- und Arbeitsdienst, durch den die ganze deutsche Jugend künftig hindurch muß (...). Und daß freiwillige Gefolgschaft und unerschütterliche Treue zu dem echten berufenen Führer die höchste Form deutscher Freiheit ist" (Geleitwort, 1934), heißt es bei Vesper.

Nicht viel anderes lesen wir bei Joseph S. Viera. Viera begann mit rassistisch eingefärbten Kolonialerzählungen für junge Leser, insbesondere auf dem Hintergrund der Aktionen Lettow-Vorbecks im ehemaligen Deutsch-Ostafrika. Diese weitgehend paternalistisch gehaltenen Texte wurden 1933 abgelöst durch nationalsozialistische Propagandaschriften, die Wandlungs- und Bekehrungserlebnisse zum Thema haben, durchaus in der Nachfolge Schenzingers. Paradigmatisch dafür sind „SA-Mann Schott" (1933), „Der Kampf um die Feldherrnhalle" (1933). Das Weltbild Vieras ist simpel: die Guten scharen sich um Hitler, die Schlechten rüsten zu Verrat, Lüge und Mord. Viera braucht Anleihen beim Glauben und macht den Nationalsozialismus zur „frohen Botschaft", für die es sich lohnt, den Märtyrertod zu sterben.

Zuvor war Karl Aloys Schenzingers (1886-1962) „Der Hitlerjunge Quex" (1932) erschienen und zu dem nationalsozialistischen Jugendbuch geworden. Thema ist die Wandlung – durch ein Bekehrungserlebnis – des Tischlerlehrlings Heini Völkers vom Mitglied kommunistischer Jugendgruppen zum fanatischen Hitlerjungen. Hautnah beschreibt Schenzinger die proletarische Lebens- und Arbeitssituation zur Zeit der Weltwirtschaftskrise, die die Menschen zur Verzweiflung treibt: Heinis

Mutter begeht Selbstmord. Aber je dunkler Schenzinger diese Seite dastehen läßt, um so strahlender heben sich die Hitlerjugend und die anderen nationalsozialistischen Organisationen ab, für die Schenzinger Metaphern des Lichts bereitstellt: „Leuchtende Röte", „die kommende Sonne", „Morgenhimmel", der „Morgen". Die andere strukturell relevante Zuweisung, die Schenzinger vornimmt, ist die der Gleichheit, verstanden als Uniformierung sowie die Idee der Volksgemeinschaft gegen die Vorstellung der Klassengesellschaft, vorgeführt im Bild der Freundschaft zwischen einem Arbeiterjungen und einem Gymnasiasten. Volksgemeinschaft wird politikfern begriffen, sie verlangt nichts anderes — und das wird als Abenteuer verkauft — als Eingliederung und Gehorsam: Unterwerfung als aufregendes Erlebnis. In der Gestalt Heini Völkers: „Er wollte Befehle, wollte gehorchen. Er wollte bewundern und verehren" (Schenzinger, 1932, S. 152). Und weil er sich unterwirft, als unterwürfig zeigt, wird er erhöht zur reinen strahlenden Lichtgestalt, ein Held, der bis zum Tode für seine Ideale eingestanden ist.

In der Nachfolge Schenzingers verfaßte Alfred Weidenmann (*1916) seinen „Jungzug 2" (1936). Wie sein Vorbild verfolgt auch er die realitätsnahe Darstellung proletarischen Lebens: Arbeitslosigkeit, Wohnsituation, Familienverhältnisse, alles in bedrückender Enge. Gegen diese Enge setzt er die „Wohlanständigkeit" der Hitlerjugend, die Platz bietet für Jungen, ihre Freuden, Wünsche und Bedürfnisse. Zum Abenteuer wird der Alltag durch die Propagandaarbeit, die zur „harten Schule der Gemeinschaft" stilisiert wird, mit dem Ziel „soldatischer Tugend". So wächst, in der Terminologie Weidenmanns, ein „hartes Geschlecht" heran, dem das „Dienen im Schweigen" selbstverständlich geworden ist. Weidenmanns Trilogie macht klar, daß sich das Abenteuer im Krieg vollenden soll. Deshalb ist es konsequent, wenn es immer wieder um Disziplin, Befehlen und Gehorchen, die Gemeinschaft, sowie „Opfer und Pflicht" geht. Die Gemeinschaft par excellence ist das Militär und somit zugleich vorbildlich für den künftigen Aufbau des Volkes.

Thematisch relevant wird an dieser Stelle der Autor Fritz Steuben (1898-1981), weil er das Gewand des Indianerbuches und den Bericht von ihrer Vertreibung aus der Heimat und ihrer Unterdrückung benutzte, um die Erinnerung daran wachzuhalten, daß seine Landsleute nach dem Ersten Weltkrieg von den Polen genauso verjagt und gedemütigt worden seien, wie die nordamerikanischen Indianer durch die Pioniere. Steubens Gestaltung der Ereignisse im Wilden Westen, für die er Quellentreue beansprucht hatte, weist zurück auf politische Konflikte zwischen Deutschland und Polen. Seine Indianerbücher hielten (und halten) die Erinnerung daran wach, daß Heimat etwas ist, was durch Kampf und Krieg bewahrt werden muß.

Fritz Steubens Indianergeschichten um den Shawano-Häuptling Tecumseh erschienen in Buchform erstmals zwischen 1930 und 1939. Sie wurden nach 1945 wieder aufgelegt und — mittlerweile bearbeitet — von den angesehenen Verlagen Franckh (Stuttgart) und dtv-junior (München) verbreitet. Das wäre bemerkenswert genug. Es tritt hinzu, daß Fritz Steuben 1938/39 für diese Geschichten mit dem Hans-Schemm-Preis des Nationalsozialistischen Lehrerbundes (NSLB) ausgezeichnet worden war. Es ist auszuschließen, daß dieser

Preis einem ideologisch nicht genehmen Autor verliehen worden wäre. Steuben hatte selbst keinen Hehl daraus gemacht, daß Hitler und das Dritte Reich ein „neues Deutschland" für ihn verkörperten.

In der engeren kinderliterarischen Diskussion sind die Schriften Steubens nicht mehr präsent. Aber es wäre unangebracht, sich der Tatsache zu verschließen, daß seine Bücher um Tecumseh noch auf dem Markt sind und eindrucksvolle Auflagenhöhen erreicht haben. Die These, daß Steubens ‚edle Wilde' recht eigentlich verkappte Deutsche waren und die Bedrohung, der die Indianer durch die europäischen Eindringlinge ausgesetzt waren, in Analogie zu sehen ist zu der Gefährdung der deutschen Bevölkerung des Weichselraumes durch die slawischen ‚Invasoren', muß begründet werden, wenn sie nicht bloße Behauptung bleiben soll. Der problematisierte Sachverhalt steht nicht expressis verbis da, aber latent ist er vorhanden.

Die Aufmerksamkeit, die Fritz Steuben erfährt, gehört nicht den literarästhetischen Qualitäten seien Werkes, sondern der darin enthaltenen politischen Botschaft, weil dieser Autor unter seinem Geburtsnamen Erhard Wittek mit dem „Erlebnisbericht" „Durchbruch anno achtzehn" (1933) sich sehr früh der Reihe des militaristischen und nationalsozialistischen Schriftgutes zugeordnet hatte. „Durchbruch anno achtzehn" war gedacht als Kampfschrift gegen die erfolgreichen Antikriegsromane eines Erich Maria Remarque und eines Ludwig Renn und als Werbeschrift für das nationalsozialistische Führerprinzip. Steuben/Wittek (1933, S. 191) betrachtete sein Buch als „dankbare Huldigung an den, der Deutschland geeint hat und sein Führer ist".

Nicht genug damit, daß er den Krieg verharmloste und verniedlichte. Steuben/Wittek arbeitete darauf hin, den Menschen als bloßen ‚Tötungsautomaten' zu begreifen, der imstande sein mußte, besinnungslos die anderen, seien es „Kosaken und Tataren", seien es „Neger", niederzumetzeln. Auf dem Hintergrund der Aussagen dieses Buches und anderer seiner aggressiv-militaristischen Schriften stellt sich die Aufgabe, nach Parallelen zwischen ihnen und seinen Abenteuerromanen zu suchen.

Rassenideologie, Kampfesideologie und Herrenmenschenmentalität finden in den „Tecumseh"-Geschichten ihr Ferment im Volksmythos. Dieses weltanschauliche Amalgam bildet die Grundlage seiner Indianerbücher. Der beanspruchte indianische Boden ist bloß die räumlich-äußerliche Voraussetzung für etwas gänzlich anderes. Er liefert das exotische Kolorit für ein ‚heimatliches' Unternehmen, „den Durst (...) der männlichen Jugend nach Eroberung der Welt". (Steuben, 1938) Steubens Überlegungen hinsichtlich der Aufgaben des Abenteuerbuches gipfeln im „großen Schicksal der Volkwerdung der Deutschen"; der Ort, wo die Volkwerdung sich vollzieht, ist die Heimat. In einem Brief vom 5.3.1940 an den Lektor Eduard Rothemund betonte Steuben, daß er während der Vorarbeiten zu seinen Indianerbüchern ergriffen gewesen sei, vom „erschütternden Kampf eines edlen Volkes um seine Heimaterde".

In apologetischer Hinsicht wurde bereits 1941 von einem Wilhelm Schuhmacher eine Beziehung zwischen dem Kriegsbuch „Durchbruch anno achtzehn" und Steubens Indianererzählungen hergestellt. Dieser Rezensent stellte die Tatsache in den Vordergrund, daß Steuben bereits 1930 in den Vorworten zu den Bänden „Der fliegende Pfeil" und 1931 in „Der rote Sturm" die Indianer mit den Germanen des Arminius vergleichen und später deutlich seine „völkische Sendung" erkannt habe. Derselbe Verteidiger Steubens feierte dessen „Tecumseh"-Geschichten als „Führer- und Volkstragödie". Das bestätigt, daß Steubens Indianergeschichten in den dreißiger Jahren als verhüllende Form eines nationalsozialistisch dominierten Kerns erkannt und geschätzt worden waren.

Mit dem Voranschreiten der Bände steigert sich jedes Mal ihr rassistischer Gehalt und mit ihm die Bedeutung der Heimat-Frage; auch Steuben hatte seine Heimat verloren und erlebte sich als Heimatvertriebener. Seine Indianergeschichten sind im Kern Heimat-Romane, durch die Vorstellungswelten modelliert werden sollten. Diese Tendenz schob sich mit „Tecumseh, der Berglöwe" (1932) nach vorne. Nun werden Eroberung und Expansion favorisiert. Zusätzlich treten eindeutige Hinweise auf faschistische Organisationen und Symbole auf.

Seit dem Band „Tecumseh, der Berglöwe" überkreuzen sich beständig zwei Geschichten: Der Kampf um die Heimat und die Schilderung einer Eroberung. Es geht immer mehr um das „germanische Blut, das Herrenblut". („Der strahlende Stern" 1934) Siedlungsarbeit, ganz gleich ob sie im Westen oder im Osten stattfindet, wird von Steuben hochgeschätzt. Die Eroberung neuen Lebensraumes im Wilden Westen setzt er in Parallele zur imperialistischen Siedlungspolitik der Nationalsozialisten und ihres Eroberungswillens im Osten. Seine Erzählungen entwickeln sich zu ‚Grenzlandgeschichten'. In dem Band „Der Sohn des Manitu" (1938) läßt der Autor ausdrücklich „die Geschichte der Stämme des Ostens" wiederaufleben. Wir dürfen dies als Hinweis auf die Geschichte der Deutschen im Osten lesen.

Steuben appellierte an seine deutschen Leser, daß sie keinen Grund hätten, die „Partei der Mörder" der Indianer – gemeint waren die Engländer – zu ergreifen. Denn, so fügte er hinzu, „wir haben diese Art, Geschichte zu machen (d.h. durch Verleumdung und Beschimpfung, W.K.) allzu bitter am eigenen Leibe erfahren". Seine Leser sollen erkennen, daß die Roten von den Engländern und Amerikanern genauso bestohlen und gedemütigt worden waren wie die Deutschen nach dem Ersten Weltkrieg. Gleich den Indianern sind die Deutschen „Flüchtlinge und Menschen ohne Heimat" („Der Sohn des Manitu" 1938). An derselben Stelle weist Steuben unmittelbar auf die Versailler Verträge hin und darauf, daß Verträge „Gewalt" seien und sowohl die Indianer als auch die Deutschen ‚gezwungen' worden seien, ja zu den Verträgen zu sagen. Die Indianer, das ist diesem Band um Tecumseh zu entnehmen, standen der „Flutwelle, die sich aus dem Osten" über sie ergoß, hilflos gegenüber. Auf das deutsche Volk bezogen, meinte die Darstellung nichts anderes als nur ein Angriffskrieg könnte der „Flutwelle" widerstehen.

Es verwundert nicht, daß Steubens Indianergeschichten von der damaligen Literaturbetrachtung als „Gegenbeispiele deutscher Not und des Kampfes der nationalsozialistischen Bewegung" eingeschätzt wurden. Der Vergleich fiel nicht schwer, weil der Autor selbst die innere Struktur der indianischen Gesellschaft nach dem Muster des autoritär-faschistischen Staates gebaut sah. Zwei Dinge waren es insbesondere, die Steuben magisch anzogen: Eroberung und die Verteidigung der Heimat. Unschwer läßt sich wahrnehmen, daß er den „deutschen Osten" meinte, sowohl dann, wenn es um Eroberung als auch dann, wenn es um Verteidigung ging.

Es ist festzustellen, daß Wittek/Steuben in seinem Werk den Menschen als ‚todbringende Menschmaschine' vorführte und damit verquickt: Krieg entweder als Idylle oder Gefahr. Wiederkehrende ideologische Versatzstücke in diesen Geschichten sind: Rassismus, Militarismus, Herrenmenschentum, Volkstümelei, Führerkult und Heimatidolatrie.

Es soll nicht unterschlagen werden, daß der Autor anfangs für die wilde Natur der Indianer und gegen die zivilisierte Barbarei Partei ergriffen hatte. In späteren Bänden kommt dann jedoch die „zweite Geschichte", die der Eroberung und die Verteidigung der Heimat, zum Tragen. So sehr sich Steuben auch fasziniert zeigt von dem zum Tode bereiten Einstehen für die Heimat, wie er es an den Indianern nacherlebbar macht, noch mehr lockte ihn das zum Tode bereite Pioniertum, das auf „Beil und Büchse", Kampf und Arbeit beruhte. Steuben hat, wäre zu schließen, also gar keine Indianerbücher, sondern Geschichten aus dem Blickwinkel der Siedler und Grenzer verfaßt.

Seine Parteinahme für die Indianer hatte die Aufgabe, das ‚wahre Recht' der Weißen um so nachdrücklicher zu etablieren. Der Autor steigert dies in dem Band „Der strahlende Stern" (1934) zu der Verbindung von indianischer Wildheit und dem kalten Egoismus der weißen Eroberer. Er entwirft damit sein Modell der „blonden Bestie", des Hitlerschen „herrlichen Raubtiers".

Steubens Texte ebenso wie die Schenzingers, Vieras, Vespers oder Weidenmanns dienten allesamt der ideologischen Aufrüstung. Und über den unermüdlich wiederholten Phrasen von Kameradschaft, Tugend, Gemeinschaft, Härte usw. darf nicht übersehen werden, daß dieser Katalog nur Leerformeln bot. Gerade die Formelhaftigkeit mit der diese „Tugenden" beständig repetiert wurden, machte sie brauchbar. Da nicht ausdrücklich festgelegt war, zu welchem Zweck das alles geübt werden sollte, konnte jeder seine Bedürfnisse hineinprojizieren und finden, was er suchte, ohne mit anderen in Kollision zu geraten. Letztlich war alles darauf abgestellt, bedingungslosen Gehorsam einzuüben, den Krieg und das Morden vorzubereiten und zusätzlich bei aller Kameradschaft untereinander, Haß auf die zu erzeugen, die nicht mitmachten oder anders zu sein schienen.

6. Wirklichkeit und Phantasie

Vom „guten" Jugendbuch zum neuen Realismus und sozialer Phantasie. Kinder- und Jugendliteratur in der Bundesrepublik Deutschland.

Die Kinder- und Jugendliteratur stand — wie die Literatur allgemein — nach der Befreiung vom Nationalsozialismus 1945 vor der Frage, wie soll der Neuanfang aussehen, an welche Traditionen kann angeknüpft werden? Im Unterschied zur Literatur machte es sich die Kinder- und Jugendliteratur vielfach einfacher. Sie tat ab, was eindeutig nationalsozialistisch schien und beließ es dabei. Von „Kahlschlag", „Trümmerliteratur" oder gar einer „Stunde Null" (so problematisch diese Termine auch sind) war auf diesem Gebiet nicht die Rede. Im Gegenteil, durch den Rückgriff auf die Religion glaubte man sich endlich — nach der Politisierung der Kinder- und Jugendliteratur im Dritten Reich — jeden Ideologieverdachts enthoben.

Eine Annäherung an die Wirklichkeit der ersten Nachkriegsjahre gab es nicht: Schwarzmarkt, Arbeitslosigkeit, Zerstörung, Einsamkeit, das Schicksal der Inhaftierten der Konzentrationslager und der Ermordeten waren in der Literatur für junge Leser nicht existent. In Kunstmärchen, zumeist von Hausfrauen oder dilettierenden Pädagogen verfaßt, in Flüchtlings- und Heimatlosengeschichten spielte dagegen das Weihnachtsfest und der Advent des Herrn eine große Rolle. Die neuen Märchen und die scheinrealistischen Erzählungen setzten auf das Happy-End. Ein Titel wie „Die Arche Noah" (1948) von Margot Benary-Isbert hatte programmatische Funktion. Gegen die „Unwirtlichkeit der Städte" helfe, trug die Autorin vor, die Besinnung auf das Familienleben; ungeachtet dessen, daß vielfach Vater oder Gatte immer noch vermißt oder in Kriegsgefangenschaft waren oder Kinder ihre Mütter suchten.

Gegen die rührselig religiös gefärbten Texte, gegen die wachsende Zahl der Schmutz- und Schundhefte sowie gegen die Wiederauflagen der Klassiker der Kinderstube, Johanna Spyri, Karl May, auch Heinrich Hoffmanns „Struwwelpeter" (er wurde in der ersten Nachkriegszeit gleich von sieben Verlagen angeboten) stellte sich 1949 die deutsche Ausgabe von Astrid Lindgrens „Pippi Langstrumpf", die schon 1944 entstanden war und unter dem Eindruck des Krieges und der Gewalttaten auf die nicht-autoritären Erziehungskonzepte von Bertrand Russell und Alexander S. Neill zurückgriff.

„Pippi Langstrumpf" trat gegen das traditionelle Kinderbuch auf. Diese Phantastische Erzählung markierte die Grenze der üblichen Kindergestalten der bisherigen Kinder- und Jugendliteratur. Nach der Veröffentlichung dieser Geschichten war es nicht mehr möglich, unmittelbar auf Emmy von Rhodens „Trotzkopf", Else Urys „Nesthäkchen", Magda Trotts „Pucki"-Bände zurückzugreifen oder an sie anzuknüpfen. Dem Ton dieser Bücher setzte Lindgren die „Revolution in der Kinderstube" entgegen. Seit „Pippi Langstrumpf" war in der Kinder- und Jugendliteratur die erwachsene Autorität, die seit zwei Jahrhunderten unangefochten war, nicht mehr selbstverständlich. Lindgren hat nicht nur mit diesem Buch Maßstäbe gesetzt. Gleiches gilt für ihre Geschichten um „Kalle Blomquist" (1950), „Mio, mein Mio" (1955), „Die Brüder Löwenherz" (1974) und zuletzt ihre Romeo und Julia-Adaption „Ronja Räubertochter" (1982).

Aber der Blick auf die Bücher Astrid Lindgrens darf nicht davon ablenken, daß die 50er Jahre zugleich dadurch gekennzeichnet waren, daß jene Bücher, die der Zensur der Militärbehörden der Besatzungsmächte verfallen waren, seit 1949 wieder auf den Markt kamen. Das galt für die Sachromane Karl Aloys Schenzingers, z.B. „Anilin" (1936) und „Metall" (1939), und für die Indianergeschichten Fritz Steubens: „Tecumseh" (1949ff). Wieder veröffentlichen konnte auch Alfred Weidenmann. Er brachte die abenteuerlichen Bände „Gepäckschein 666" (1953) und „Die 50 vom Abendblatt" (1953) heraus, die beide der Wirtschaftswunderwelt huldigten und jeweils eine „Vom-Tellerwäscher-zum-Millionär" Aufsteiger-Geschichte vortrugen.

Ein anderer wichtiger Autor der 50er Jahre war Hans Baumann sowohl mit seinem Sachbuch „Die Höhlen der großen Jäger" (1953) als auch mit geschichtlichen Jugendbüchern wie „Der Sohn des Kolumbus" (1952), „Steppensöhne" (1954) und zu Beginn der 60er Jahre „Ich zog mit Hannibal" (1960). Baumann, der mit Liedern und Theaterspielen an der ideologischen Aufrüstung im Dritten Reich beteiligt war, hatte während der Kriegsgefangenschaft eine weltanschauliche Wende durchgemacht. Er versuchte nunmehr, in seinen Büchern vor der Faszinationskraft von Führern zu warnen.

Geschichtliche Jugendbücher verfaßten Ingeborg Engelhardt, Barbara Bartos-Höppner und Kurt Lütgen, der nach dem humanen Anliegen von Forschern und Entdeckern fragte; exemplarisch war „Das Rätsel der Nordwestpassage" (1966). In dieses Genre fallen auch Texte von Fritz Mühlenweg und Herbert Kaufmann, für die China und Afrika die typischen Handlungsorte wurden.

Der Erfolg der Bücher *Enid Blytons* (1897-1968) beruhte hingegen auf anderen Voraussetzungen. Wenn wir zurückblicken, überrascht, daß zu Beginn der 50er Jahre, als ihre Bücher erstmals auf den deutschen Markt kamen, die Autorin ein positives publizistisches Echo auf ihre Erzählungen erfahren hatte. Man stellte damals ihre Geschichten in einen Kontrast etwa zu „Heidi", „Nesthäkchen" und anderen konventionellen Mädchenbüchern. Die ersten deutschen Leserinnen und Leser erlebten ihre Bücher als „sauber in der Gesinnung" und als „Reißer gegen den Schund". Besonders geliebt und viel gelesen wurden und werden die Internatsgeschichten um Hanni und Nanni, die „5 Freunde"-, die „Geheimnis"- und die „Abenteuer"-Serie. Der anfängliche Erfolg Enid Blytons in Deutschland kann aber nicht nur mit dem naiven Vertrauen in das aus England Importierte erklärt werden. Es scheint vielmehr etwas an ihren Geschichten zu sein, gespeist von den Ideen der Reformpädagogik und des Scoutismus, das sie von anderen zeitgenössischen Büchern unterscheidet.

Ein Merkmal ihrer Bücher sind aufgeweckte Heldinnen und Helden, die in die Welt der Erwachsenen hinübergreifen, etwas unternehmen wollen und mit forscher Neugier sich umtun. Blytons Erzählungen bieten Helden zum „Bewundern und Nacheifern". In ihrer Lebensgeschichte (1957) teilte die Autorin dazu mit, daß zu ihren Idealen „Fair Play, Mitleid mit Unterlegenen, Verachtung für Schleicher und Großsprecher, absolute Gerechtigkeit, Tierliebe und Begeisterung für echte Vorbilder" gehören. Diese „gesunde Moral" wurde uneingeschränkt gelobt.

Sie wählte bei der Umsetzung gleichwohl immer eigentümliche Orte als Handlungsplatz ihrer Stories: Burgen, Täler, Inseln, dort wartet das Abenteuer. Seine Allgegenwart fordert Blytons kindliche Helden, die „5 Freunde", „Hanni und Nanni" und all die anderen, heraus. Dadurch daß sie die Herausforderung annehmen, stellen sie sich oft gegen (einzelne) Erwachsene und beweisen ihre Überlegenheit. Zweifellos folgen ihre Erzählungen der Geschlechtsstereotypie. Sie bedient sich zudem bekannter literarischer Requisiten und Motive wie Schatzsuche, Gefangenschaft, unerwartete Begegnungen, sonderbare Geschehnisse, Mitternacht und geheime Gänge. Blytons Bücher ziehen die Leser an, weil sie sich auf große literarische Vorbilder beziehen von Stevensons „Schatzinsel", über Gespenster- und Detektivgeschichten, bis zu den älteren „Gothic novels". Aber alles bleibt im Rahmen. Die Kinderfiguren selbst allerdings, die werden übersteigert. Sie sind allemal längst „erwachsen".

Die neuere Kritik der Bücher Enid Blytons nun, vor allem seit den 70er Jahren, distanzierte sich von ihren Werken. Sie hielt der Autorin vor, die Eltern zu sehr zu idealisieren, Autoritäten zu feiern, Disziplin zu fordern und in Schwarz/Weiß- und Gut/Böse-Schematik zu verharren.

Wenn wir dem äußeren Handlungsablauf der Serien von Enid Blyton folgen, der sich vor allem durch Freizeitleben in der Gruppe charakterisieren läßt, eingebettet in die sorglose Geborgenheit der Mittelschicht, angesiedelt in ländlich-dörflichem Bereich oder in pittoresker Abenteuerwelt, ergibt sich ein Abbild unbeschwerten Kinderlebens. Die Schule etwa, genauso wie Abenteuer, Detektivarbeit oder Geheimniserforschung, hat einzig die Aufgabe, den Rahmen für Aufregung und Spaß abzugeben. Darüber hinaus existieren keine Leistungsanforderungen. Die Spannung Kinder versus Erwachsene gestaltet die Autorin so, daß sie Kindheit und Jugend als eigenständigen, behüteten und forderungsfreien Raum darstellt, der von den Erwachsenen eher unterstützt, als in Frage gestellt wird; allerdings nur solange ihre Autorität grundsätzlich akzeptiert wird.

Zu den Autoren, die die westdeutsche Kinder- und Jugendliteratur mit aufbauen halfen, gehörte natürlich Erich Kästner, der, nach seinen Erfolgen zu Ende der 20er Jahre (sein „Emil und die Detektive", 1928, avancierte längst zum Kinderklassiker), 1949 mit „Die Konferenz der Tiere" und „Das doppelte Lottchen" hervortrat und nochmals neue Akzente setzte. Besonders wichtig, gleichwohl bisher nicht genügend gewürdigt, war seine Tätigkeit als Herausgeber und Autor der Zeitschrift für junge Leute „Pinguin", die seit 1946 im Rowohlt Verlag erschienen war. Dieses Blatt, das sehr früh schon am antifaschistischen Aufbau mitwirkte, hatte ein inhaltliches und sprachliches Niveau, wie es späterhin von kaum einer der Zeitschriften für junge Leser wieder erreicht wurde. Im Vergleich mit anderen Blättern der 50er Jahre zeigt sich der Substanzverlust: Auf Kästners aufklärerisch-informatives Blatt folgte mit „Rasselbande" ein informativ-unterhaltendes und mit „Bravo" ein bloß noch unterhaltend-kommerzielles. – Auf ähnliche Traditionen wie Kästner bezogen sich Lisa Tetzner mit ihrer neunbändigen Kinderodyssee „Die Kinder aus Nr. 67" (1933-1949) und Kurt Held mit „Die rote Zora" (1941) und „Guiseppe und Maria" (1955/56), einem der wenigen Antikriegsromane für junge Leser in den 50er Jahren. – Kästner, Tetzner und Held standen in der Tradition der kritischen, sozialistisch-humanistischen Literatur der Weimarer Zeit. Es fanden sich kaum andere Autoren in Westdeutschland, die an diese Vorbilder anknüpften. Ausnahme war James Krüss, der sich auf Kästner als seinen Lehrer bezog und sich ihm verbunden fühlte.

Wichtig wurde für den Neubeginn der Kinder- und Jugendliteratur in der BR Deutschland die Phantastische Erzählung. Die frühen Höhepunkte sind Otfried Preußlers „Der kleine Wassermann" (1956) und „Die kleine Hexe" (1957). Bücher, die bis in die Gegenwart ihre Leser finden. Es sind Beispiele „hellerer Phantastik" und zugleich Exempel der Entmythologisierung, die von den sagenhaften Gestalten Wassermann und Hexe das Abschreckend-Unheimliche wegnehmen und sie in eine brav-biedere Alltagswelt versetzen.

Mehr auf das Sprachliche zielte Krüss, darin ein direkter Nachfahre Kästners, mit seinen Büchern „Der Leuchtturm auf den Hummerklippen" (1956) und „Mein Urgroßvater und ich" (1959). Er entheroisiert und baut hierarchische Ordnungen ab, bis hin zum Zweifel an der Brauchbarkeit der Sprache. Aber trotz dieses destruktiv-kritischen Impulses, setzt sich auch bei Krüss über alle Gegensätze hinweg das Harmoniebedürfnis durch.

Die Etablierung der westdeutschen Kinder- und Jugendliteraturszene wurde weitergeführt mit den Schriften Heinrich Maria Denneborgs, z.B. „Jan und das Wildpferd" (1958), den ersten Veröffentlichungen von Ursula Wölfel sowie den frühen Arbeiten von Janosch und Michael Ende, der mit seinen „Jim-Knopf"-Büchern (1960/62) seinen Einstand als Kinderbuchautor gab. Waren die Jahre seit Mitte der 50er institutionell durch eine Aufbruchstimmung charakterisiert: Gründung des Arbeitskreises für Jugendliteratur (1955), erste Ausschreibung des Deutschen Jugendbuchpreises (1956), so machte sich zu Beginn der 60er Jahre eine Haltung des Bewahrens bemerkbar. Das Erreichte sollte gefestigt werden.

Unruhe trat wieder ein, als gegen Ende der 60er Jahre im Rahmen der Studentenbewegung und der Kinderladenaktivitäten Kinder- und Jugendliteratur als Medium der Sozialisation neues, aufgeregtes Interesse auf sich zog. Die Werke Preußlers, vor allem seine Räubergeschichten und Kasperliade „Räuber Hotzenplotz" (1962), sowie die Schriften James Krüss', selbst sein gesellschaftskritischer „Timm Thaler"-Roman (1962), verfielen der Kritik und galten als Heile-Welt-Geschichten bar jeglichen Wirklichkeitsbezuges, als Weltflucht und notwendig scheiternde Lebenshilfe. Das sog. „gute Jugendbuch", ein Kampfbegriff der 50er Jahre, wurde als Ideologie entlarvt und sein pädagogisch restaurativer Kern herausgearbeitet.

Zu den neuen Autoren, die in den 60er Jahren von sich reden machten und nicht einfach dem konservativen ‚mainstream' subsumierbar waren, zählen Irmela Brender, Willi Fährmann, Frederik Hetmann (d.i. Hans Christian Krisch), Othmar Franz Lange, Karl Bruckner und Winfried Bruckner, Hans Georg Noack sowie Hans Peter Richter, der mit seiner Erzählung „Damals war es Friedrich" (1961), das Schweigen der Kinder- und Jugendliteratur über das Geschehen im Dritten Reich sowie die Verbrechen der Nazis gebrochen und zum Nachdenken aufgefordert hatte.

Die entscheidende Wende in der Kinder- und Jugendliteratur erfolgte um das Jahr 1968. Jetzt wurden neue Verlage gegründet, z.B. Basis (Berlin), Oberbaum (Verlag) Weismann (München) oder Anrich (Mühlheim a.d.R.), die an die neuen Ideen der Sozialisationsforschung, an das Erziehungskonzept von A.S. Neill und die liberaleren Ideen der Sexualerziehung von Kindern anknüpften und sie auch propagierten. Zugleich entstand der Eindruck, als könnte es nur noch eine marxistisch inspirierte Kinder- und Jugendliteratur geben.

Wenn sich inzwischen gezeigt hat, daß die Entwürfe der antiautoritären Kinder- und Jugendliteratur nicht stark genug waren, um sich dauerhaft durchzusetzen, besteht dennoch kein Zweifel, daß die etablierte Kinderbuchszene aufgewühlt und zum Reflektieren ermuntert wurde; ihre impliziten Voraussetzungen wurden hinterfragt. Das gipfelte in der Forderung: „Schlachtet die blauen Elefanten". Mit einem Schlag galt alles, was an Kinder- und Jugendbüchern vorhanden war, als Fluchtliteratur, ohne Blick für die Wirklichkeit der Kinder.

Die antiautoritäre Kinder- und Jugendliteratur hatte Effekte in verschiedene Richtungen. Sie schuf zum einen die Voraussetzungen für eine neue phantastische Literatur (Christine Nöstlinger, Günter Herburger, Heinrich Hannover, Friedrich Karl Waechter), die jetzt auf das Schlagwort soziale Phantasie bezogen wurde. Dann erlaubte sie eine andere realistische Literatur für junge Leser (Peter Härtling, Ursula Wölfel, Gudrun Pausewang, Leonie Ossowski, Wolfgang Gabel, Mirjam Pressler). Sie zwang, drittens, Autoren, die schon länger für Kinder oder Jugendliche schrieben, ihre Schreibweise zu ändern. So machte Fredrik Hetmann, in der Nachfolge der Texte von Günter Wallraff und Erika Runge, die dokumentarische Schreibweise für junge Leser fruchtbar. Es entstanden seine Bücher über Rosa Luxemburg und Ernesto Che Guevara, faktographische Textsammlungen.

Neben die explizite Politisierung schob sich – durchaus als Reaktion auf Ölschock, Weltwirtschaftskrise und ökologische Krise zu verstehen – die Phantastische Literatur oder Fantasy, die dem ungebrochenen Bildungsoptimismus der studentischen Protestbewegung widersprach. Sie vertraute nicht auf die Kraft des Intellekts, zweifelte am rationalen Umgang mit Mensch, Natur und Gesellschaft und demonstrierte, daß es neben und unterhalb der sozialen Phantasie etwas gab, das sich der Integration widersetzte: Gefühle, Wünsche und Bedürfnisse, die antigesellschaftlich waren. Diese Texte, die sich wie Otfried Preußlers „Krabat" (1972) von der Volksüberlieferung nährten oder wie

Michael Endes „Momo" (1973) in der Tradition der romantischen Kunstmärchen standen sowie im Gefolge von J.R.R. Tolkiens „Der kleine Hobbit" und „Der Herr der Ringe", machten auf Tiefenschichten im Individuum wie in der Gesellschaft aufmerksam, die am Optimismus der Aufklärung zweifeln ließen.

Waren die beginnenden 70er Jahre noch durch den Wettbewerb dieser beiden Strömungen, der sozialrealistischen und der psychologisch-phantastischen, bestimmt, so hat sich gegen Ende des Jahrzehnts — vor allem seit M. Endes durchschlagendem Erfolg „Die unendliche Geschichte" (1979) — Fantasy als das Genre durchsetzen können und vielfache Nachahmer gefunden. Lange schien es, als könnte Kinder- und Jugendliteratur allein phantastische Literatur sein. Theoretisch vorbereitet wurde dieser Erfolg durch Bruno Bettelheims Apologie der Märchen „Kinder brauchen Märchen" (1977). Zu den Nachfolgern Endes gehören im Feld deutschsprachiger Fantasy: Hans Christian Kirsch „Madru oder der große Wald" (1984), Käthe Recheis „Der weiße Wolf" (³1983), Friedrich Kabermann „Moira" (1981), W.u.E. Hohlbein „Märchenmond" (1983), Christine Nöstlinger „Hugo, das Kind in den besten Jahren" (1984), Paul Maar „Lippels Traum" (1983) u.v.a.m.

Diese Auflistung läßt leicht übersehen, daß es im letzten Jahrzehnt noch anderes gab. Neuerungen versuchten unter anderem die Romane von Dietlof Reiche „Der Bleisiegelfälscher" (1977), der die Geschichte der kleinen Leute erzählt und sich an die Alltagsgeschichte wagte, oder der fast dokumentarische Roman „Johanna" (1979) von Renate Welsh, die sich der Zeit des Austrofaschismus näherte und zeigt, wie sich große Geschichte im Leben einer kleinen Magd bricht. Bemerkenswert war Ursula Wölfels geschichtlicher Roman „Jakob, der ein Kartoffelbergwerk träumte" (1980), der die Folgen der rapiden Industrialisierung in Deutschland aufzeichnete und ein Stimmungsbild aus der Zeit des „Vormärz" im 19. Jahrhundert lieferte. Es ist charakteristisch für diese Bücher, daß Kinder- und Jugendliteratur nicht mehr so sehr den Machern der Geschichte nachforscht oder sie gar bejubelt, sondern aus der Sicht der Opfer nach den Kosten des Fortschritts fragt.

Dieser Wechsel der Perspektive hatte Folgen in verschiedenen Bereichen. Z.B. ist das Mädchenbuch, das sehr lange noch den Backfischidealen des 19. Jahrhunderts nacheiferte, grundlegend verändert worden. Dann ist der Prozeß der politischen Bewußtwerdung in den kritischen Darstellungen des Nationalsozialismus ersichtlich (Ingeborg Bayer „Ehe alles Legende wird", 1979), ebenso in den Büchern über die Dritte Welt, die nicht mehr nur Entwicklungshelfer-Stories sind, in den Indianergeschichten, in den Gastarbeitergeschichten, die nicht mehr selbstverständlich von der Anpassung an die deutschen Verhältnisse ausgehen. Ein besonderes Gewicht hat die jüngere Antikriegsliteratur. — Daß es so etwas überhaupt gibt, ist nicht selbstverständlich, wenn man sich an den Anteil erinnert, den die Kinder- und Jugendliteratur an der Mobilmachung zum Ersten und Zweiten Weltkrieg hatte. Es erschienen Neuauflagen älterer Texte von Wilhelm Lamszus „Das Menschenschlachthaus" (1912, NA 1978), Rudolf Frank „Der Schädel des Negerhäuptlings Makaua" (1931,

NA „Der Junge, der seinen Geburtstag vergaß", 1982) oder aus den 50er Jahren Kurt Helds vierbändiger Roman „Guiseppe und Maria" (1955/56). Diese Autoren fanden Nachfolger u.a. in Hermann Vinkes Dokumentation „Als die erste Atombombe fiel" (1982), Gudrun Pausewangs „Die letzten Kinder von Schewenborn" (1983) und Tilman Röhrigs „In 300 Jahren vielleicht" (1983).

Die Übersicht sollte deutlich werden lassen, daß die Gewißheit der emanzipatorischen Kinder- und Jugendliteratur der frühen 70er Jahre nicht durchgehalten werden konnte. Die erhoffte Umgestaltung der Gesellschaft blieb aus, im Gegenteil, die gesellschaftliche Krise verschärfte sich: die Arbeitslosigkeit nahm bedrohliche Ausmaße an und der Konflikt der Supermächte äußert sich in immer extremeren Versuchen neue Waffen und Gegenwaffen zu entwerfen. Die Kinder- und Jugendliteratur bietet mindestens zwei Strategien an, diesen Verhältnissen zu begegnen: Pausewang zeigt pessimistisch, wie es werden könnte, wenn die Menschheit versäumt, endlich ihre Geschicke bewußt in die eigenen Hände zu nehmen. Ihre negative Utopie enthält jedoch ein – durch die Erfahrung der Friedensbewegung bewirktes – auffordnerndes „Trotzdem" und verweist auf die Notwendigkeit, politisch zu handeln. Sie vertraut nicht auf den Selbstlauf der Dinge. Anders Michael Ende: er führt im Weg Bastian Balthasar Bux' einen exemplarischen Bildungsgang vor hin zu individueller Selbsterkenntnis. Seine Moral: Jeder hat mit der Veränderung bei sich selbst zu beginnen. Politisches Handeln fügt nur neues Ungemach zum schon bestehenden. Beide Autorengruppen, Realisten und Phantasten, gehen aus von einer negativen Bestandsaufnahme über die gesellschaftlichen Zustände und davon, daß es so nicht weitergehen kann, wenn die Menschheit überleben will.

Nachdem vier Jahrzehnte die Kinderliteratur im Osten und Westen Deutschlands getrennte und unterschiedliche Wege gegangen ist, hat sich für die Autorinnen und Autoren der DDR seit dem Fall der Mauer (1989) und der Wiedervereinigung (1990) eine grundsätzliche Veränderung vollzogen. Mit dem Ende des „Leseland DDR" müssen sie und ihre Bücher sich auf dem Markt behaupten. Sie sahen sich damit vor eine ihnen völlig ungewohnte Aufgabe gestellt. Denn jetzt werden der Absatz und die hohen Auflagen der Vergangenheit nicht mehr garantiert und damit zugleich die bisherige soziale Absicherung weggebrochen.

Erschwerend trat hinzu, daß das Verlagswesen der DDR – für den Kinder- und Jugendbuchbereich die beiden Staatsverlage „Der Kinderbuchverlag" und der „Verlag Neues Leben" – sich in kurzer Zeit umorientieren und unter völlig neuen Voraussetzungen weiterarbeiten mußte. Nur wenigen gelang dieser Sprung. Zumal die Leser „fahnenflüchtig" wurden und zu den neuen elektronischen Medien überliefen. Diese „Medienrevolution" macht es den Autorinnen und Autoren in den neuen Bundesländern nicht leicht. Das zuvor gehätschelte Kultur- und Prestige-Objekt „Buch" war plötzlich nur noch ein Medium neben anderen. Das unter den Bedingungen der ehemaligen DDR pädagogisch und politisch kontrollierte Buch war uninteressanter geworden und mußte seinen hervorgehobenen Platz an andere abtreten.

Trotz dieser schwierigen Ausgangslage sind in den neuen Bundesländern in den zurückliegenden Jahren neue wichtige Bücher entstanden, haben ältere und jüngere Schriftsteller weiterhin für ein junges Publikum Geschichten erzählt und Gedichte verfaßt. Dabei haben sich neben die bekannten älteren Autoren neue Gesichter geschoben. Die Frage „Was bleibt?" hat sich auch für die Kinderliteratur bald gestellt. Es ist zu vermuten, vielleicht auch zu hoffen, daß mehr Bücher aus den zurückliegenden Jahren ihren Platz behaupten und die gesamtdeutsche Kinderliteratur bereichern werden als befürchtet.

Beginnend in den 50er Jahren mit Erwin Strittmatters Kinderroman „Tinko", Ludwig Renns „Trini"-Erzählung oder den Büchern Auguste Lazars und Alex Weddings, über Gerhard Holtz-Baumerts „Alfons Zitterbacke", Günter Görlichs „Den Wolken ein Stück näher" und den Abenteuerromanen der „Savvy"-Trilogie von Götz R. Richter und den Indianergeschichten von Liselotte Welskopf-Henrich sind bis heute lesenswerte Werke entstanden. Wenn auch in manchen älteren Büchern der pädagogische Zeigefinger sich allzu deutlich erhob, hat ein Autor wie Benno Pludra mit seinen Erzählungen „Lütt Matten", „Tambari", „Die Reise nach Sundevit" und „Das Herz des Piraten" gezeigt, daß es möglich und nötig ist, das Recht des Einzelnen gegenüber allen sozialen Ansprüchen zu verteidigen. Ähnliches gelang Alfred Wellm in „Kaule", worin er ebenfalls das konfliktreiche Verhältnis von Individuum und Kollektiv erzählerisch gestaltete.

Wenn heute von Autorinnen und Autoren der neuen Bundesländer die Rede ist, stehen neben etlichen anderen die Namen von Christa Kozik, Jutta Schlott und Maria Seidemann sowie die von Günter Saalmann, Jurij Brezan, Jurij Koch, Peter Hacks, Wolfgang Spillner, Günter Preuß genauso wie die der Lyriker Walter Petri und Dieter Mucke. Einen erheblichen Zugewinn für die kinderliterarische Landschaft bilden die Illustrationskünstler, allen voran Klaus Ensikat, Egbert Herfurth, Manfred Bofinger, Elizabeth Shaw, Renate Totzke-Israel, Albrecht von Bodecker, Jutta Mirtschin, Ruth G. Mossner und Gertrud Zucker.

Die Arbeit dieser Autoren und Künstler findet mittlerweile Aufmerksamkeit im gesamten Bundesgebiet, das dokumentiert sich in der Vergabe des Oldenburger Kinderbuchpreises an den Thüringer Henning Pawel, des deutschen Jugendliteraturpreises an Wolfgang Spillner („Taube Klara") und Benno Pludra („Siebenstorch").

III. Das Bilderbuch

7. Was ist ein Bilderbuch?

Seit der Mitte des 19. Jahrhunderts, bestimmten Helmut Müller und Horst Künnemann im „Lexikon der Kinder- und Jugendliteratur" (1975), wird der Ausdruck Bilderbuch mit einem speziell für das Kleinkind geschaffenen Buchtyp in Verbindung gebracht, d.h. einem Buch, in dem die Illustration gegenüber dem Text den Vorrang hat. Gegenwärtig meint man mit Bilderbuch ein Werk für Kinder von 2 bis ca. 8 Jahren mit vielen Illustrationen und wenig oder weniger bis gar keinem Text. Häufig werden Bilderbücher aus reißfestem Papier hergestellt und weisen unterschiedliche Formate auf: von sehr kleinen Liliput- bis zu übergroßen Formaten sowie Leporellos und Faltbilderbücher. Jene Bilderbücher für die ganz Kleinen enthalten oftmals Abbildungen von einzeln dargestellten Gegenständen. Zum Bereich des Bilderbuchs zählen die Bildgeschichte, Sachbilderbücher und das sogenannte Fotobilderbuch.

Geschichtlich hatten bei der Entwicklung des Bilderbuchs am Beginn folgende Genres Bedeutung: Das illustrierte ABC-Buch, die Fibel sowie die bebilderten Fabelausgaben, die sich manchmal schon dem Bilderbuch im modernen Sinne annäherten. Von besonderer Wichtigkeit war der „Orbis Sensualium Pictus" (1658) des Johann A. Comenius, worin er versuchte, eine Gesamtschau der Welt in Wort und Bild vorzulegen. Aus diesem Vorbild entwickelten sich die Elementar- und Sachbilderbücher.

Einen entscheidenden Schritt vorwärts zur Weiterentwicklung der Gattung wurde um das Jahr 1830 herum getan, als das „poetische Bilderbuch", spätromantischer Tradition entspringend, entstand. Dominant wurde die bildreiche Darstellung des Volksliedgutes, der Kinderreime und erzählender Gedichte sowie der Märchen und traditioneller epischer Stoffe. Das bedeutsamste Beispiel dieser Jahre war das Bilderbuch „Die Ammenuhr" (1845) mit Holzschnitten von Ludwig Richter und anderen Künstlern.

Neben dem „poetischen Bilderbuch" kam es zur Herausbildung des sogenannten Genre-Bilderbuchs, an dem mit anekdotisch verniedlichender bildnerischer Tendenz gearbeitet worden ist. Ein exemplarischer Titel dieses Typs ist das Bilderbuch „Die Welt im Kleinen. Zwölf Bilder aus dem Kinderleben" (1867). Einer der Hauptvertreter dieser Richtung war Oscar Pletsch.

Damals kamen aber auch Werke auf den Markt, die sich der Karikatur bedienten, bewußt humorvoll oder grotesk verzerrten und damit den Illusionen über ein niedlich-frommes und gemütliches Leben entgegentraten. Einer ihrer Vertreter war Theodor Hosemann mit seinem „Die Insel Marzipan" (1851). Bis heute gelesen werden aus dieser Zeit immer noch die Bildergeschichten von Wilhelm Busch und Heinrich Hoffmann mit ihren Klassikern „Der Struwwelpeter" (1845) und „Max und Moritz" (1865).

Gegen Ende des 19. Jahrhunderts wurde dann das Bilderbuch durch Jugendstil und Kunsterziehungsbewegung mitbestimmt. Ein Hauptrepräsentant war der Schweizer Ernst Kreidolf. Die Gestaltungskraft dieser pädagogischen und künstlerischen Bewegungen war beherrscht durch die neuen Einsichten der Psychologie und der Erziehungswissenschaften. Es entstanden unter anderem die „Künstlerbilderbücher" des Jos. Scholz Verlags und die Reihe „Knecht Ruprecht" des Schaffstein Verlags. Die jetzt entwickelten Vorstellungen von der heilen Welt der Natur und des Kindes blieben bis in die 20er Jahre hinein dominant. Die Naturseligkeit vieler der damaligen Bilderbücher ließ es nicht zu einer sachgemäßen Auseinandersetzung mit Welt und Gesellschaft kommen. Typisch für jene Jahre ist zudem die Entstehung des sogenannten „Warenhausstils" (Müller/Künnemann, 1975) und das massenweise Auftreten von „Umwelt"- und Märchenbüchern, meist in der Art der heutigen Kaufhausbilderbücher. Nur einzelne Illustratoren hielten in den 20er Jahren Anschluß an die allgemeine Kunstentwicklung. Die Trennung zwischen angewandter Kunst und autonomer wurde nicht zum Vorteil des Bilderbuchs wirksam.

Nach dem Zweiten Weltkrieg, nachdem im Nationalsozialismus nur noch eine gelenkte Bilderbuchproduktion möglich war, kam es in Westdeutschland zum langsamen Wiederanknüpfen an ältere Entwicklungen, zur Rezeption ausländischer Importe – besonders von Illustratoren aus der Schweiz wie H. Fischer, A. Carigiet und F. Hoffmann – und dann bald zu eigenen Neuentwicklungen. Gegenwärtig gibt es eine Vielzahl konkurrierender Stile, nachdem früher fast durchweg von wechselnden aber in sich homogenen Stillagen die Rede sein konnte. Aber auch das künstlerische Bilderbuch heute steht in hartem Wettbewerb mit trivialen und Massenverkaufsbüchern, die auf das Kindchenschema, rosige Kinderwangen und eine ungebrochene Farbigkeit setzen und keine ästhetischen Experimente zulassen.

Wenn, zumal im 19. Jahrhundert, die Frage nach der Qualität eines Bilderbuchs verhältnismäßig leicht mit den der Kunstwissenschaft entlehnten Kategorien zu beantworten war, so ist heute diese Aufgabe sehr viel schwieriger befriedigend zu lösen. Denn die anzutreffende Pluralität zum Beispiel von expressiver Farbigkeit, abstrakten Formen, gegenstandslosen Motiven oder gewollter Naivität erlaubt es kaum noch, eindeutige Wertungen vorzunehmen. Vieles hängt ab von der aufgeschlossenen oder ablehnenden Haltung der erwachsenen „Vermittler" und deren Vorlieben, die sich gleichwohl nicht mit dem decken, was die Kinder „lieben". So ist zum Beispiel das Thema „Comics" immer noch Gegenstand angeregter Diskussion, obwohl Künstler wie Janosch, Lionni, Sendak und auch W. Schlote diesem Genre längst ihre künstlerische Arbeit gewidmet haben. Diese Illustratoren sind es auch, die das

Skurrile bevorzugen, einer fast asketischen Graphik folgen oder, wie Walter Schmögner, dem Nonsense nahestehen und sich von Didaktik und moralischer Tendenz abwenden. Charakteristisch für die derzeitige Situation auf dem Bilderbuchmarkt ist das Nebeneinander unterschiedlicher Arbeitsweisen: Neben der klaren eindeutigen Flächigkeit, leuchtenden Farben und der Einsträngigkeit der Handlungsführung steht bei anderen eine eher spartanische Linienführung, und die Farbe hat manchmal nur die Rolle dekorativer Begleitung. Wieder andere nehmen sich die Plakatkunst als Vorbild und montieren und collagieren.

Der Oldenburger Kunstwissenschaftler Jens Thiele hat in den vergangenen Jahren mehrfach aufgefordert, sich den geänderten Wahrnehmungsweisen heutiger Kinder zu stellen. Er sieht eine Diskrepanz zwischen den Bildinteressen der Kinder und den Vorstellungen vieler Erwachsener vom „kindgerechten Bild". Außerhalb des pädagogischen Einflußbereichs in Fernsehen, Kino, am Kiosk und auf der Straße nehmen Kinder andere Bilder und Bildformen wahr und deuten sie anders als Bilderbücher. Die unterschiedlichen Bildmedien vermitteln Kindern früh differierende und prägende ästhetische Erfahrungen. Wenn man einmal von den gewiß oft problematisch erscheinenden Inhalten der Massenmedien absieht, ist erkennbar, daß sie in den bildnerischen Auffassungen von Figur, Raum und Komposition sowie auch in Farbigkeit und Atmosphäre der Bilder komplexer, spannungsreicher und manchmal sogar differenzierter sind. J. Thiele meint sogar, daß diese Medien in einem unmittelbaren Sinne fortgeschrittener seien als die Bilderbuchillustration.

8. „Wilde Kinder" — Zwei Klassiker

Bilderbücher im modernen Verständnis gibt es — wie gesagt — erst seit der Mitte des 19. Jahrhunderts, wenngleich zuvor schon illustrierte Bücher auf dem Markt waren wie die Fabeln des Äsop mit eindrucksvollen Holzschnitten, dann das reich bebilderte Werk des Johann A. Comenius „Orbis Sensualium Pictus", d.h. der „ganzen gemalten Welt Bild". Schließlich zur Zeit des Philanthropinismus Basedows reich ausgestattetes Elementarwerk oder das einschlägige Bertuchsche vielbändige „Bilderbuch", das seit 1790 zu erscheinen begann; aber auf Grund seines hohen Preises nur einer kleinen, finanziell starken Schicht zugänglich wurde.

Ein Umschwung trat ein mit neuen Druckverfahren auf der einen Seite und mit dem Entwurf eines künstlerisch dilettierenden Arztes andererseits: Der Frankfurter Arzt *Heinrich Hoffmann* zeichnete, denn er fand kein passendes Bilderbuch zu kaufen, für seinen Sohn zum Weihnachtsfest 1844 ein eigenes Bilderbuch in ein simples Schulheft. Es wurde das Urmanuskript des „Struwwelpeter", das 1845, nachdem Freunde und Bekannte Hoffmann gedrängt hatten, veröffentlicht wurde und sich zu einem bis heute gelesenen Erfolgsbuch entwickelte. Hoffmann erfand neue Geschichten hinzu, änderte die Reihenfolge und setzte den Struwwelpeter, der anfangs das Schlußbild abgab, bald auf die Titelseite.

Seine „drolligen Geschichten" für Kinder haben das Odium, Teil der „schwarzen Pädagogik" zu sein, nicht abwerfen können. Ideologiekritiker und Psychologen weisen auf die rückwärtsgewandten Erziehungspraktiken im „Struwwelpeter" hin. Da wird gepeitscht (Friedrich-Geschichte), da wird geschossen (wilder Jäger), da wird gezündelt (Paulinchen) usw. und immer sind die Kinder Opfer (Daumenlutscherbub) erzieherischer Gewalt.

Bis dato hat es vielfache Varianten und Umarbeitungen gegeben, seien sie politischer, seien sie pädagogischer Zielsetzung. Zuletzt noch Friedrich K. Waechters „Anti-Struwwelpeter" (1970). Mit diesem Buch hat der Autor inhaltlich gewiß etwas Richtiges gesagt, aber spannend zu lesen ist diese Kritik der Erziehung nicht. Da ist die historische Hoffmannsche Vorlage immer noch dramatischer und − bei aller Gewaltsamkeit − lebensnäher. Denn sind Kinder nicht auch noch heute gefährdet, werden ihnen nicht noch immer Schläge angedroht, unterliegen sie nicht weiterhin erwachsener Aufsicht und Macht?

H. Hoffmann hat Beispiele drastischer Erziehungspraktiken vorgeführt, aber − das ist nachdrücklich festzustellen − er hat sie nicht verteidigt. Vielmehr hat er durch die zum Teil groteske Übersteigerung seiner Zeichnungen und die scheinbare Banalität seiner Verse Aufmerksamkeit erzeugen können für das Leid der Kinder.

Es müssen in bezug auf den „Struwwelpeter" mindestens zwei Rezeptionsweisen unterschieden werden: Eine kindliche und eine erwachsene. Die Kinder sehen auf das, was mit ihren Leidensgenossen geschieht (Liebesentzug, Einsamkeit, Kastrationsdrohung, Ausflucht). Die Erwachsenen sehen auf die Praktiken und meinen, diese Hoffmann vorhalten zu können. Aber es ist zu fragen, war es seine Praxis? Er ist doch nicht dafür verantwortlich zu machen, daß es Kindesmißhandlungen gab und bis heute gibt, nur weil er sie aufzeichnet und sie nicht verleugnete. Hoffmann erschreckt nicht die Kinder, er warnt sie vielmehr vor der Welt und macht sie so realitätstüchtiger. Zugleich leistet er ein zweites: Er zeigt in seinem „Struwwelpeter" die Kinder als kleine Anarchisten, als Aufrührer, die die Gebote und Verbote nicht als die ihren anerkennen, sich darüber hinwegsetzen und zudem − wie der Zappelphilipp − die behäbig-spießigen Eltern dem Spott aussetzen.

Sein Einfühlungsvermögen in die Kinder − nicht zuletzt entstanden viele der Figuren in seinen Ordinationsstunden, um Kinder zu beruhigen, ihnen Angst zu nehmen und sie abzulenken − war groß. In seinen „Lebenserinnerungen" hat H. Hoffmann folgendes über die Entstehung seiner Bildgeschichten mitgeteilt:

„So ganz aus der Luft gegriffen waren übrigens die Geschichten doch nicht, die eine oder andere war doch auf praktischem Boden gewachsen, so namentlich der Hauptheld. Als Arzt bin ich oft einem störenden Hindernis bei der Behandlung kleiner Kinder begegnet. Der Doktor und der Schornsteinfeger sind bei Müttern und Pflegerinnen zwei Popanze, um folgsame Sprößlinge zu schrecken und zu bändigen. „Wenn du zu viel ißt, kommt der Doktor und gibt dir bittere Arznei oder setzt die Blutegel an!" Oder : „Wenn du unartig bist, so kommt der schwarze Schlotfeger und nimmt dich mit!" Was folgt dann? Sowie der Doktor an das Bett des kleinen Patienten tritt, weint, brüllt, schreit dieser mörderisch! Wie soll man da die Temperatur prüfen, wie den Puls fühlen, wie den Leib betasten! Stundenlang dasitzen und abwarten, bis der Tumult sich gelegt hat und der Ermüdung gewichen ist, kann man auch nicht!

Da nahm ich rasch das Notizbuch aus der Tasche, ein Blatt wird herausgerissen, ein kleiner Bube mit dem Bleistift schnell hingezeichnet und nun erzählt, wie sich der Schlingel nicht die Haare, nicht die Nägel schneiden läßt; die Haare wachsen, die Nägel werden länger, aber immer läßt er sich dieselben nicht schneiden, und immer länger zeichne ich Haare und Nägel, bis zuletzt von der ganzen Figur nichts mehr zu sehen ist als Haarsträhne und Nägelklauen. Das frappiert den kleinen Desperaten derart, daß er schweigt, hinschaut, und mittlerweile weiß ich, wie es mit dem Pulse steht, wie seine Temperatur sich verhält, ob der Leib oder die Atmung schmerzhaft ist – und der Zweck ist erreicht.

Als das Buch fertig war bis auf das letzte Blatt, da war auch mein Bilderschatz zu Ende. Was sollte ich nun auf dies leere Blatt bringen? Ei nun, da setzen wir den Struwwelpeter hin! So geschah es, und deshalb stand dieser Bursche in der ersten Auflage des Buches auf der letzten Seite. Aber die Kinderwelt traf das Rechte und forderte das Buch einfach: „Ich will den Struwwelpeter!" Nun rückte das Blatt auf den Ehrenplatz vorn, und der frühere Titel machte dem jetzigen Platz. Also hieß es auch hier: „Die Letzten sollen die Ersten werden!"

Hoffmann war bereit, das Aggressiv-Zerstörerische zuzulassen, es nicht sofort mit einem Verdammungsurteil zu belegen und zu verdrängen. Zwar plädiert er gewiß nicht für Auflehnung, aber er macht deutlich, daß die Internalisierung der Normen dieser Gesellschaft, daß der gesamte Prozeß der Sozialisation mit Gewalt verbunden ist und Leidensdruck mit sich bringt. Insofern ist Hoffmanns „Struwwelpeter" realitätsnäher und ehrlicher als die rosarot verzerrten biedermeierlichen Kinderverse und Kinderbilder zum Beispiel von Friedrich Güll und Wilhelm Hey oder die Genre-Bilder eines Ludwig Richter. Bei der Diskussion des Werkes von H. Hoffmann – er war als Arzt und Psychiater ein Reformer –, darf nicht übersehen werden, daß er 1848 als Demokrat am Frankfurter Parlament in der Paulskirche teilnahm und auch in dieser Hinsicht nicht zu den Reaktionären zu zählen ist.

Mit künstlerisch anderen Mitteln, wenn auch inhaltlich verwandt, arbeitete wenig später *Wilhelm Busch* an seinen „Max und Moritz"-Geschichten; auch sie bis heute geliebt und abgelehnt zugleich.

Auf den ersten Blick scheint alles offenbar. Hier wird Gewalt vorgeführt, hier wird geschlagen und gestraft. Zwei Jungen geraten außer Rand und Band: sie töten, quälen usw. Max und Moritz sind destruktiv und die Strafe folgt: sie werden in einen Backofen gepackt und – weil das nicht geholfen hat – in der Mühle wie Korn zermahlen und mitleidlos den Gänsen als Futter vorgeworfen.

Buschs obsessive Gewaltphantasien wurden und werden so gelesen, als sei er der Meinung, das sei gut so. Aber ist nicht der Weg der beiden „Konturwesen" ein Passionsweg? Sind sie nicht – wieder einmal – Opfer erwachsener Gewalt? Wann zeigt denn die spießige Witwe Bolte mit dem sprichwörtlichen Sauerkohl als Lebensmittelpunkt Mitleid mit den beiden elternlosen Jungen, wo ist die menschliche Reaktion eines Onkel Fritze – nein, er „haut und trampelt alles tot". Oder Schneider Böck, Lehrer Lämpel, der Bäcker, der Müller: Liebe, Zuneigung, eben Verständnis für Max und Moritz, kennen sie nicht. Es sind Störenfriede und als solche werden sie exekutiert und ein Exempel an ihnen statuiert. Max und Moritz sind, allein weil sie Kinder sind, Störfaktoren, denen sachlich begegnet wird. Sachlich heißt hier mit Strafandrohung und schließlicher Bestrafung. Natürlich, Max und Moritz sind keine Unschuldslämmer, aber wann wäre ein Mensch das je gewesen? Weil die beiden sich den etablierten Normen widersetzen, sind sie strafwürdig. Bei Busch, mehr noch als bei Hoffmann, macht sich Pessimismus breit. Seine beiden Helden, er nannte sie „Konturwesen", sind der Gewalt ausgesetzt. Dieser Prozeß, einmal angestoßen, läuft ungebremst bis ans tödliche Ende. Es gibt kein Entrinnen. Der Strafzwang und das Strafbedürfnis sind längst zur ‚zweiten Natur' geworden.

In der jüngst erschienenen Biographie „Der Versteckspieler. Die Lebensgeschichte des Wilhelm Busch" von Herbert Günther geht es nicht in erster Linie um dessen Werke, sondern um sein Leben. H. Günther folgt Wilhelm Busch ins elterliche Haus, zeigt die Enge protestantisch-krämerischen Geistes, begibt sich mit ihm an die Polytechnische Schule, an die Akademien nach Düsseldorf, Antwerpen und München. Der Biograph sieht Buschs Konturwesen und Phantasiehanseln in Beziehung zu wirklichen Personen und tatsächlich Geschehenem. Er stellt uns Busch als einen mürrisch wirkenden Hagestolz vor, der gerade nicht eine ausufernde phantastische Welt gestaltet, sondern auf meisterhafte Weise mehr und mehr verknappt und verkürzt. In seinen Bildgeschichten gibt es nichts Ausschweifendes, da wird ‚rationalisiert' und der Aufwand an ‚Gut' und ‚Böse' kalkuliert. Zugleich steckt alles im Detail: Die Biographie zeigt ihren Lesern Busch als einen verschlossenen Menschen, dem es in seinem Versteck in Wiedensahl gefällt und der immer wieder aus München und Frankfurt entflieht. Busch wird beschrieben als ein Mensch, der Freunde und Bekannte vor den Kopf stößt, sich isoliert und doch Nähe sucht. Aufmerksam geht H. Günther seinen distanzierten Beziehungen zu Frauen nach, verarbeitet seine pessimistische Weltsicht und sein negatives Menschenbild. Es entsteht das Psychogramm eines besessenen, egozentrischen Mannes, der auf das Echo seiner Umgebung wartet, um dann das erhoffte Lob doch abzuwehren und nicht zu glauben.

Es war eines der Geheimnisse Wilhelm Buschs, sich nicht in seine Seele schauen zu lassen und nicht nur seine ‚richtigen' Gemälde vor anderen verborgen zu halten.

Die Brisanz des „Struwwelpeter" und von „Max und Moritz" wird einsichtig im Vergleich mit den aufgeklärten Fritzchen und Klärchen, die sich – Kinder noch – schon wie Erwachsene verhalten. Auch ein Vergleich mit den „göttlichen Kindern" der Romantik, die pausbäckigen Barockengeln gleichen, läßt die Besonderheit der Protagonisten Hoffmanns und Buschs hervortreten. Ihre „anarchischen Kinder" unterscheiden sich von den gleichzeitigen Harmlosigkeiten der Jungmädchengeschichten. Was waren Backfischchens „Leiden und Freuden" gegen den Aufruhr der Gefühle in diesen Bildergeschichten, und was war der Trotz der Ilse Macket gegen den Untergang von Max und Moritz und die Verzweiflung des „wütenden" Friedrich? Diese ‚wilden Kinder' waren nicht integrierbar. Kompromißlos spielten sie die kindliche Egozentrik aus und mußten dafür bezahlen. Busch wie Hoffmann stellen das dar, ohne es zu beschönigen. Es ist die Renitenz ihrer Protagonisten, die die Bilderbücher der beiden bis heute aufregend sein lassen. Denn mit jeder Generation wiederholt sich neu der Prozeß der Erziehung. Diese Bilderbücher machen — kritisch — der Erziehung den Prozeß. Sie bilden nicht einfach ab, sondern halten den Spiegel vor. Die Lust der Kinder an und mit diesen Büchern ist die andere Seite des Erschreckens der Erwachsenen vor so viel eigener Gewalttat.

9. Zeitgenössische Bilderbuchporträts

Kunst und Gestalt. Zwei internationale Vorbilder.

Zu den jüngeren Klassikern des Bilderbuchs zählt Eric Carles „Die kleine Raupe Nimmersatt" (1970).

Dieses Bilderbuch zeichnet den Lebensweg — bis hin zur Metamorphose — einer Raupe nach, die sich schließlich als schöner Schmetterling entpuppt. Auf ihrer Wanderung von Blatt zu Blatt, mit unstillbarem Hunger begabt, frißt sich die Raupe buchstäblich durch die Seiten des Buches und scheut auch vor den Naschereien nicht zurück, die für alle Kinder attraktiv sind: Süßigkeiten, Eis und Kuchen. Die Raupe durchmißt auf ihrer Wanderung ihre gesamte Lebensstrecke. Schließlich zeigt sich, daß in der ‚häßlichen' Raupenhülle ein wunderschönes Lebewesen verborgen war. Carle hat sowohl die kindliche Lust am Essen gestaltet als auch das Bedürfnis des Kindes, größer zu werden und endlich zeigen zu können, was in ihm steckt.

Seit dem Beginn der sechziger Jahre ist *Leo Lionni* auf dem deutschen Bilderbuchmarkt vertreten. Bis heute hat er über zwanzig Bilderbücher veröffentlicht, von denen viele zu Dauersellern wurden. Das gilt für „Das kleine Blau und das kleine Gelb", das noch im Oetinger Verlag erschienen ist, und das gilt für die Middelhauve-Bücher „Stück für Stück" (1962, dt. von James Krüss), bis zu „Swimmy", „Frederick", „Alexander und die Aufziehmaus", „Fisch ist Fisch" sowie für „Geraldine und die Mausflöte" und „Cornelius", eine Krokodilsgeschichte. Lionni bedient sich verschiedener künstlerischer Techniken und Stile, das macht seine Werke unvergleichlich und unverwechselbar: Er collagiert, er reißt Papier, er benutzt Wachskreide, den Zeichenstift, bedient sich der Abstraktion und der Konstruktion. Dabei unternimmt er jedesmal den Versuch, die dem Stoff, der Fabel, angemessenste Arbeitsweise zu finden.

Lionni wurde 1910 in Amsterdam geboren, er studierte Wirtschaftswissenschaft, arbeitete in Werbeagenturen, um sich zuletzt ganz seiner künstlerischen Arbeit zu widmen. Über sein Verhältnis zu Kindern sagte er einmal: „Ich weiß nicht mehr über Kinder als durchschnittliche Eltern und Großeltern. Ich beobachte Kinder gern, und wenn sie sehr lieb sind, halte ich sie gern auf den Knien. Aber oft bringe ich nicht die Geduld für sie auf. Das ist vielleicht ein kindlicher Zug an mir, da auch Kinder selbst nur wenig Geduld füreinander aufbringen. Es ist so, daß ich in Wirklichkeit überhaupt keine Bücher für Kinder mache. Ich mache Bücher für den Teil in uns — in mir und in meinen Freunden —, der sich nicht geändert hat, der noch kindlich ist."

Hauptgestalt in Lionnis Tierfabeln ist oft ein Wesen, das durch besondere Umstände zum Ausgestoßenen, Aufrührer, Opfer oder Helden wird. Meist endet die Geschichte glücklich, weil der Held seine Intelligenz mit Energie und Ausdauer verbinden konnte und einen Ausweg fand; wie zum Beispiel Frederick, der Mäuserich, der keine Körner und Halme sammelt, sondern Wörter und Farben und damit im Winter die Wärme und die Freuden des Sommers herbeiholt, als Trost und Verheißung. Nicht also als Kompensation, sondern als Komplement.

Die Beziehung von Kunst und Leben ist wiederum Thema in Lionnis „Geraldine und die Mauseflöte". In dieser Fabel ist allerdings der Kern der Erzählung versteckter als sonst bei Lionni. Er hat hier einen Grad von ‚sophistication' erreicht, der dazu führen kann — was auch nicht wenig ist —, einfach nur ein Vergnügen an seinen niedlich-skurrilen Mäusen zu finden. Wenn auch Kinder nur wenig mit dem Pygmalion-Motiv werden anfangen können, so sind sie aber für die Botschaft Lionnis um so empfänglicher: Es braucht mehr im Leben als bloß Käse. D.h. die regelmäßige Versorgung mit Nahrungsmitteln, oder die bloße Befriedigung materieller Bedürfnisse, des leiblichen Wohls sollten nicht die seelische Zufriedenheit, den Spaß und das Spiel vergessen lassen. Das ist wieder und wieder Lionnis Botschaft. Bemerkenswert ist der Aufforderungscharakter seiner Bilderbücher. In „Was machen wir heute?" hält er den Betrachter an, selber zu Bleistift und Schere zu greifen und etwas herzustellen. Lionni erzählt und berichtet wie Kunst entsteht, und welche Beziehung zwischen Ausgedachtem und der Wirklichkeit existiert. Kunst, so Lionni, überhöht die Wirklichkeit und verleibt sie sich — so wie der gemalte Hase die ‚wirkliche' Mohrrübe — ein.

Ähnlich wie Lionni, wenn auch mit eigenen gestalterischen Mitteln, hat der Amerikaner *Maurice Sendak* — aus Brooklyn, New York — das Gesicht des neueren Bilderbuches bestimmt. Nachdem Sendak anfänglich vor allem Geschichten anderer Autoren illustrierte, hat er mit „Wo die wilden Kerle wohnen" gezeigt, daß er imstande ist, selber Geschichten zu erfinden und künstlerisch auszugestalten. Mit „Wo die wilden Kerle wohnen" hat Sendak einen großen Wurf getan.

Die Geschichte, die Sendak vorträgt, ist auf den ersten Blick denkbar simpel: Ein kleiner Junge tobt, gehorcht nicht, wird bestraft und ohne Abendessen ins Bett geschickt. Dieser Rahmen — Max' Konflikt mit der Mutter, die übrigens nicht im Bild auftaucht — umspannt und hält Max' Reaktion auf die Strafe zusammen. Er beginnt zu phantasieren, träumt sich fort, läßt die Mutter zurück, geht kühn auf

Fahrt, kennt keine Angst und erfüllt die wilden Kerle – das sind auf den ersten Blick grimmige, aber näher besehen lustige Fabelwesen – mit Furcht. Max wird ihr Herrscher und König. Er kann die Wilden Kerle allein durch seinen Willen, den wilden Blick seiner Augen bannen. Sie sind ihm gehorsam.

Sendak arbeitet Max' Fluchtphantasien detailliert aus, die Kreuzschraffur das an- und abschwellende Blau des Hintergrundes geben seinen Blättern Konsistenz und Festigkeit. Aber Sendak unterschlägt auch nicht, daß Max' Trotz eine emotionale Reaktion war, die Kehrseite seiner Liebe zur Mutter. Seine Phantasien verhindern nicht, daß er sich einsam fühlt. Die Phantasie erlaubt nur für kurze Zeit eine Art Konsolationseffekt. Als er aufwacht und zurückkehrt, steht das Essen schon/noch da und ist noch warm. Max konnte sich deshalb – im Traum – auf und davon machen, weil er gewiß sein durfte, daß die Mutter für ihn sorgt und sie ihm den Rückweg nicht versperrt.

Über welche künstlerische Variabilität Sendak verfügt, belegte sein Comic-Buch „In der Nachtküche". Darin begegnen wir Little Nemo aus Slumberland, Stan Laurel und Oliver Hardy, und Erinnerungen an „Max und Moritz" tauchen auf. Sendak benutzt in diesem Buch nach den zarten Blautönen seiner „Wilden Kerle" sanft-dunkle Braun-Töne. Wieder ist es eine Phantasie-Welt, aber diesmal eine, die nicht aus dem Konfliktfeld Mutter-Kind entsprungen ist, sondern aus der Monstrosität der Außenwelt, ihren Medieneffekten und ihrem Reklame-Glanz.

Sendaks Bilderbücher sind Werke für alle. Für die Kleinsten sind sie ansehenswert und anhörenswert, und für die Großen – auf einer zweiten Ebene – genauso.

Eines seiner neueren Werke ist „Als Papa fort war" (1984). Gestalterisch greift Sendak in die Zeit der Romantik zurück: Caspar David Friedrich und seine Landschaften sowie Philipp Otto Runges Kinderporträts klingen an. Aber genauso gegenwärtig sind Wolfgang Amadeus Mozart und Heinrich von Kleist. Im Zentrum stehen die Brüder Grimm und ihr Märchen von den „Wichtelmännern", das die Vorlage dieses Bilderbuchs wurde.

Wiederum gestaltete Sendak eine Familiensituation: Mutter, Tochter und das Geschwisterchen sowie ein abwesender Vater. Die Trauer der Mutter, sie sitzt bewegungslos, muß von der Tochter – die auf das Kleinste aufpassen soll – mitgetragen werden. Fast scheint es, als hätte Sendak geplant, das theoretische Konzept der Schweizer Psychotherapeutin Alice Miller vom „Drama des begabten Kindes" in ein Bilderbuch umzusetzen. Und tatsächlich, Ida droht zu scheitern, einen Moment lang hat sie nicht aufgepaßt und schon konnten Kobolde das Baby entführen und gegen einen Wechselbalg, einen Eisklotz, vertauschen. Die Natur, hier dargestellt durch hereindrängende Sonnenblumen und das aufgewühlte Meer im Hintergrund, hat sich gegen Ida verschworen. Sie muß zu sich finden, ihre neue Rolle annehmen und sowohl sich selbst als auch ihrem Geschwisterchen sowie den Eltern Respekt erweisen. Ida kann auf magische Weise ihre Schwester befreien und der Mutter zurückbringen. – Sendak, der hier frühpubertäre Gefühle eines Mädchens gestaltet, denn es geht um Erotik und Sexualität, Tod und Geburt, macht offensichtlich, daß die Gefahr nicht nur — so der amerikanische Titel — „Outside Over There", d.h. „Draußen, dort drüben", ist, sondern ganz tief innen in jedem einzelnen Menschen.

Sendak bietet an, die Grimmschen Märchen auf ihren psychologischen Gehalt hin zu lesen. Dazu paßt, daß das Vorsatzbild zu den Bänden „Märchen der Brüder Grimm" (hrsgg. von Sendak, 1974) das Märchen „Die Wichtelmänner" illustriert. Das Baby, das Sendak dort zeichnete, gleicht Idas Schwester aufs Haar.

Zu den jüngsten Werken Sendaks gehören die Illustrationen (1985) zu dem Märchen „Nußknacker und Mausekönig" von E. T. A. Hoffmann. Sendak inszeniert hier ein Stück Papiertheater, denn seine Bilder wirken wie die Kulissen zu einem Theaterstück. Tatsächlich war Sendak an der Erarbeitung eines Balletts nach dem Hoffmannschen Märchen beteiligt: Bühnenbild und Kostüme wurden von ihm entworfen. Wieder versteht es Sendak, das Unheimliche, Schreckenerregende umzusetzen und ins Bild zu bringen. Die Spannung und die Aufregungen des Weihnachtsfestes sind zu viel für Marie. Anders als ihr realistisch gesinnter Bruder Fritz, beginnen sich für sie die Wirklichkeitsebenen zu verschieben. Sie kann nicht mehr auseinanderhalten, was Traum, was Wirklichkeit ist. Vor allem das merkwürdige Gebaren ihres Paten Droßelmeier steigert ihre Irritation, bis sie alles Spielzeug als belebt erfährt und im Traum den Kampf zwischen einem phantastischen Mäuseheer und ihrem Spielzeug — allen voran der Nußknacker — erleben muß. Marie wird krank, fiebert und steigert sich in ihre Phantasiewelt.

E. T. A. Hoffmann hatte in seinen Märchen Spott darüber geäußert, daß die Kinder mit allerlei „künstlichem" Spielwerk versehen werden, Geräten, die nur immer dasselbe tun, so daß die Beschenkten sind bald damit langweilen. Dieses mechanische Spielzeug, so kompliziert es in sich sein mag, bietet zu wenig Anreiz für die kindliche Phantasie. Völlig anders ist es mit den Dingen bestellt, die die Jungen oder Mädchen durch ihre Vorstellungskraft verlebendigen, zu Wesen für sich werden lassen, mit denen sie sprechen und umgehen können, und die nicht zuerst nur dekorative Funktion haben. Marie besitzt genug von dieser Phantasie, das ist ihre Chance, aber auch eine Gefahr: Tote Dinge sind ihr so lebendig wie sonst nur wirkliche Menschen. Marie muß leiden, weil ihre Eltern nicht bereit sind, an ihrem Phantasiespiel teilzunehmen. Sie lassen Marie allein mit ihren Einbildungen. In den Augen ihrer Eltern redet Marie „albernes Zeug", ist „eigenwillig" und nicht folgsam. War zur Zeit E. T. A. Hoffmanns das Technische für fast jedermann das diesseitig-rationale, nach bekannten Gesetzen und Regeln funktionierende, dreht er das Ganze um und zeigt die Unheimlichkeit der Technik und die Bedrängnis, die von ihr ausgehen kann. Gerade ihre Seelenlosigkeit bietet sich an, sie belebt und mit eigenem Geist ausgerüstet zu sehen. Das Durchschaubare erweist sich als undurchsichtig und angsterregend.

Sendak, der einmal „Picasso für Kinder" genannt worden ist, hat mit diesem Bilderbuch einmal mehr bewiesen, daß es eine ‚Kunst für Kinder' geben kann, ohne daß pädagogische Restriktionen den ästhetischen Anspruch verkleinern müßten.

Mit Lionni und Sendak haben zwei Künstler Maßstäbe gesetzt, die nicht übersehen werden können. Die Bilderbuchmacher in der Bundesrepublik Deutschland müssen sich an diesen Vorbildern messen lassen.

Von Nonsense, Spiel und Sachgehalt

Zu den produktivsten und erfolgreicheren Autoren und Künstlern, die für Kinder arbeiten – aber nicht nur für sie – gehört seit Beginn der sechziger Jahre Janosch (d.i. Horst Eckert, *1931). Seine Bücher, bei Groß und Klein gleichermaßen beliebt, wenn auch gewiß aus unterschiedlichen Gründen, stecken voller „irregulärer Phantasien". Auf den ersten Blick wirkt es aber, als kenne er nur „Himmelblau" und „Wiesengrün". Sozialkritik scheint nicht das Problem von Janoschs der Märchen- und Fabeltradition angehörigen Helden: Löwen, Bären, der Rabe Josef, Onkel Popoff, Piezke der Siebenschläfer, Hansel Pfefferle und Lari Fari Mogelzahn, der Josa mit der Zauberfiedel, der Quasselkasper und Hannes Strohkopp, der in der Schule versagt. Janosch erzählt „schöne Geschichten", davon, daß einer, der schwach ist und von allen verachtet, doch Sieger wird. Durch Zufall, „aber es ist trotzdem schön", formulierte Janosch in seinem „Das große Janosch-Buch" (1976). Wichtig ist in seinen Büchern das „Trotzdem", eine Haltung, die schon in die bemerkenswerte Antikriegsgeschichte „Böllerbam und der Vogel" (1968) hineinspielte.

Janoschs Konzept hat sich nach und nach entwickelt. Anfangs, berichtete er 1977, habe er seine Bücher „ziemlich ohne Sinn" abgefaßt und illustriert, später sei er auf spezifische Dinge zugesteuert: sein Ziel ist nicht die ‚Moral von der Geschichte', sondern nichts weniger als eine „Anleitung, wie man glücklich leben kann". Janosch meint, daß ihm die Durcharbeitung dieser Anleitung nicht nur in seiner Variante des Märchens vom „Hans im Glück" gelungen sei. Seine Aufgabe als Maler und Autor sieht er darin, „Auswege zu suchen". Diese führen beinahe alle in sein Phantasieland „Margarinien". Ein Land, das noch nicht ‚kaputt' ist, das besser ist als die Wirklichkeit, weil es nicht teilnimmt am vorgeblichen Fortschritt von Wissenschaft und Technik. Janoschs Geschichten sind Geschichten des Überschreitens. Nicht zufällig erzählt er gern vom Fliegenkönnen oder vom Verwandeln. Er beschreibt seine Arbeit als „sich richtige Lebensläufe" auszudenken, solche, die nicht nur äußerliche Daten wie Geburtsort, Ausbildung, Alter und Beruf enthalten, sondern die selbst lebendig sind. Wer dies unternimmt, dreht den Spieß um, statt daß ihm das Leben mitspielt, ‚spielt' er mit seinem Leben, wenn er „seinen Lebenslauf im voraus erzählt". Eine solche Einstellung führt dahin, zu begreifen, daß es nichts gibt, was es nicht gibt: Alles ist möglich. Das ist der geheime Kern aller Janosch-Bücher. Seine Helden setzen sich über Schranken hinweg, denn „Margarinien" ist nur für „freie Rabenseelen" erreichbar.

Janosch, soviel ist offensichtlich, lehrt die Abkehr von der Wirklichkeit. Allerdings kann nicht übersehen werden, daß er die Abkehr von der Wirklichkeit durch ihre Veränderung herbeiführt, auch wenn die Verwandlung oftmals märchenhaft-zauberisch vollzogen wird. Zum Beispiel kann Josa mit seiner Zauberfiedel das Kleine groß und Großes klein werden lassen.

Janosch, für den es „Geschichten nur um der Geschichten willen" gibt, teilt kein vordergründiges ‚Du sollst' mit. Er macht Vorschläge, liefert — im doppelten Sinne — Bilder und erzählt, wie etwas sein könnte, der Möglichkeit nach. Auch wenn der kleine Bär und der kleine Tiger in „O wie schön ist Panama" (1978) nach ihrer Wanderung äußerlich unverändert heimkehren, innerlich haben sie gewonnen: Erfahrungen und neue Freundschaften. Sie haben erlebt, daß eine Trennung ein Gewinn sein kann, nicht nur Verlust bedeutet.

In seinen Kinderbüchern hat Janosch auch über die Liebe und den Tod geschrieben. Seine Liebesgeschichten spielen sich oft zwischen ungleichen Partnern ab: Kastenfrosch und Tigerente, Maulwurf und Grille. Gerade die Beziehung vom kleinen Bären und dem kleinen Tiger in den „Panama"-Geschichten ist äußerst liebevoll, denn was tun sie nicht alles füreinander. Ihre Mahlzeiten sind richtige „Liebesmähler".

Eines der poetischsten Bücher von Janosch ist die Legende „Der alte Mann und der Bär". Darin wird von einem wunderlichen Alten berichtet, der einem Vogelhändler Jahr für Jahr zu Weihnachten seine Gefangenen abkauft und ihnen die Freiheit schenkt. Zuletzt reicht sein Geld nur noch für einen „halben" Vogel, einen Hänfling. Der Mann nimmt ihn, und als es bei ihm nichts mehr gibt, um Feuer zu machen und zu essen, bittet der Alte den Bären um einen Platz in seiner Höhle. Der Vogel frißt und trinkt, aber der Alte ist schon viel zu schwach, legt sich hin und „schwebt" wie von Engeln getragen davon. Als es im folgenden Jahr dem Bären schlecht geht, macht er sich mit dem Hänfling zu den Menschen auf. Aber beide werden fortgejagt. Sie legen sich irgendwo hin und sind am nächsten Morgen verschwunden. Es heißt, ein Engel habe sie geholt und zu den Sternen getragen. Die Menschen, davon ist Janosch überzeugt, sind schlecht; jedenfalls schlechter als Bären.

Hat sich Janosch durch seinen unruhigen Strich, fast ins Krakelige gehend, einen unverkennbaren Stil erarbeitet, so gilt dies erst recht für den Bilderbuchkünstler *Wilhelm Schlote* (*1946). Auffallend in seinem Werk ist die Auseinandersetzung mit den ästhetischen Möglichkeiten des Comic-Strips und der Blasen-Dialoge, die er in einer Weise variiert, ironisiert und nutzt, wie es bislang nicht üblich war. Schlote kommt das Verdienst zu, den Beweis erbracht zu haben, daß Comics Kunst sein können. Seine ersten Minibildgeschichten hießen „Na, du" (1972) und „Super-Daniel" (1972), sie zerstörten die comic-typischen Klischees.

Schlote sieht seine Tätigkeit nicht zweckgerichtet; er möchte nichts vermitteln. Für ihn ist die graphische Form allein ein Grund, ein Kinderbuch zu machen. Dieses Vorhaben setzt er konsequent um mit „Fenstergeschichten" (1972), „Die Geschichte vom offenen Fenster" (1973) und mit „Das Elefantenbuch" (1974). Große Resonanz fand „Heut wünsch ich mir ein Nilpferd" (1975), die Geschichte einer ‚Traum'-Reise durch ein Nilpferd hindurch. In diesem Bilderbuch hat Schlote den markanten breiten Strich erreicht, der ihm allein eigen ist und seine Werke erkennbar macht. Die Konzentration auf die Linie und die differenzierte Abstufung der Farben sind unverkennbar. Von Schlotes „erzählenden Grafiken" wurde gesagt, daß durch sie die Kinder lernen, Blicke in erwachsene Probleme zu werfen. Kondensation und Mut zur Einfachheit charakterisieren seine Arbeiten und unterscheiden sie von den oft farbenfroh-bunten Büchern mancher seiner Illustratoren-Kollegen. Die hier aufgezählten Eigentümlichkeiten seiner Arbeiten sind kennzeichnend auch für das Bilderbuch „Konfetti-Geschichten" (1984).

Schlotes Anleihen bei der Flächigkeit und Farbigkeit der Werbegrafik findet ihren Widerspruch in den Arbeiten *Friedrich Karl Waechters,* dessen Bilder- und Kinderbüchern sowie in seinen Theaterstücken. Waechter begann seine Laufbahn als satirischer Zeichner. Diese Herkunft bleibt in seinen Bilderbüchern ständig gegenwärtig. Seine phantastische Welt zeichnet ein umfassendes Spielmoment aus. Die Befreiung von aufgesetzter — kritischer — Moral, der er in seinem „Anti-Struwwelpeter" (1970) und in seiner Bearbeitung der Grimmschen Märchen „Tischlein deck dich" (1972) anhing, brachte das mit Bernd Eilert gemeinsam gestaltete Buch „Die Kronenklauer" (1972). Darin sind die Absichten nicht länger vordergründig plakathaft, sondern in das Erzählte integriert. Mit seinem Bilderbuch „Wir können noch viel zusammen machen" (1973) bringt er dann eine Buchgattung zu Geltung und Ansehen, die so noch nicht existierte: Mitmach- und Experimentierbücher, die vom Leser ergänzt, verändert, ja „zerlesen" werden sollen. Die Kinder werden darin aufgerufen zur Aktion und zur kreativen Beschäftigung. Das fortgeschrittenste Produkt dieser Art war Waechters „Opa Huckes Mitmachkabinett" (1975). Dieses Bilderbuch ist kein „Fertiggericht", erst durch den Eingriff des Lesers wird das Buch ‚schön', selbst wenn es dabei kaputtgeht.

Waechter beabsichtigt keinesfalls, die Kinder „raus aus dem bösen Alltag in eine lustige Welt" zu führen. Er möchte provozieren und zum Nachdenken anregen. Der Mut, die Welt zu entdecken und dabei solidarische Verhaltensformen zu versuchen, wird von ihm unterstützt. Überwindung der Angst, Erfahrung der anderen im gemeinschaftlichen Spiel und die Idee der Solidarität ziehen sich ebenso leitlinienhaft durch seine seit 1974 entstehenden Kindertheaterstücke. Diese schrieb Waechter in deutlicher Wendung gegen das sozial-realistische Konzept des West-Berliner Grips-Theaters. Es entstanden politisch-phantastische Märchenstücke. In „Kiebich und Dutz" (1979) vereinigte Waechter Selbst- und Welterfahrungsspiel und sprengte durch diese zweifache Perspektive die zumeist kunstlos-einsträngige Handlung von Kinderstükken. — Waechter spielt mit den verschiedenen Gattungen und macht das Spielen sowohl in seinen Bilderbüchern als auch in seinen Theaterstücken zum bewegenden Zentrum. „Spielend" lernen in „Wir können noch viel zusammen machen" Harald, ein Fisch, Inge, ein Ferkel, und Philipp, ein Vogel, sich kennen und „spielend" lernen sie ihre ‚naturgegebenen' Grenzen zu überwinden. Waechter läßt das Spiel mit dem Möglichen als Befreiung erfahren.

Die Bilderbuchkarriere von *Ali Mitgutsch* (*1935) begann mit „Pepes Hut" (1959). Er schuf sich einen eigenen Namen mit seinen Sachbilderbüchern wie

„Rundherum in meiner Stadt" (1968) oder „Rund ums Rad" (1975). Die Themenbereiche, die er illustratorisch angeht, sind das Dorf, die Stadt, Land und Wasser, die Arbeitswelt und die Geschichte der Technik. Mitgutsch interessieren die Funktionszusammenhänge nicht nur der dinglichen Seite des Alltags, sondern auch im sozialen Verhalten der Menschen, das er mit Humor kommentiert. Fast alle seine Bilderbücher haben Aufforderungscharakter. Sie heißen „Komm mit..." und „Steig ein...". Mitgutsch lädt ein, in seinen Bildern ‚spazierenzugehen', um vorhandenen Kenntnissen neue hinzuzufügen. Er ist ein Meister der kleinteiligen Beschreibung. In seinem Werk verbindet er akribische Detailtreue und naiv scheinende Karikierung. Seine großformatigen Bilder, die mit Einzelheiten vollgestopft sind, verlieren sich nie im nur Plakativen. Mitgutsch will durch Illustration den Kindern dienen. Seine Bilderbücher wollen nicht Selbstzweck des Künstlers sein. Zwar ist seine Bilderwelt nicht ‚heil', aber sein Humor läßt sie heilbar erscheinen. Ein gemeinsamer Nenner seiner Bilderbücher ist, daß sie zum Erzählen herausfordern. Seine „Wimmelbilder" bieten immer Neues, das jedes für sich eine eigene Geschichte enthält. An die jüngsten Bilderbetrachter wenden sich seine postkartengroßen Pappbilderbücher, die seit 1971 entstehen und auf die Kinderfrage nach dem „Woher einer Sache" antworten wollen. Er begann mit „Vom Baum zum Tisch" (1971) und war 1979 beim Brückenbau „Vom Zement zur Brücke" angelangt. Nie verliert Mitgutsch sich nur ins Technische, immer ist er am gesellschaftlichen Kontext interessiert. Viele seiner Bilderbücher machen darauf aufmerksam, daß menschliche Erfindungen sowohl der allgemeinen Wohlfahrt dienen als auch zum Verhängnis werden können.

Von der Kritik wurde Ali Mitgutschs Stil als „naiver Realismus" gedeutet. Er bietet den Kindern ein durchdachtes, klares, bildnerisches Konzept an. Seine Bildräume sind leicht faßbar und seine Figuren bewegt und dynamisch, die Szenen machen in ihrer Anhäufung neugierig und wirken doch vertraut. Diese Bildform, könnte man sagen, stößt auf kindliche Bedürfnisse nach klar konzipierten, eingängigen und unterhaltsamen visuellen Angeboten. Mitgutsch' Bilder laden ein zum Betrachten und Verweilen. Die Übertreibung der Posen – hochgereckte Arme, große Augen und der offene Mund z.B. – macht die Figuren auffällig und reizt zum Lachen. Der permanente Aktionismus erhöht die Spannung nochmals.

Zu den bekannteren Illustratoren und Autoren – ebenfalls seit dem Beginn der sechziger Jahre – gehören *Rolf* und *Margred Rettich* (*1929 und *1926). Anfangs illustrierten sie Bücher von James Krüss und Astrid Lindgren, später Hans Baumann, Josef Guggenmos, Heinrich M. Denneborg und Ursula Wölfel. Auf die Frage, wie er sich zu seinen literarischen Vorlagen verhalte, antwortete Rolf Rettich, daß er sowohl die Autorenintention ins Bild setzen möchte, als auch manchmal interpretierend über die Vorlage hinausgehen will. Seine Bilder bestimmt eine liebenswürdig karikaturhafte Note mit einem Hang zum Grotesken, nie aber Verzerrendem. Kleinteiligkeit und Versponnenheit charakterisieren seine Bilderzählungen. Vielgestaltige Massenszenen und betonte Vielfigurigkeit sind immer wieder erkennbar. Bewegung und Aktion resultieren aus diesen ‚Massenaufläufen'.

Besonderes Echo fanden die Rettichs 1979 mit ihrem „Das neue Sagenbuch" und mit dem Bilderbuch „Die Reise mit der Jolle" (1980). In diesem Bilderbuch hat M. Rettich sich der Malweise der alten Niederländer angepaßt und die von ihr selbst aufgeschriebene Geschichte — ein Bericht über in Seenot geratene Kinder im Jahre 1686 — adäquat umgesetzt. Gemeinsam haben die Rettichs die sogenannten Geschichten zum Weiterspinnen „Hast du Worte" gestaltet und die Bildergeschichte aus dem Kinderalltag „Was ist hier los?" Der Faktenvermittlung dient die Serie um „Jan und Julia" (1974ff), mit dem Untertitel „Spielend leicht lernen".

Margret Rettich brachte 1982 das erzählende Bilderbuch „Wie es früher war" heraus. Es gelingt ihr darin, die Atmosphäre des ländlichen Lebens im Deutschland des 19. Jahrhunderts wieder auferstehen zu lassen. Sie bedient sich eines besonderen Kunstgriffs, um das zu ermöglichen. Sie benutzt nämlich die früher in den Schulen üblichen Anschauungstafeln als Erzählanlaß. Es entstand eine kulturhistorische Lektion für kleine Leser und Hörer. Zudem hat M. Rettich einige Katzengeschichten veröffentlicht, manchmal sehr vermenschlichend verfahrend, und harmlos-spannende andere Tiergeschichten. Die bewußt einfach gehaltene Sprache ihrer Bücher macht sie für leseungeübte Kinder zugänglich und vergnüglich.

Zu den Künstlern, die seit der Mitte der siebziger Jahre das Gesicht der Bilderbücher in der Bundesrepublik Deutschland maßgeblich mitbestimmen, zählt *Helme Heine* (*1941). Heine war als Theatermann und Kabarettist tätig, ehe er zum Bilderbuch kam. Seine Karriere begann 1976 mit dem schwarz-weiß-gehaltenen „Elefanteneinmaleins" und mit seinen Illustrationen zu Christine Nöstlingers „Das Leben der Tomanis". Diese Geschichte wurde in Beziehung gesetzt zu Heinrich Hoffmanns „Struwwelpeter" und zu Maurice Sendaks „Wo die wilden Kerle wohnen". Der Auseinandersetzung mit anderen künstlerischen Versuchen blieb Heine mit seinem „Fantadu" (1979) treu. Hier leistet er illustratorisch, was Peter Bichsel und Heinrich Hannover mit ihren Verwandlungsgeschichten begonnen hatten. Des Zitats bediente Heine sich ebenfalls in seinem Bilderbuch „Freunde" (1982), das in vielem an Waechters „Wir können noch viel zusammen machen" erinnert, wenn es auch im Vergleich zum älteren Vorbild moderater gehalten ist.

Jedoch haben Heines Bilderbücher ein eigenes Gesicht durch die strahlend aufgetragenen Aquarellfarben, die seine Bilder leicht und hell erscheinen lassen. Daß Heine als Kabarettist gearbeitet hat, spürt der Betrachter und Leser an seinem „Na warte, sagte Schwarte" (1977) und an „Der Superhase" (1978). Der Hase Knabberrabber versucht, berühmt zu werden. Sein Gedanke ist einfach: „Wer berühmt ist, ist anders als die anderen, also: wer anders ist als die anderen, wird berühmt". Dieser Fall von Hasenlogik, worin die Logik einen Haken schlägt, ist zum Fehlschluß verurteilt. Heine stellt dies nicht ohne Sympathie für die vergeblichen Anstrengungen seines ‚gescheiten' Helden, der letztlich ein ‚gescheiterter' Held ist, dar.

Pädagogisch bestimmt ist Heines Bilderbuch von „Richard" (1978). Richard, der stärkste Rabe der Welt, steht viele Abenteuer durch, in denen er seine ungeheuren Kräfte prüft. Seinen größten Sieg erringt er, als er sich selbst besiegt. Damit erhält der Untertitel dieses Bilderbuches „Wer die besiegt, der ist dein Freund", eine besondere Note. Denn — so Heine — es kann nicht darum zu tun sein, alle zu besiegen und zu unterwerfen. Daraus folgt nur Einsamkeit und Verlassensein. Der Sieg über die eigene Person, der Sprung über den eigenen Schatten, ist der wahre Sieg.

Eine barocke Stimmung des Wohlbehagens, des sich Sauwohlfühlens verbreitete Heines „Na warte, sagte Schwarte", eine skurrile Schweinehochzeit-Geschichte, die — wie es sich für Schweine gehört — im Schlamm endet. Es fällt auf, daß Heine eine Vorliebe für die „zarten Wesen unter dicker Schwarte" hegt. Biographisch hat das damit zu tun, daß er als Kind gern ein Schwein besessen hätte. Seine Mutter verwehrte es ihm. Sie behauptete, er sei selbst schon eines, wenn H. Heine verschmutzt vom Spielen heimkam. Mit „Das schönste Ei der Welt" (1983) hat Heine sich noch einmal übertroffen, eine ins Hühnerreich transportierte Variante des Mythos vom Urteil des Paris.

1984 brachte Heine das Bilderbuch „Die Perle" heraus. Darin scheint die überbordende Fröhlichkeit seiner Schweinegeschichten vergessen und das kleine Glück — nicht der große Spaß — gefragt; der schweinische Übermut weicht dem Bienenfleiß. Spaß und Vergnügen stehen aber vornean in dem Pappbilderbuch „Katzentatzentanz" von Fritz Vahle (komponiert) und Helme Heine (illustriert, 1980). Das Lied fordert auf, mitzusingen, mitzutanzen. Das wird durch die beschwingt-bewegten Figuren, Katze und Kater, Biber, Hund und andere noch verstärkt. Das ganze ergibt ein reizvolles Sprachspiel- (Alliterationen und Zungenbrecher) und Tanzbuch.

H. Heine schreibt und zeichnet nach eigenem Bekunden keine Bücher für eine bestimmte Zielgruppe, für ein bestimmtes Alter oder mit „pädagogischem Doppelsinn". Er sieht sich nicht als „moralische Lehranstalt", sondern versteht sich als Bildkomiker, der mit seinen Figuren, besonders den Schweinen unter ihnen, äußerst zart umgeht. Er beobachtet genau und charakterisiert seine Protagonisten pointiert. In Heines Geschichten gibt es viel zu lachen, doch niemand wird ernstlich ausgelacht. Was H. Heine zu sagen und zu zeigen hat, ist die „kleine Weisheit", die nie voller Wichtigkeit daherkommt, ist der „Witz ohne Zynismus".

Ein Uhr-Werk eigener Art hat die Illustratorin *Irmgard Lucht* geschaffen. Sie hat darin Poesie und Information zu verbinden gewußt. Derart hat Lucht innovativ auf dem Gebiet des Sachbilderbuchs gewirkt. In der Kritik wurde ihr Werk als Bilderbuch neuen Typs eingeschätzt. In ihrer „Grünen Uhr" (1974) stellt sie den Menschen in eine Natur, die sie als Spielort begreift und als Garten. Die Natur, die sie vor dem Betrachter ausbreitet, ist durch und durch ‚gestaltete' Natur, eine von Menschen bearbeitete, keine sentimentalisch gefaßte Ursprungsnatur. Sie hat in der „Grünen Uhr" das Jahr der Natur eingefangen im Bild eines Gartenjahres. Grundlegend ist ihrem Werk die Idee des Naturschutzes. Jedoch nicht als moralingetränkte Aufforderung oder demonstrativ gefordert durch blechdosensammelnde Kinder, sondern als sich aufdrängende Einsicht, die nicht eigens mitgeteilt werden muß.

Luchts „Vogel-Uhr" (1976) basiert auf derselben Idee. Jetzt erhält aber die Idee des Kreislaufs und des ökologischen Regelkreises mehr Gewicht und die Vorstellung vom Biotop. War der Mensch in „Die Grüne Uhr" ein Spieler, so ist er hier ein Feind. Er bedroht die Existenz anderer Lebewesen. Malerischer ist Luchts „Baum-Uhr" (1978) gehalten. Hier macht sich ihre Tätigkeit als Kostümzeichnerin bemerkbar. Lucht legt der Natur ein ‚Kleid' an. Die Kinder sind eingeladen, nachzumachen: Pflanzen zu ziehen, Blätter zu sammeln.

Der bisherige Höhepunkt ihrer Arbeit scheint „Die Wiesen-Uhr" (1982) zu sein. Darin hat Lucht ihr Verfahren der Detaillierung noch gesteigert. Sie nimmt sich ein Teilstück aus dem Gesamtzusammenhang der Natur und kann diese durchschaubar machen. Luchts Wiesenstück hat ein Vorbild in Dürers berühmter Zeichnung gleichen Namens. Ihres ist ebenso akribisch, detailvernarrt und schön. Spannung entsteht in diesem Sachbilderbuch, weil der Blick auf das Kleine immer wieder unterbrochen wird durch Luchts Jahreszeitenbilder. Vier große Landschaftsbilder vermitteln die Empfindung von Kälte, Pracht, Fülle und Nacht. Vor allem weiß Lucht: „Das, was wir Natur nennen, ist bearbeitet: „Wiesen, die wir kennen, gäbe es nicht ohne den Menschen". Ihr Wiesenstück ist strukturiert und verknüpft Schönheit und Zweckmäßigkeit. In einem spezifischen Sinn gibt Lucht nicht einfach Natur wieder, sondern — zumal in ihrer „Wiesen-Uhr" — ein Stück menschlicher Natur.

Die Fotografin *Gabriele Lorenzer* legte 1974 ihre ersten Fotobilderbücher vor: „Drei Äpfel" und „Eingepackt — Ausgepackt". Ihre Bilder, die ohne Text auskommen, erzählen von selbst Geschichten und stellen Erfahrungs- und Gedankenzusammenhänge dar. Die Fotografien zwingen Phantasie und Realitätserlebnisse der Kinder zusammen. Dabei sind sie nicht „naturalistisch", sondern sorgfältig inszeniert und montiert. Nichts bleibt dem Zufall überlassen und doch wirkt alles spontan. Zu Lorenzers weiteren Erfolgen gehören „Emma" (1975), „Das Efeuhaus" (1978), „Etwas-Nichts" (1980) und „Das Tuch von Mama" (1983), eine Bildergeschichte vom Verlassensein und vom Warten. Aber auch davon, daß ein Erinnerungsstück ein Trost sein kann. Es läßt die Spannung bis zur Heimkehr der Mutter erträglicher erscheinen. Lorenzers Bilder sind von hoher Abstraktion und scheinen doch „realistisch", nicht erfunden. Sie versteht es, durch assoziationsträchtige Requisiten wie Spielzeug, Alltagsdinge, Mobiliar einen Spannungsbogen zu erzeugen, der von der Vergangenheit bis hin zum Gedanken an die Zukunft reicht.

Gelingt es Lorenzer, kindliche Erfahrungen durchzuarbeiten: Hunger, Neugier, Angst usw., ohne deshalb kindisch zu sein, scheitert *Ursula Kirchbergs* Bilderbuch „Franz im Apfelbaum" (1984). Kirchbergs Vorhaben mißlingt, weil sie zu wenig abstrahiert und glaubt, Geschichte unmittelbar darstellen zu können, indem sie Mutter und Großvater dem kleinen Franz erzählen läßt, wie es früher war. Sie verharrt im Konkreten und statt der Chance, zu assoziieren, verengt sie die Erfahrungsmöglichkeit. Kirchberg geraten die Jahre zwischen 1910 und 1980 als ein einziger Fortschritt. Gerade das Gegenteil entwickelt *Jürgen Spohns* „Darum. Ganz-Kurzgeschichten" (1984). Sein Bilderbuch folgt dem antimusealen „Denk mal", d.h. dem Prinzip: So wie es ist, muß es nicht bleiben. Spohn insistiert in Wort und Bild darauf, daß sich vieles von dem, was uns umgibt, anders vorstellen läßt. Er bezeichnet seine Illustrationen deshalb auch als „Wünschelbilder". Er legt darin die Regeln des Unsinns dar und argumentiert durch sie gegen den Unsinn der Regeln.

Eine wieder andere Perspektive nimmt *Nikolaus Heidelbachs* „Eine Nacht mit Wilhelm" (1984) ein. Heidelbach macht Ernst: Die Nacht ist schwarz. Folglich ist schwarz die vorherrschende Farbe dieses Bilderbuchs. Das hat den Effekt, daß die anderen Farben um so schärfer konturiert erscheinen, grell wie Plakatfarben. Wilhelms Traumgeschichte – es sind wirre Träume, die er durchlebt: Fall- und Flugträume, unheimliche Begegnungen ‚der dritten Art' – hat ihre Vorgänger. Der gewitzte Leser erkennt die Gestalten der Superhelden-Comics, Little Nemos Slumberland, Donald Duck und die schwergewichtigen „wilden Kerle" Sendaks wieder. Heidelbachs Stärke ist die groteske Steigerung des Alltäglichen. Es bedarf nur einer kleinen Verschiebung und schon nimmt eine unaufhaltsame Ereignisfolge ihren Lauf, kaum steuerbar, die ihr Ende erst beim Aufwachen findet. Heidelbach – weit entfernt von der lichten Farbigkeit des Illustrators Helme Heine etwa – setzt auf Monstrositäten. Aber so schwergewichtig oder ‚nudeldick' seine Protagonisten daherkommen, sie bleiben Kinder, die einer Welt von Feinden gegenüberstehen, und selbst wenn sie lügen und abenteuerliche Geschichten erzählen, sind sie allemal ehrlicher als ihre Gegenparts.

In der Tradition und Variation der Comic-Geschichten steht – ähnlich wie Hilke Raddatz' „Die Warner von Bockenheim" – *Leo Leonhards* „Rüssel im Komikland" (1972) mit den Figuren: Rüssel, Schüssel, Schrüssel und Flabby Jack. Flabby, der Welt der Industrie und des Kommerzes entflohen, findet sich unvermutet in einer Hieronymus-Bosch-Welt wieder. Leonhard kontrastiert die grell-bunte Comic-Welt dem Sauf- und Freßleben des Schlaraffenlandes. Diese Welt ist Flabby Jack angenehmer als Ausbeutung und Verdummung, wie sie von Al Bosso betrieben werden. Flabby Jack – darin ganz Kind der frühen siebziger Jahre – opponiert durch lange Haare und seine Abwehr gegen die Sauberkeitserziehung. Er gibt sich als Anti-Typ. Die Gegenwelt Flabbys entwirft Leonhard durch Literatur- und Bildzitate. Literatur und Kunst sind für Leonhard Weisen des Weltentwerfens. Seine Kunstwelten beziehen sich zurück auf das Phantastisch-Nonsenshafte: Teilstücke seines Werkes sind die Abbildung des Markuslöwen, Dürers Rhinoceros, der Alchemist Cagliostro und das alles in der Bildwelt Canalettos. Leonhard kopiert nicht, er variiert. Alle Zitate beschwören die Suche nach dem Glück. Seine Helden sind „Glückssucher in Venedig" (1973). In diesem Band ist das Dinxbums die Hauptgestalt. Es befindet sich in der Nachfolge von Lewis Carrolls Jagd nach dem ‚Snark', als dessen Allegorie für das Glück.

In dem zweiten Band (1973) erzählt Leonhard von Begegnungen mit Voltaires Candide und mit Casanova, gefangen in den Bleikammern, der der sexuellen Lust als höchstem Glück nachgejagt war. Für Flabby Jack selbst gilt dann, daß die ‚bessere Welt' noch vor uns liege: „It's better to travel hopefully, than to arrive". Leonhard verquickt die Phantasien der Freiheit und die Freiheit der

Phantasie. Politisches und Ästhetisches haben beide in Komik-Land Platz. Diesem Denkweg folgt Leonhard auch in seiner Variante des Herr- und Knecht-Motivs „Schimpferd und Nilpanse" (1975), das auf die Kritik an Herrschaft schlechthin aus ist. Und das Spiel mit den künstlerischen Möglichkeiten betreibt Leonhard in den Illustrationen zu dem Gedichtband (Text: Hans A. Halbey): „Es wollt' ein Tänzer auf dem Seil": Narrenwelt, Zirkusträume, Comics und die Commedia dell'Arte sind die Bausteine dieses Buches und seiner Illustrationen.

IV. Das Kinderbuch

10. Was ist ein Kinderbuch?

Kinderliteratur, definierte Klaus Doderer (1977) im „Lexikon der Kinder- und Jugendliteratur", ist diejenige Textsorte, die ausdrücklich für Kinder produziert wird: Spezifische Kinderliteratur. Aber zur Kinderliteratur zählt er auch solche Schriften, die von Kindern konsumiert werden, ohne daß sie speziell für sie verfertigt würden wie etwa die Tageszeitung: der Fachterminus hierfür ist Kinderlektüre.

Kinderliteratur ist einmal ein Sammelbegriff für die gesamte Produktion von Werken für Kinder, ganz gleich, ob es sich um belletristische Werke oder Sach- und Fachbücher handelt. Zum anderen ist Kinderliteratur im engeren Sinne die Bezeichnung für jene Produkte, die für Schul- und/oder Vorschulkinder bis zum Eintritt in die Pubertät hergestellt und dieser Lesergruppe angeboten werden. Die Bezeichnung „Kinder"-Literatur geht auf das letzte Drittel des 18. Jahrhunderts und die Philanthropen zurück.

Auf die Kinderliteratur treffen alle ästhetischen Einteilungsschemata und literatursoziologischen Bedingungen zu, die auch auf die Literatur insgesamt zutreffen. Von der Struktur her gibt es keine Gattung der Epik, Dramatik, Lyrik oder der Sachtexte, die nicht auch als Kinderliteratur auftritt wie zum Beispiel: Kurzgeschichte, Roman, Laienspiel, Trauerspiel, Kinderreim und Stimmungsgedicht, erzählender Sachtext und Lehrbuch. Die Kinderliteratur, deutet K. Doderer an, folgt in Sprache und Stil mit einer gewissen Verzögerung den Tendenzen in der Erwachsenenliteratur. Und es ist erkennbar, daß den Kindern auf ihren unterschiedlichen Entwicklungsstufen Verschiedenes angeboten wird. So kommt es, daß im Vor- und Grundschulalter märchenhafte Motive favorisiert oder bei den 10 bis 12jährigen Abenteuerstoffe beliebt sind. Diese erkennbaren Interessenlagen müssen jedoch in eine Beziehung zu soziokulturellen Faktoren wie Schichtenzugehörigkeit, zeitbedingte Enkulturation sowie das Produktionsverhalten der Verlage gesetzt werden.

Drei Quellen sind es, aus denen sich die Kinderliteratur speist: Zum einen jene Texte, die speziell für Kinder verfaßt wurden, zum zweiten die, die aus der Erwachsenenliteratur übernommen wurden und zum dritten Schriften aus der Volksliteratur. Erkennbar sind im Laufe der letzten zwei Jahrhunderte wechselnde Gattungsschwerpunkte: Die Aufklärungsperiode legte Wert auf die moralische Geschichte, das 19. Jahrhundert auf das Kindergedicht, das Märchen und das Mädchenbuch. Zum Beginn des 20. Jahrhunderts kam die

Umwelt-Erzählung dazu, nach dem Zweiten Weltkrieg in Westdeutschland die Phantastische Erzählung und die sozialkritisch-realistische Kindergeschichte.

11. Gläubig und mutig – Zwei Klassiker

Johanna Spyris „Heidi"

Weltweit bekannt wurde Johanna Spyri durch ihre beiden Heide-Romane (1880/1881). Dieser „Klassiker" verteidigt auf dem Kinderbuchmarkt heute noch seinen Platz. Davon zeugen nicht nur die Neuauflagen, sei es im Insel Verlag mit den älteren Illustrationen Paul Heys oder die Ausgabe im Diogenes Verlag mit den wenig „süßen" Illustrationen von Tomi Ungerer, seien es die unzähligen stark gekürzten und bearbeiteten Ausgaben, die über Kioske, Spielwarenläden, im Kaufhaus oder Supermarkt vertrieben werden. Hat die vollständige Ausgabe des Insel Verlags immerhin 360 Seiten, so gibt es andere mit 168 Seiten und solche mit ganzen 20 Seiten zum Preis von 1,20 DM.

Spyri beginnt ihre Erzählung damit, die fünfjährige Heidi zu charakterisieren und zwar so, daß der Leser positiv und voreingenommen auf das hilflose, einer ungewissen Zukunft entgegenblickende Waisenkind reagiert. Kontrastierend folgt die Vorstellung des Großvaters, der nicht in die Kirche geht, menschenfeindlich wirkt und unter den Dorfbewohnern als „alter Heide" gilt. Er wird als jemand beschrieben, der einmal reich gewesen sei, alles verspielt habe, zum Militär ging und ein Verbrechen begangen haben soll. Der tödliche Unfall seines Sohnes wird als Strafe für das gottlose Leben des Alp-Öhi begriffen. Dieser sieht dennoch keinen Grund, Buße zu tun, sondern lebt „mit Gott und Menschen in Unfrieden". Letztlich ist der Alp-Öhi dafür verantwortlich zu machen, daß „das Heidi" Waise geworden ist.

Heidi tritt dem Alten „natürlich", direkt und ohne Furcht entgegen. Sie kann damit den von allen gefürchteten alten Mann für sich gewinnen. Zwar ist die Hütte, in der sie leben, eng, aber für zwei ist Platz genug da. Das Naturkind Heidi erweist sich als äußerst selbständig. Es baut nicht nur allein sein Bett, sondern deckt beispielsweise unaufgefordert den Tisch für den Großvater und sich. Sie muß nicht erst lange gebeten werden, sondern ist initiativ: „Sie denkt sich selbst etwas aus", heißt es deshalb von ihr. Angetan von dem Tätigkeitsdrang der Kleinen, beginnt der Großvater bewußt für sie zu sorgen und stellt Dinge wie Tisch, Schrank usw. für „das Heidi" her.

Heidis offener Charakter sticht nicht nur vom verschlossenen Großvater ab, sondern ebenso vom gleichaltrigen Geißenpeter, der als dumm, ungeschickt und langsam hingestellt wird. Anders als er, ist Heidi nicht egoistisch, teilt gern und ist tierlieb. Allerdings kann sie „gebieten" und eingreifen, wenn etwas nicht nach seiner Ordnung läuft. Dann zeigt sich, daß Heidi kindliche und erwachsene Eigenschaf-

ten in sich vereinigt. Hinzu kommt, „Heidi wurde niemals unglücklich, denn es sah immer etwas Erfreuliches vor sich".

Ihr „zweifelloses Vertrauen" läßt sie ungewollt Gutes tun durch praktisches Eingreifen und unmittelbare Hilfeleistung einerseits sowie durch ihre bloße „Anwesenheit" andererseits. Heidi ist für Kinder anziehend, weil sie nicht zur Schule gehen muß und weil der Alp-Öhi nichts aus dem Kind machen will: „... es wächst und gedeiht mit den Geißen und Vögeln; bei denen ist es ihm wohl und es lernt nichts Böses von ihnen". Jedoch trotz der sentimentalen Töne mag J. Spyri nicht völlig auf „Kultivierung" und „Zivilisierung" verzichten. Ein Gespräch zwischen dem Pfarrer des Ortes und dem Alp-Öhi über Heidis Erziehung dreht sich darum nicht allein um das Kind, sondern um den Großvater selbst, den der Pfarrer auffordert, wieder ins Dorf zurückzukehren, um Frieden mit Gott zu machen und ausgesöhnt mit Gott und den Menschen zu leben. – Damit endet der erste Teil von „Heidis Lehr- und Wanderjahre", und es beginnt die Geschichte vom Aufenthalt in der Großstadt Frankfurt.

Ebenso unvermittelt wie Heidi von ihrer Tante auf die Alm zum Großvater „verschleppt" worden war, ebenso unvermittelt wird sie nach Frankfurt gebracht. Heidi soll, weil sie noch gesund und „unverdorben" ist, Gespielin einer kranken Bankierstochter werden. Ohne Diskussion läßt der Alp-Öhi das Kind wieder ziehen: „Nimm's und verdirb's!" ist sein einziger Kommentar.

In der Stadt provozieren Heidis Natürlichkeit und Direktheit Konflikte. Natur und Konvention prallen aufeinander. Vor allem mit der Gouvernante, Fräulein Rottenmeier, gerät Heidi in Streit, sie gilt ihr als „Barbarin". Von der Gouvernante fühlt sich Heidi eingesperrt wie ein Vogel im Käfig und will fort, aber ihr Fluchtversuch mißlingt. Jetzt tritt der Widerspruch verzärteltes Stadtkind/lebendiges Naturkind besonders hervor. Auf der einen Seite steht „das Heidi" „arm, aber gesund", auf der anderen die Bankierstochter „reich, aber krank". Die Anfeindungen der Rottenmeier machen Heidi jedoch das Leben schwer, auch wenn sie Klaras Vater, Herrn Sesemann, auf ihrer Seite weiß: „Ich wünsche daher . . ., daß dieses Kind, das Heidi, jederzeit durchaus freundlich behandelt wird und seine Eigentümlichkeiten nicht als Vergehen betrachtet werden."

Heidi wird dennoch vor Heimweh krank. Dem wird zuerst dadurch abzuhelfen versucht, daß Klaras Großmutter sie anhält zu beten und sich reuig zu zeigen. Trotzdem erkrankt Heidi ernstlich. Nun heißt es plötzlich von ihr, deren Gesundheit und Lebendigkeit Spyri zu loben nicht müde wurde: „Das Kind hat keine zähe Natur", was nicht zum sonstigen Heidi-Bild, zum Lob der heilenden Natur gegenüber der krankmachenden Stadt, zu der Reinheit des Alpenlebens gegenüber dem Schmutz der Großstadt paßt. „Natur" allein reicht offenbar doch nicht aus im Lebenskampf.

Einen Lösungsversuch bietet der dritte und abschließende Teil von „Heidis Lehr- und Wanderjahre": Heidi kehrt auf die Alm zurück: „Heidi . . . stieg die Alp hinan mit seinem Korb am Arm. Die Abendsonne leuchtete ringsum auf die grüne Alp, und jetzt war auch drüben das große Schneefeld am Scesaplana sichtbar geworden und strahlte herüber. Heidi mußte alle paar Schritte wieder stille stehen und sich *umkehren, denn die hohen Berge hatte es im Rücken beim Hinaufsteigen. Jetzt fiel ein roter Schimmer vor seinen Füßen auf das Gras, es kehrte sich um, da — so hatte es die Herrlichkeit nicht mehr im Sinn gehabt und auch nie so im Traum gesehen — die Felshörner am Falknis flammten zum Himmel auf, das weite Schneefeld glühte, und rosenrote Wolken zogen darüber hin; das Gras rings auf der Alp war golden, von allen Felsen flimmerte und leuchtete es nieder, und unten schwamm weithin das ganze Tal in Duft und Gold. Heidi stand mitten in der Herrlichkeit, und vor Freude und Wonne liefen ihm die hellen Tränen die Wangen herunter, und es mußte die Hände falten und in den Himmel hinaufschauen und ganz laut dem lieben Gott danken."*

Neben die adjektivreiche Schilderung der Alpen und ein rührseliges Naturpathos tritt bei Spyri eine süßliche Religionsauffassung. Es ist das „reine Kind", das den Anfechtungen der Großstadt und ihren Versuchungen widerstanden hat, um den menschenfeindlichen und gottesfernen Alp-Öhi, kaum daß es heimgekommen ist — in der Stadt hatte das Kind lesen gelernt —, durch das Vorlesen des Gleichnisses „Vom verlorenen Sohn" zu bekehren: „Ein paar Stunden später, als Heidi längst im tiefen Schlafe lag, stieg der Großvater die kleine Leiter hinauf; er stellte sein Lämpchen neben Heidis Lager hin, so daß das Licht auf das schlafende Kind fiel. Es lag da mit gefalteten Händen, denn zu beten hatte Heidi nicht vergessen. Auf seinem rosigen Gesichtchen lag der Ausdruck des Friedens und seligen Vertrauens, der zu dem Großvater reden mußte, denn lange, lange stand er da und rührte sich nicht und wandte kein Auge von dem schlafenden Kinde ab. Jetzt faltete auch er die Hände, und halblaut sagte er mit gesenktem Haupte: Vater, ich habe gesündigt gegen den Himmel und vor dir und bin nicht mehr wert, dein Sohn zu heißen! Und ein paar große Tränen rollten dem Alten die Wangen herab." Damit kommen alle Dinge in die von der Autorin erwünschte „Ordnung und Richtigkeit".

Die Heidi-Figur beinhaltet in mehrfacher Hinsicht Identifikationsangebote für Kinder: Sie ist selbstbewußt und unternehmungslustig, lebt in schöner Umgebung, naturnah, und sie scheint frei. Niemand schreibt ihr etwas vor. Auf den ersten Blick sieht alles attraktiv und positiv aus. Zugleich aber ist Heidi abhängig von den Erwachsenen: ihre Tante, dem Großvater, den Sesemanns, die über das Kind bestimmen und verfügen, ohne es selbst einmal zu fragen. Man bringt sie von der Alm in die Stadt und von dort genauso wieder kommentarlos zurück. Weiterhin ist fast alles, was Heidi unternimmt, letztlich doch nicht selbstbestimmt, wie es anfänglich scheint. Sie vollbringt es mehr noch als „Werkzeug Gottes" und ist nur Mittel zum Zweck. Anders formuliert: Heidi wirkt „aus ihrer Natur heraus". Natur und Religion verknüpfen sich zur „religiösen Natur". Der Test verweist damit auf Spyris Biographie, die von sich sagte, daß sie von ihrer Mutter das „religiöse Bedürfnis" ererbt hätte.

Denkbar waren und sind in bezug auf Spyris „Heidi"-Romane zwei Reaktionsweisen: Apologie oder Verriß. Dabei müßte zu denken geben, daß dieses Werk noch 100 Jahre nach dem Ersterscheinen seine Leserinnen fesselt. Wie die Generationen vor ihr wächst auch die heutige Kindergeneration mit „Heidi" auf: als Hörspiel, als Fernseh- und als Kinofilm, als Bilderbuch und Sammelalbum. Als Inventar vieler Kinderstuben ist Heidi in den unterschiedlichsten medialen Formen präsent.

Blicken wir genauer auf die Autorin, so schält sich das Bild einer Frau heraus, die dem Zwang von elterlicher und eigener Familie sowie den strengen Konventionen des arrivierten schweizerischen Bürgertums und seiner Strenggläubigkeit kaum entgehen konnte, die darunter litt, und für die sich in der Naturwelt der Alpen ein vom Bann der Repräsentation freies Leben eröffnete. Das aber war für sie nur in der Fiktion vorstellbar, als Wunschwelt. Die Wirkungskraft des Romans „Heidi" entspringt, so verstanden, nicht aus Spyris Abbildungsfähigkeit, sondern aus den Gegenbildern zur Konvention. Den Pflichten der Gattin eines angesehenen Juristen, denen sie sich unterworfen sah, entging sie durch die Flucht in eine „heilere" Welt, die ihr gestattete, „freier" zu atmen. Heidis Bewegungsdrang zum Beispiel wäre, so gesehen, die Umkehrung einer auf Haltung bedachten Bürgerlichkeit, die in der Pose des ökonomischen und politischen Aufstiegs erstarrt war. Daß dieser Gedanke so abwegig nicht ist, bestätigt ein Blick auf diejenigen Traditionen, in die sich J. Spyri gestellt sieht: Es sind die pädagogischen Schriften und Gedanken Goethes, Pestalozzis und Rousseaus, denen sie anhing; gemildert und begrenzt allerdings durch christlich-pietistische Glaubensvorstellungen.

Karl Mays „Deutsche Helden"

Die Hauptfiguren der Erzählungen Karl Mays, die im Wilden Westen spielen sind Old Shatterhand und Winnetou. Sie treten auf in „Der Schatz im Silbersee", „Winnetou" (Bd. 1-3), „Old Surehand" (Bd. 1-3) und in „Winnetous Erben".

Die Gestalt des Old Shatterhand zeichnet sich dabei wie die Helden der alten Sagen und Epen durch übermenschliche Kräfte, überlegenen Geist und eine außergewöhnliche Lernfähigkeit aus. Kaum in den Vereinigten Staaten angekommen, ist er binnen kurzem weithin bekannt. Der deutsche Schriftsteller Karl, so der eigentliche Name Old Shatterhands, der von den Westernern als Greenhorn verlacht wurde, stellt schnell klar, daß er es mit jedem von ihnen aufnimmt. Seine zur Schau getragene Einfältigkeit und Ungeschicklichkeit sind bewußte Untertreibung. Der Ehrenname Old Shatterhand wird ihm zuteil, als er einen bärenstarken Mann durch einen Schlag an die Schläfe betäubte und mit Revolver und Messer bewaffnet gegen einen Grizzlybären kämpfte und siegte. Einer der Westmänner beschreibt Old Shatterhand mit den Worten: „Der Kerl hat eine Kraft wie ein Büffel, Muskeln wie ein Mustang, Flechsen und Sehnen wie ein Hirsch, Augen wie ein Falke, Gehör wie eine Maus und so fünf oder sechs Pfund Gehirn im Kopf".

Old Shatterhand hat selbst den berühmten Apachenhäuptling Winnetou besiegt, seinen späteren Blutsbruder. Doch nicht körperliche Kraft allein zeichnet ihn aus. Typisch für Old Shatterhand ist die Mischung aus physischer Kraft, umfangreichem Wissen, seine Geschicklichkeit und die Treffsicherheit seiner Waffen, des Henrystutzens und des Bärentöters. Neben diesen außergewöhnlichen Merkmalen hebt er sich von seinen Mit- und Gegenspielern durch seine vorzüglichen Charaktereigenschaften ab. Seine Handlungen sind christlich bestimmt. Er verwahrt sich zum Beispiel gegen die Blutrache, erhofft für den Verbrecher die Gnade Gottes, lehnt Massengemetzel ab, ergötzt sich nicht am Triumpf des Siegers, predigt Demut, will nicht strafen, sondern Versöhnung und Verzeihung. Er lehnt deshalb die Marter ab. Blutvergießen vermeidet er, so gut er kann und kämpft darum bevorzugt mit der bloßen Faust.

Old Shatterhand versteht sich in der Sicht K. Mays als Vorkämpfer für die Gerechtigkeit, der Gesetzesbrecher ihrer ‚gerechten' Strafe zuführen will.

Er wird zudem nicht müde, „Feindesliebe" zu predigen, und er tritt für die Gleichwertung der Indianer, der schwarzen Bevölkerung der Staaten und der Weißen ein. Materiellen Reichtum, der nicht auf eigener Arbeit beruht, verabscheut er. Derart gibt Old Shatterhand in der Intention K. Mays ein Vorbild ab für den Weg vom „niedrigen Animamenschen zum Edelmenschen". Der Autor sieht in Old Shatterhand „jene große Menschheitsfrage" zentriert, die Gott einstmals Adam gestellt haben soll: „Mensch, wo bist du?", von der May annahm, daß sie nur ein Deutscher beantworten könnte. Old Shatterhand steht als Gegenpart zu den Millionen „Gewalt- und Eigennutzmenschen", die es bislang gegeben hat. Mays pädagogisches Sendungsbewußtsein drückt sich in der Annahme aus, das Lesen seiner Bücher könne jenes Edelmenschentum erzeugen und das Gewaltmenschentum ablösen helfen: „Ich hatte dieses ‚Ich' ... ja mit allen Vorzügen ausgestattet, zu denen es die Menschheit im Verlaufe ihrer Entwicklung bis heute gebracht hat. Mein Held mußte die höchste Intelligenz, die tiefste Herzensbildung und die größte Geschicklichkeit in allen Leibesübungen besitzen". (K. May, „Mein Leben und Streben", S. 146).

In Old Shatterhand sieht der Karl May-Forscher Viktor Böhm (1955) den Typ des Abenteurers personifiziert, der lange in der Volksliteratur vorhanden und von einem Nimbus aus Schrecken und Bewunderung umwittert war. Die Unterprivilegierten finden in einer solchen Figur einen Gesinnungsgenossen, der ihre Freiheitswünsche zu verwirklichen scheint. Bei Old Shatterhand kann nur in einem begrenzten Sinn von einer Rebellion gegen Recht und Gesetz der Herrschenden gesprochen werden, jedoch kommt sehr häufig sein Widerstand gegen anmaßende Gewalt und schreiendes Unrecht zum Ausdruck, dem er individuell zu widerstehen weiß.

Der Erfolg dieser Erzählungen K. Mays resultiert auch daher, daß Old Shatterhand von seinen Fahrten immer in die „geliebte Heimat", nach Deutschland, zurückkehrt. Seine außergewöhnlichen Erlebnisse können ihn seiner Herkunft nicht entfremden. Old Shatterhands Handlungen bestätigen so dem Leser, indem sie ihn in fernste Fernen führen, die heimische Existenz. Seine Anziehungskraft erhöht sich dadurch, daß neben seine übermenschlichen Eigenschaften spießbürgerliche Züge treten, mit denen er sich seiner Leserschaft anpaßt. Er suggeriert, daß auch die Leser diese Leistungen hätten vollbringen können. Die vermeintliche Rebellion Old Shatterhands kehrt sich derart in den Faustschlag auf den Tisch um, in dem die Vergötzung der Herren widerdröhnt. In den Reiseerzählungen K. Mays gehen Nationalgefühl und Weltbürgertum eine oft unheilige Allianz ein. Dagegen kann die wiederholte These von seinem ausgeprägten Pazifismus nichts ausrichten. Zumal dann nicht, wenn man seine Werke in ihrem sozialhistorischen Kontext sieht.

Ein wichtiger zusätzlicher Grund für den Erfolg K. Mays war ein neuer, im Deutschland der 80er und 90er Jahre des letzten Jahrhunderts sich ausbreitender Drang nach Natur. Es entstand eine Bewegung, die aus geistiger, moralischer und physischer Enge herausführen wollte. Der jugendliche Protest richtete sich gegen ein nüchtern-rationalistisches Weltbild, gegen platte Arbeitsmoral, alltäglichen Stumpfsinn und das verknöcherte Denken der Erwachsenen (V. Böhm, 1955). In den Personen K. Mays und ihren Identifikationsangeboten fanden die Leser im ausgehenden 19. Jahrhundert und noch heute die „Poesie des Lagerfeuers" und der „Kameradschaft", die Freude an der Natur und die glückliche Überwindung von Gefahren verwirklicht und darin ihren Protest ausgesprochen. Anzunehmen ist, daß es einen gewissen Zusammenhang zwischen Tendenzen der Mayschen Werke und der späteren Wandervogel- und Jugendbewegung gab.

Die Kehrseite des Erfolgs K. Mays wird sichtbar, wenn man sich bewußt macht, daß die Jahre 1880 bis 1910 zugleich die Zeit der rapiden Entwicklung Deutschlands zum führenden, politischen Einfluß erstrebenden Industrie- und Militärstaat war; vor allem des Anspruchs auf die Erschließung kolonialer Kapitalquellen und Märkte. Es begann der imperialistische Kampf um die Aufteilung der Erde. Die herrschenden politischen Mächte brauchten ideologische Förderer ihrer politischen und ökonomischen Expansionswünsche. Mays Werke und insbesondere eine Gestalt wie Old Shatterhand waren – ungewollt – dazu angetan, den imperialen Drang zu stützen und zu rechtfertigen. Das subjektive Fernweh der Menschen im Wilhelminischen Deutschland fand seine objektive Entsprechung in der imperialen Geste des Deutschen Reiches.

Die enorme Verbreitung der Werke K. Mays und der Bekanntheitsgrad der Hauptfiguren rührt daher, daß sie zwei deutlich unterscheidbare, allerdings eng zusammenhängende soziale und individuelle Bedürfnisse befriedigen. Zum einen geben sie dem Wunsch nach Ausbruch aus dem kleinlichen Alltag Ausdruck, der bei May durchaus auch ein „Zurück zur Natur" beinhaltet – gibt es doch den „edlen Wilden" Winnetou –, zum anderen vertritt Old Shatterhand durch seine körperliche wie geistige Überlegenheit das deutsche Machtstreben und den Wilhelminischen Herrschaftsanspruch. Es gibt gute Gründe, Mays Haltung gegenüber Gott, Obrigkeit und Ordnung reaktionär zu nennen, so daß nicht ausgeschlossen werden kann, daß die politischen Prinzipien und Einsichten der machthabenden Kreise des Deutschen Kaiserreichs trotz mancher anderslautender Hinweise doch zum Maßstab für K. Mays Bewertung der revolutionären bürgerlichen Ideen wurden.

Gert Ueding (1973), der wesentlich auf Gedanken Ernst Blochs aufbaute, arbeitete die Widersprüche der Gestalten K. Mays heraus. Er betont, daß der eigentliche Gegenstand der Mayschen Traumwelten der Widerstand gegen Langeweile und Resignation sei. Seine Täuschung bestehe allerdings darin, daß private Wunschbilder empfohlen werden und so die imaginierte Reise zur Funktion der Langeweile wird, die sie bekämpfen soll. Der gesellschaftliche Auftrag, der hinter der individuellen Abenteuerlust steht, lautet: Die Fremde als Fremde zu liquidieren. Die ökonomischen Zwecke der Kolonisation, Rohstoffausbeutung und Weltmarktausweitung laufen den subjektiven zuwider. Das Abenteuer vernichtet den Raum, der ihm seine Bedingungen bietet, indem es mit ihm vertraut wird und erniedrigt das Fremde zum Bekannten.

12. Realistische Kinderliteratur

Soziales Lernen, Phantasie und Politik

Die Kinder- und Jugendliteratur der fünfziger und frühen sechziger Jahre verstand sich *unpolitisch*. Sie wertete dies als Fortschritt und Beweis ihrer Selbständigkeit; gerade im Vergleich zur Kinder- und Jugendliteratur der DDR, die als ‚Tendenzliteratur' von ihr angegriffen wurde.

Auf theoretischer Ebene wurde das Selbstverständnis der westdeutschen Kinder- und Jugendliteratur erst zum Anfang der siebziger Jahre durch Dieter Richter in Frage gestellt. Im Vorwort seiner „aktuellen historischen Dokumentation" „Das politische Kinderbuch" (1971) plädierte er energisch für eine *bewußt* politische Kinder- und Jugendliteratur, die die kritischen Positionen der Weimarer Republik wieder aufzunehmen hätte. Interessant ist nun, daß die Wiedergewinnung des Politischen über die geschichtliche Aneignung verdrängter Traditionen geschah: der frühen sozialistischen Kinder- und Jugendliteratur und ihrer Konflikte. Dieses Vorhaben eröffnete — nach Richter — die Möglichkeit „einen Begriff von politischer Erziehung zu praktizieren, der nicht auf die Stabilisierung, sondern auf die Anhebung von Herrschaft zielt". Richter machte auf die zentrale Aufgabe politischer Kinder- und Jugendliteratur aufmerksam: „Die Gegenwart als geschichtliches Problem zu erfassen". Dadurch gelang es, ins Bewußtsein zu bringen, daß Kinder zuvor unter dem Mantel der apolitischen Erziehung politisch indoktriniert wurden. Diese Erkenntnis, die nur unter Schwierigkeiten in die Kinderbuchkritik Eingang fand, wirkt dem Mißverständnis entgegen, daß es politische und unpolitische Kinder- und Jugendbücher gebe! Richters These ist deshalb: „Das Kinderbuch ist ein politisches Buch". Der durchgängig politische Charakter der Kinder- und Jugendliteratur macht sich an allen drei von Richter benannten Konstituenten bürgerlicher Kinder- und Jugendliteratur fest: Der technologischen (wirksam in Richtung auf die Entfaltung der Produktivkräfte), der moralischen (verbreitung der Standards des Bürgertums) und der utopischen (die auf die Fähigkeit, sich der Phantasie zu bedienen, abzielt).

Gibt es also eine latent politische Funktion jeglicher Kinder- und Jugendliteratur und gerade der, die scheinbar unpolitische Gegenstände hat, so ist festzuhalten, daß die intensivierte Politisierung der westdeutschen Kinder- und Jugendliteratur einsetzte, als sich die sozio-ökonomischen Widersprüche nicht mehr mit dem Verweis auf die fortdauernde Entfaltung der Wirtschaft überdecken ließen. Die Hinwendung zu sozialen und politischen Themen des eigenen Landes markiert einen entscheidenden Punkt in der Entwicklung der jüngeren westdeutschen Kinder- und Jugendliteratur. Der wachsende Grad an Bewußtheit über die historisch-sozialen Implikationen wirtschaftlicher Probleme verstärkte die Wahrnehmung dafür, daß selbst scheinbar politikferne Bereiche politische Relevanz haben können.

Malte Dahrendorf (1974) hat die wichtigsten Veränderungen der manifest politischen Kinder- und Jugendliteratur seit Anfang der siebziger Jahre, denn um die geht es im folgenden Text, vermerkt: 1. Auch für jüngere Leser erscheinen jetzt politische Kinderbücher, 2. die Bücher sind nicht mehr in historischer oder geographischer Ferne angesiedelt, 3. das Politikverständnis wandelt sich, d.h. vor allem die Trennung von Politik und Gesellschaft wird nicht mehr fraglos hingenommen. Das hat zur Folge, daß innerhalb der neueren politischen Kinder- und Jugendliteratur, die zumeist dem ‚linken‘ Spektrum zugeordnet wird, ein Entwicklungsprozeß stattfand von der antiautoritären und emanzipatorischen Kinder- und Jugendliteratur hin zum sozialen Lernen durch Bücher.

Antiautoritäre Kinderliteratur

Einen deutlichen Akzent in Richtung auf eine positiv besetzte Politisierung legte die Kinder- und Jugendliteratur, die im Gefolge der Studentenbewegung und der Kinderladenaktivitäten entstand. Die theoretische Basis war die Rezeption der Erziehungskonzeptionen, die im Umkreis der Arbeiterbewegung in den zwanziger Jahren entstanden waren: Siegfried Bernfeld, Edwin Hoernle, Wilhelm Reich, Otto Rühle, und Anton S. Makarenko waren die Idole. Literarische Vorbilder waren die proletarischen Märchen Hermynia zur Mühlens sowie der klassenkämpferische Kinderroman „Ede und Unku" (1931) von Alex Wedding.

Zu den bekannteren Texten der antiautoritären Bewegung, die sich in politisch-pädagogischer Absicht schon an sehr junge Leser richtete, zählen „Fünf Finger sind eine Faust" (1970), „Rote Ratten in Berlin" (1970), „Martin der Mar(x)smensch" (1970), „Wie sich Bonzo Dresche verdiente" (1973), „Rote Bremer Stadtmusikanten" (1971), „Die kleine Ratte kriegt es raus" (1969). Neben diesen, häufig von Kollektiven erarbeiteten Texten stehen die Bücher des Schweden Dr. Gormander (Ps. für Gunnar Ohrlander) „Als die Kinder die Macht ergriffen" (1969) und sein „Als die Kinder streikten" (1972).

Der Hauptvorwurf, der gegen diese ‚Flugschriften‘ erhoben wurde, richtete sich dagegen, daß in diesen Büchlein allenfalls angestrengte Vereinfachungen komplizierter Zusammenhänge (Peter Schneider) wiederzufinden sind. Selten nur gelang die bruchlose Integration von Phantasie und Wirklichkeit sowie politischer Intention. Offenkundig wird das in Jochen Unbehauns Bändchen „Die Nacht im Mittelalter" (1975) und „Die Krügelsteiner und die Räuber" (1973), einem Versuch der ‚kindgemäßen‘ Darstellung der marxistischen Mehrwerttheorie.

Widerstand gegen diese engagiert und explizit politisch intendierte Kinder- und Jugendliteratur blieb nicht aus. Das Ende dieser Literatur und ihr Wandel hatte aber ebenso immanente Gründe. Die Autoren verlangten von den Kindern kognitive Leistungen, die sie überforderten. Wo sie hätten Bilder bringen sollen, stellten sie auf Begriffliches ab. Häufig ist ihnen zudem Moralisieren und Dozieren zu eigen. Der kindliche Erfahrungshorizont wurde übersprungen, und somit scheiterte die antiautoritäre Kinder- und Jugendliteratur am Leser.

Jedoch sollte nicht vergessen werden, daß die antiautoritäre Kinder- und Jugendliteratur neue Themenbereiche für junge Leser erobert hat: Arbeitsplatzsituation der Großen, Konfliktcharakter der Gesellschaft, Autoritätsprobleme, Veränderung der Wirklichkeit, Infragestellen des wissenschaftlichen Fortschritts sowie — positiv — das Solidaritätsprinzip als Basis-Prinzip individuellen und gesellschaftlichen Umgangs.

Anfänglich waren für die Bücher des Basis Verlags und des Oberbaum Verlags die Einführung der Kinder in den Klassenkampf sowie die Herausbildung kollektiver Identität das erklärte Ziel. Diese aufgesetzte und damit abstrakte Politisierung war aber nur ein Durchgangsstadium, das formal Neues verbreiten half.

Sie griffen in einem ersten Schritt auf die traditionellen Formen Märchen und Parabel zurück, auch aufs Sachbuch, die Autoren waren bereit, die Gattungen zu kombinieren, literarische Collagen herzustellen, entscheidend war, daß die künstlerischen Mittel, die Comics, Plakate, Pop-Art sowie Fotografik bereitstellten, aufgenommen wurden. Insofern war die antiautoritäre Kinder- und Jugendliteratur ein Experimentierfeld, dessen politische Grenzen nicht zugleich seine literarästhetischen waren.

Autoren und Künstler wie z.B. Friedrich K. Waechter, sowohl mit seinem ‚erwachsenen' „Anti-Struwwelpeter" (1970) wie mit dem späteren Bilderbuch „Wir können noch viel zusammen machen" (1973), sind undenkbar ohne den praktischen Vorlauf der antiautoritären und sozialistischen Kinder- und Jugendliteratur. Bei ihm ist jedoch, schon in seinem zusammen mit Bernd Eilert gestalteten „Die Kronenklauer" (1972), die Rücksicht auf die Spezifik kindlicher Wahrnehmungsweisen erkennbar. Nicht mehr leere Formeln, die gedanklich aufzunehmen sind, bestimmen die Bücher, sondern die Handlung und Beziehungen der Figuren lassen Geschichten entstehen, die in der Funktion, politischen Zusammenhänge aufzuzeigen, nicht aufgehen. Waechters Kinderbücher können als beispielhaft für die Gestaltung sozialer Phantasie gelten. Waechter baut damit auf ein Politikverständnis auf, das über die bloße Umkehrung der Vorzeichen hinausgeht. In seinen Büchern wird nicht *das* richtige Handeln vorgeführt. Er führt Möglichkeiten des freieren und gelösteren Umgangs miteinander vor.

Dem expliziten Politikverständnis der antiautoritären Kinder- und Jugendliteratur entspricht in diesen Büchern ein Begriff von Politik, der eher auf soziales Verhalten abhebt, und nur implizit politische Signale setzt. Die „geballte

Faust", das Absingen der Internationale oder gar Hammer und Sichel als Zeichen des Sozialismus, unerläßliche Insignien der ersten antiautoritären Kinder- und Jugendbücher, werden Gegenstand des Spotts und der ironischen Verfremdung. Für jene Sorte Text kann konstatiert werden, daß sie nicht durch ästhetische Mittel Wirklichkeiten kompensiert. Vielmehr trägt sie zur Entfaltung einer die Wirklichkeit verändernden Phantasie bei.

Das erweiterte Politikverständnis: Beispiel ‚Rotfuchs'

Ein Beitrag zu dieser Entwicklung und zugleich eine erfolgreiche Variante war die anfangs von Uwe Wandrey herausgegebene Rotfuchs-Reihe des Rowohlt Verlags. Diese Reihe ist identifizierbar mit einem Konzept politischer Erziehung, das sich von der der antiautoritären Literatur für jüngere Leser unterscheidet und es dennoch fortsetzt. Die Rotfuchs-Reihe nahm entscheidende inhaltliche und formale Impulse auf.

Seit 1972, also seit gut 20 Jahren, erscheinen monatlich zwei bis drei Rotfuchs-Titel. Von Anbeginn an lag der Anteil der Originalausgaben mit 60 bis 70 Prozent hoch. Bis 1983 waren es rund 310 Titel mit circa 8 Millionen Exemplaren. Lieferbar sind derzeit immerhin mehr als 215 Titel. Seit 1975 verzeichnet der ‚Rotfuchs' einen jährlichen Zuwachs von bis zu 14 Prozent.

Wandreys Konzept setzte ein mit dem Überschreiten des Höhepunkts der Diskussion um die antiautoritäre Erziehung. Für ihn war offensichtlich, daß die „Literatur der Kinderläden" nur den linken statt des rechten Zeigefingers hob, aber langweilig blieb. Er interpretierte dies als Ausdruck literarischen Unvermögens. Die sinnliche Realität war durch Theoriewust verloren gegangen. Seine Idee entstand, „literarische Kinderbücher zu verlegen, die kritisch sind, ohne zu langweilen, die spannend und unterhaltend sind und *unausdrücklich, nämlich durch Handlung belehrend*." Eine weitere Überlegung schloß sich an. Wandrey sah, daß das Kind das schwächste Glied der Gesellschaft ist. Er formulierte deshalb als Zielvorgabe, die Kinder *nicht* als Gegner der Eltern zu begreifen, sondern ihnen Anleitung zu geben, *vernünftige* und *erklärte* Schranken und Richtlinien zu akzeptieren, aber irrationalen Befehlen zu widerstehen. Vor allem muß das Kind als Mensch geachtet werden.

Dies zu erreichen wurden neue Buchtypen entwickelt, z.B. die Bildgeschichten von F. K. Waechter, Angela Hopf, Rüdiger Stoye, deren Vorstellungen sogar als „nichtamerikanische Ästhetik" bezeichnet wurden, als originäres Konzept, das nicht eine klischeereiche Scheinwelt etabliert.

Die Rotfuchs-Bücher sind so Mittler zwischen Eltern und Kindern: Keine Helden- und Verehrungsbücher, keine rührseligen Mädchenbücher, sondern Schriften, die die Realität und Gedankenwelt der Kinder zum Thema haben. Gezeigt wird bevorzugt, wie die da unten gelebt haben und leben, wie sie gelitten haben oder wie das Leben eines behinderten Kindes in unserer Gesellschaft aussieht, welchen Vorurteilen es sich ausgesetzt sieht und wie mühsam es sich gegen die „gesunden" durchsetzen muß. Der Reihe gelingt es, Kinder- und Jugendliteratur nicht als eine spezielle Literatur zu sehen, in der bestimmte Sachverhalte tabuisiert werden. D.h., zudem legen die Lektoren Wert darauf, daß die Autoren sich in Inhalt und Sprache nicht auf ein Niveau herablassen, von dem sie meinen, nur es sei Kindern zuträglich. Renate Boldt sagte dazu: „Erhobener Zeigefinger, anbiedernde Sprache, Kindertümeleien, zurechtstutzen der Realität auf Banalitäten, verschleiern und vorenthalten, lassen wir nicht durchgehen."

Folgerichtig sind nach Aussage der Lektorinnen Boldt und Gisela Krahl die literarisch bedeutsameren Titel auch die erfolgreicheren. Hohe Auflagenziffern erreichten Max von der Grüns „Vorstadtkrokodile" (1976), Ann Ladiges' „Hau ab, du Flasche" (1978), Heinrich Hannovers „Das Pferd Huppdiwupp" (1972), aber auch die Bücher Christine Nöstlingers, Horst Burgers, Irene Rodrians und Günter Herburgers „Birne kann alles" (1974). Daneben halten sich die ‚steady-seller' von Doralies Hüttner und Helga Hanisch, die Vorlesebücher, die Comics von Waechter, Marie Marcks, Erich Rauschenbach und Chlodwig Poth.

Das Rotfuchs-Konzept ist nicht unumstritten. Mehrfach war die Reihe Diffamierungen ausgesetzt. Es wurde unterstellt, daß sie mit Büchern Kinder indoktriniert, „umpolt" und zu Terroristen erzieht. In einem Fall wurde gewagt, die Entführung des ehemaligen Arbeitgeberpräsidenten Hanns-Martin Schleyer (1977) in Verbindung zu einzelnen Titeln der Rotfuchs-Reihe zu setzen, indem willkürlich Zitate aus dem Zusammenhang gerissen wurden. Angegriffen wurde die Absicht, „Kinder fähig zu machen, die täglichen Konflikte in Schule, Elternhaus und Straße zu verstehen und sie nicht als naturgegeben, sondern auch veränderbar zu erkennen."

In einem Interview im ‚Börsenblatt für den Deutschen Buchhandel' verteidigte Wandrey seine Reihe gegen diese Vorwürfe. Er wiederholte sein Konzept einer nichtautoritären Erziehung und bezog das auf die Notwendigkeit, die Gesellschaft in der Kinder- und Jugendliteratur realistisch darzustellen. Die Rotfuchs-Titel wollen durch Informationen unterhalten. Dabei spielt bloß analytisch-theoretische Aufklärung keine Rolle, die Leser brauchen die sinnliche Annäherung an das Problem, um es „nachzuerleben". Die Reihe stellt insgesamt verschiedene Einstellungen zur Realität zur Diskussion und führt damit in ‚eingreifendes Denken' ein. Viele der Titel stellen nicht nur Fragen, um zu antworten, sie wollen infragestellen.

Besonders augenfällig wird die Rotfuchs-Idee durch die Bücher H. Hannovers. Seine Schriften heben darauf ab, die Phantasie überhaupt in ihr Recht zu setzen. Sie gehen von den Erfahrungen und Bedürfnissen der Kinder aus, lassen Politik im engeren Sinne draußen, und rechnen damit, daß die spielerische Entfaltung von Phantasie für sich schon eine hochgradig politische Funktion habe.

Ein wenig anders stellt sich der Sachverhalt bei Günter Herburger dar, dessen Birne-Bücher ebenfalls bei Rotfuchs erschienen sind. Er setzt an bei der gesellschaftlichen Realität und den Kräften, die hinter ihr stehen und initiiert auf diesem Wege Phantasie und Problemlösung. Herburger achtet darauf, daß trotz der Omnipotenz seiner ‚Birne', es letztlich immer auf die Aktivitäten der Betroffenen selbst ankomme.

Die Konfrontation von Wunschwelten, Fluchtträumen und präzise beschriebener Alltagswelt läßt den antizipierenden Charakter der gesamten Reihe hervortreten und erlaubt es ihr, in der Gegenwart Utopisches erkennen zu helfen und damit umzugehen. Die Rotfuchs-Titel halten dem schlechten Sein kein abstraktes Sollen entgegen. Sie respektieren die ‚Mühen der Ebenen' und sind deshalb politisch.

Die realistische Kinderliteratur und ihre Autoren: Porträts

Die nachfolgenden Kurzporträts von zumeist realistisch schreibenden Kinderbuchautoren sollen aufzeigen, welche thematischen Schichtungen die jeweiligen Werke zeigen. Vorgestellt werden zwei Autoren der älteren Generation mit völlig unterschiedlichen, fast gegensätzlichen Lebensläufen: Erich Kästner und Hans Baumann. Außerdem werden zwei Autoren präsentiert, die in den sechziger und siebziger Jahren sich ihr Profil erschrieben: Ursula Wölfel und Peter Härtling. Gemeinsam ist diesen vier Autoren der ‚Kinderblick', das naiv-neugierige Staunen ihrer Helden, und die Parteilichkeit mit den jungen Lesern in einer unwirtlichen Welt. Bei allen Differenzen verbindet sie der Ausgang vom Wirklichen. Sie sind Realisten nicht aus Mangel an Phantasie, sondern weil die Wirklichkeit vieles in sich birgt, das auf den ersten Blick gar nicht sichtbar ist und das sie erkennbar machen wollen. Utopische Aspekte kommen in ihre Texte hinein, weil sie immer auf das Mögliche im Wirklichen hinzielen. Sie sind nicht einfach Abschilderer oder Dokumentaristen, sondern ihre Texte beruhen zugleich auf Antizipation.

Erich Kästner (1899-1974) hatte erste Erfolge als zeitkritischer Autor Ende der zwanziger Jahre. Zur selben Zeit erschien sein Kinderbuch „Emil und die Detektive" (1928). Es folgten schnell weitere Bücher für Kinder: „Pünktchen und Anton" (1930), „Der 35. Mai" (1931), „Das fliegende Klassenzimmer" (1933). Kästners Bücher wurden jedoch von den Nationalsozialisten verboten – ausgenommen sein „Emil" – und er selbst mit Veröffentlichungsverbot in Deutschland belegt; seine Werke wurden verbrannt. Aber Kästner blieb, obwohl er zweimal von der Gestapo verhaftet wurde, in Deutschland. 1945 begann Kästner erneut mit einer regen publizistischen Tätigkeit. Er knüpfte an seine satirischen Arbeiten an und schrieb wieder für Kinder „Das doppelte Lottchen" (1949) und nach einer Idee von Jella Lepman „Die Konferenz der Tiere" (1949). 1960 wurde Kästner mit der Internationalen Hans-Christian-Andersen-Medaille des International Board on Books for Young People geehrt.

Zur Einstimmung zitiere ich aus Kästners „Ansprache zum Schulbeginn". Er führt darin einen Schulweg vor, der „vom Baum des Lebens in die Konservenfabrik der Zivilisation" weist. Aber vor allem erinnert er die Zuhörer an ihm bedeutsame Ideen: „Laßt euch die Kindheit nicht austreiben./Nehmt auf diejenigen Rücksicht, die auf euch Rücksicht nehmen./Seid nicht zu fleißig!/ Lacht die Dummen nicht aus!/" Seine Ansprache beendet er mit dem Satz: „Wenn ihr etwas nicht verstanden haben solltet, fragt eure Eltern! Und, liebe Eltern, wenn Sie etwas nicht verstanden haben sollten, fragen Sie ihre Kinder!"

Ehe Erich Kästner dahin gelangte, diese Rede zu formulieren, hatte er in dem Text „Die Kinderkaserne" (1930) die Schule mit überaus kritischen Augen betrachtet. Er sah sie weit entfernt von dem Ideal, das er mit Schule und Lernen verband. Schule zeichnete er als eine Einrichtung voller striktem Gehorsam und Unterordnung. Sie war eine Institution, die mehr von einem Kasernenhof an sich hatte, als von einer Bildungsanstalt, die mündige Bürger heranziehen will. Dies war zu einer Zeit, als — nach seinen Worten — „die Vernunft in Ketten" lag. Damit konnte und mochte sich Erich Kästner nicht abfinden. Er setzte deshalb alles daran, das Licht der Aufklärung weiterzutragen und die Vernunft zu befreien.

Dafür bezahlte Erich Kästner später bitter. Kästner galt manchem als „zersetzend", als ein „Asphaltliterat", dekadent und als Sittenverderber, gar als Autor pornographischer und damit jugendgefährdender Schriften. Mit seinen frühen Gedichten und seinem Roman „Fabian" (1930) war Kästner gewiß ein „Bürgerschreck", genauso aber war er ein „erschrockener Bürger", der die „Erklärung der Menschenrechte" von 1789 als Leitfaden akzeptierte und ihr Geltung verschaffen wollte. Er widersetzte sich der Bürokratie und dem Militarismus, kritisierte die Religion und die anmaßenden politischen Mächte. Das besondere der Kästnerschen Bücher ist, daß sie von diesen Dingen nicht nur in den Werken für Erwachsene, sondern auch in denen für Kinder erzählt. Erich Kästner ergreift die Partei der Kinder, sieht ihre Wirklichkeit als beschreibenswert an, weist auf ihre Möglichkeiten hin, fordert die Solidarität der Kinder und der Menschen und setzt sich für „Mut und Klugheit" ein.

Erich Kästner wußte, daß das Unrecht, das einem Kind angetan wird, es ein Leben lang begleitet. Er hat daher Kinderhelden entworfen, die zwar gehorsam sind, aber keinesfalls unterwürfig. In ihrem Namen greift er die unhinterfragte Autorität der Erwachsenen an und appelliert in seiner „Konferenz der Tiere" (1949) an die gesamte Menschheit, endlich einzusehen, daß wir nicht dümmer als die Tiere sein dürfen, wenn wir überleben wollen.

In fast allem, was Kästner geschrieben hat, neigt er zur Karikatur, zur Übertreibung und zur Zuspitzung. Er möchte auf diese Weise Aufmerksamkeit erregen. Er gibt sich mit der „Trägheit des Herzens" nicht zufrieden. Ihm ist klar, daß die Jugend Vorbilder braucht. Wer sollen aber diese Vorbilder sein? Überdeutlich sieht er die „abgewerteten Zeitgenossen" und „Das Museum der abgelebten Werte". Kästner hält einen „gelungeneren Entwurf vom Menschen" dagegen. Dazu gehören für ihn unabdingbar: „Das Gewissen, die Vorbilder, die Heimat, die Ferne, die Freundschaft, die Freiheit, die Erinnerung, die Fantasie, das Glück und der Humor". Kästner hat diesen Wertekatalog 1953 in Zürich anläßlich einer internationalen Konferenz vorgetragen. Dieser Katalog offenbart, daß Kästner seine Kritiker aufmerksam gelesen hat, die ihm vorwarfen, der Lust am Negativen, am Defätistischen zu frönen. Dabei hatte Kästner eine exakte Vorstellung vom „Positiven". Gleichwohl hütete er sich, es allzu unvermittelt zu bestimmen. Ihm war es gemäßer, durch Kritik am Bestehenden, etwa in den fünfziger Jahren an Wiederaufrüstung und Atombewaffnung, für den Frieden zu streiten und „mit seinem als Lanze eingelegten Bleistift" Attacken zu reiten.

In seiner „Tafelrede über mich selbst" (1947) charakterisierte er sich nicht als „Schöngeist", sondern als „Schulmeister"! Kästner begriff sich darüber hinaus als Moralisten und Rationalisten, als Urenkel der deutschen Aufklärung und der Weimarer Klassik. Um sich dies zu vergegenwärtigen, lohnt ein Blick auf einige seiner Bücher. In „Emil und die Detektive" lernen wir z.B. in der Hauptfigur einen Musterschüler kennen, der jedoch – und das ist wichtig – kein Streber ist. Emil ist hilfsbereit und engagiert, ohne sich anzubiedern.

In dem unbekannteren Roman „Emil und die drei Zwillinge" kommt Kästner auf Goethes Bildungsroman „Wilhelm Meisters Lehr- und Wanderjahre" zu sprechen und auf die darin entworfene „Pädagogische Provinz", die Kästner ein „humanistisches Wunschgebilde" nennt. Kästner möchte sie nicht abgelehnt und in ihrem Wert und Vorbildcharakter geschmälert sehen. Eine der Figuren dieses Romans sagt denn auch: „Es ist verflucht schwer ... Kinder nicht zu sehr, aber auch nicht zu wenig zu erziehen." Das gilt nicht nur für die Jungen in Kästners Romanen, sondern genauso für Pünktchen, Pony Hütchen und die beiden Mädchen in das „Doppelte Lottchen".

In dem Mädchenbuch „Das doppelte Lottchen" (1949) zeigt sich zudem, daß der Erziehungsprozeß nicht allein mit den Kindern zu tun hat, sondern ebensosehr mit den Erziehern. Bei Kästner erweisen sich sogar die Kinder den Erwachsenen manchmal als überlegen und viel erwachsener als sie.

In diesem Zusammenhang ist seine Phantastische Erzählung „Der 35. Mai oder Konrad reitet in die Südsee" (1933) besonders interessant. Kästner stellt nämlich darin verschiedene Lebensmöglichkeiten, d.h. eigentlich Lebens-Unmöglichkeiten vor: Das Schlaraffenland, ein bloßes Phantasiegespinst; die Historie, die er unter der Überschrift „Die Burg ‚Zur großen Vergangenheit'" verspottet und die ihm als bloßer Kampf und Krampf erscheint, in der kindische Erwachsene das Leben anderer aufs Spiel setzen; und er spielt die Entwicklung unserer übertechnisierten Zukunft durch. Vor allem aber gibt es in der von Kästner entworfenen „verkehrten Welt" sogar eine Schule, die „schwererziehbaren Eltern" gewidmet ist.

Was er von den Menschen erwartete, formulierte er in einem seiner unvergleichlichen Epigramme: „Es gibt nichts Gutes/außer: Man tut es." Dieses Sinngedicht enthält zugleich die Antwort auf die Frage seiner Kritiker: „Herr Kästner, wo bleibt das Positive?" Es verbirgt sich in diesem Satz nicht weniger als Kästners Morallehre, sein kategorischer Imperativ. Kästner wurde zum Moralisten, weil er Leuteschindern wie dem Sergeanten Waurich aus dem gleichnamigen Gedicht nicht das Feld überlassen wollte. Weil es die Waurichs gab (und vielleicht immer noch gibt) hat Kästner seinen Emil, diesen „patentierten Musterknaben", erfunden. Er hat ihn als Vorbild gezeichnet und auf den Sockel gestellt, gerade so hoch, daß jeder von uns an ihn heranreichen könnte, wenn wir wollten.

„Könnt ihr es begreifen und werdet ihr nicht lachen, wenn ich euch jetzt erzähle, daß Emil ein Musterknabe war? Seht, er hatte seine Mutter sehr lieb. Und er hätte sich zu Tode geschämt, wenn er faul gewesen wäre, während sie arbeitete, rechnete und wieder arbeitete. Da hätte er seine Schularbeiten verbummeln oder von Naumanns Richard abschreiben sollen? Da hätte er, wenn es sich machen ließ, die Schule schwänzen sollen? Er sah, wie sie sich bemühte, ihn nichts von dem entbehren zu lassen, was die andern Realschüler bekamen und besaßen. Und da hätte er sie beschwindeln und ihr Kummer machen sollen?

Emil war ein Musterknabe. So ist es. Aber er war keiner von der Sorte, die nicht anders kann, weil sie feig ist und geizig und nicht richtig jung. Er war ein Musterknabe, weil er einer sein wollte! Er hatte sich dazu entschlossen, wie man sich etwa dazu entschließt, nicht mehr ins Kino zu gehen oder keine Bonbons mehr zu essen. Er hatte sich dazu entschlossen, und oft fiel es ihm recht schwer."

Kästner hat, was ihm vorgeworfen wurde, die Welt in seinen Kinderbüchern eher geschönt gezeichnet, sie in ein utopisches Rosa gehüllt, aber er hat dennoch nicht auf Kritik, Satire und Desillusionierung verzichtet. Wichtigtuerei, Angeberei und Hochmut hat er immer gegeißelt. Schon dadurch, daß Emil und Anton, Pony Hütchen und Pünktchen ihr Herz auf dem rechten Fleck haben und Mut und Klugheit genug besitzen, kann niemand ihnen Angst einjagen:

Zum Ausgangsmaterial seiner Werke gehört bei Kästner die Verarbeitung autobiographischer Erfahrungen, aufklärerischer Appell, Parteilichkeit und der Versuch, utopische Sujets zu gestalten. Diese Momente kennzeichnen seinen Kinderbuchklassiker „Emil und die Detektive". Dieses Buch definiert sich durch strikten Gegenwartsbezug, eine realistische Haltung und eine Sprache, die einen neuen Ton in die Kinderliteratur brachte, Dialekt und Straßenjargon. Kästner greift in seinen Büchern Probleme des familiären und kindlichen Alltags auf: Schule, wirtschaftliche Not, Korruptheit, Scheidungsprobleme. Er ist überzeugt, daß die Welt besser sein könnte, wenn die Menschen nur vernünftiger werden wollten. Kinder sind ihm die Garanten der Möglichkeit, die humane Substanz zu retten. Sie sind von der Schlechtigkeit der Profitgesellschaft noch nicht angegriffen. Es war Erich Kästner — so Klaus Doderer — der das Ideal des gehorsamen ‚braven' Kindes aus der Kinderliteratur des 19. und frühen 20. Jahrhunderts kritisierte und einen neuen Kindertypus als Helden schuf: Selbständig, selbstbewußt, klug, kooperationsbereit und zupackend. Noch heute zählen Kästners Kinderbücher in der Bundesrepublik zu den vielgelesenen Werken.

Hans Baumann (1914-1988) zählt zu den älteren Autoren für Kinder, die schon in den dreißiger Jahren — wenn auch nicht zuerst Kinderliteratur — geschrieben und den damals herrschenden Mächten ihren Tribut gezollt haben. Baumann war kurze Zeit als Lehrer tätig gewesen und gehörte verschiedenen Gruppierungen der nationalsozialistischen Jugendarbeit an. Während des Zweiten Weltkriegs war er Offizier, geriet in französische Gefangenschaft und änderte, geläutert durch das grausige Geschehen unterm Nationalsozialismus, seine weltanschauliche Haltung. Er durchschaute die Verführung, der er erlegen war und machte sich zur Aufgabe, für Humanität, Völkerverständigung und Toleranz zu wirken. Diese Gedanken leiteten fortan sein Werk.

Seit Anfang der fünfziger Jahre hat Baumann sich an erzählender Kinderliteratur versucht. Ein internationaler Erfolg wurde das erzählende Sachbuch „Die Höhlen der großen Jäger" (1953). Darin berichtet er von der Entdeckung der Höhlen von Lascaux mit ihren eiszeitlichen Wandmalereien. Es folgten Titel ähnlichen Typs: „Die Brücke der Götter" (1955), „Die Welt der Pharaonen" (1959), „Gold und Gräber in Peru" (1963), „Löwentor und Labyrinth" (1966). Kulturhistorische Forschung und abenteuerliches Erzählen verknüpft Baumann in „Der Sohn des Columbus" (1951), eine Erzählung vom Versuch des Zusammenlebens von Menschen verschiedener ethnischer Herkunft. Thema ist ihm aber auch das Spannungsverhältnis der Generationen: von Vater und Sohn. Historisch-politisch brisante Episoden sind Gegenstand des Romans „Steppensöhne" (1954), in dem er zu friedvollem Umgang miteinander aufruft und kriegerische Auseinandersetzungen verurteilt. Sein Buch „Ich zog mit Hannibal" (1960) unternimmt es, die Verführbarkeit der Menschen zu gestalten und die Faszinationskraft eines Helden zu beschreiben.

Ein Blick auf die aktuellen Kataloge so angesehener Verlage wie Thienemann, Loewe, Urachhaus und dtv-junior zeigt, daß Hans Baumann zu den vielverlegten Autoren der Bundesrepublik Deutschland gehört. Zahlreiche seiner Bücher, insbesondere die in den fünfziger Jahren erschienenen geschichtlichen Abenteuererzählungen, wurden und werden viel beachtet. Darüber hinaus hat sich Baumann einen Namen als Übersetzer russischer Kinder- und Jugendbücher gemacht und Ansehen als Lyriker erworben. Seine Kindergedichte sind in Schulbüchern und Anthologien zu finden. Das Gedicht „Kinderhände" wird häufig abgedruckt:

„Ein Holländerkind, ein Negerkind, ein Chinesenkind
drückten beim Spiel die Hände in Lehm.
Nun gehe hin und sag, welche Hand ist von wem!"

Sein Gedicht beeindruckt durch die sprachliche Einfachheit, mit der ein komplexes und eben auch politisches Problem versinnbildlicht wird.

Daß H. Baumann wie kaum ein zweiter westdeutscher Jugendbuchautor sich in seinen Gedichten gegen den Rassismus wendet, daß er in seinen Romanen gegen Führerfiguren anerzählen will, heißen sie nun Hannibal, Kolumbus, Dschingis Khan oder Heinrich der Seefahrer, führt auf die Frage: Warum tut er das so nachdrücklich? Es gibt hierauf eine biographische Antwort. Baumann war als junger Mann dem „Führer" Adolf Hitler ergeben. Er hatte sich, darüber ließ er späterhin keinen Zweifel, mit seinen Liedern in den Dienst des

Nationalsozialismus gestellt. Seine Liedersammlungen aus den dreißiger Jahren „Feuer steh auf dieser Erde", „Horch auf, Kamerad" oder „Wir zünden das Feuer" lassen erkennen, daß die nationalsozialistische Ideologie mit ihrer Verherrlichung von Krieg, Eroberung, Unterdrückung und ihrer Feier von Blut und Boden oder ihrem Mutterkultus von ihm geteilt und propagiert wurde. Besonders bekannt wurden seine Lieder „Hohe Nacht der klaren Sterne" und „Es zittern die morschen Knochen", letzteres avancierte zum Hitlerjugend-Lied und forderte zu gewaltsamer Eroberung auf.

Diese Verstrickung, aus der Baumann sich schon während des Krieges zu befreien vermochte, hat ihn nie mehr losgelassen. Sie wurde ihm zum existentiellen Schreibanstoß. Seine Aufgabe als Schriftsteller sah er seit dem Beginn der fünfziger Jahre darin, vor Führern und Verführern zu warnen. Er bemühte sich, die sogenannten Helden und Heroen „von unten" zu betrachten, zu zeigen, welches Leid ihre Taten über die Menschen gebracht haben. Seine Anstrengungen, sich aus dem Schatten der Vergangenheit zu lösen, sich von dem Druck der eigenen Geschichte zu befreien, wurden von der Öffentlichkeit gleichwohl mißtrauisch verfolgt. Einige Kritiker (unter ihnen Marcel Reich-Ranicki) hielten ihm vor, daß auch in seinen neuen Romanen und Theaterstücken, etwa in „Im Zeichen der Fische", eine fortbestehende Abhängigkeit von der nationalsozialistischen Doktrin gegeben sei.

H. Baumann verkörperte in sich und in seinem Werk die Brüche und Umbrüche der deutschen Geschichte der vergangenen Jahrzehnte. Er hatte die Idee, gegen die undurchschauten Kontinuitäten anzuschreiben und ein neues humanes Ethos aufzurichten. Aber an manchen seiner Bücher läßt sich nachweisen, daß die Vergangenheit ihn einholte. Entgegen der bewußten Absicht, Helden und Führer zu destruieren, sie vom Sockel der Verehrung und Anbetung herunterzuholen, hat er wieder und wieder die Herrscher entschuldigt und stattdessen Dritte angeklagt – entsprechend dem bekannten und problematischen Muster: „Wenn das der Führer wüßte" –, so daß zuletzt die Herren und Herrscher entlastet scheinen.

H. Baumann hat sich in Geschichte(n) verstrickt und nach einer Lösung des Knotens gesucht. Dabei hat er den eigenen Anteil deutlich im Bewußtsein gehabt und nicht etwa verkleinert. Und wenn – aufs Ganze gesehen – sein aufklärendes Unterfangen als gescheitert zu werten ist, so hat er in seiner Fabel „Der Bär und seine Brüder" zu gestalten gewußt, daß es nicht darum gehen kann, von sich wegzudeuten, sondern auf sich selbst zurück. Das Bewußtsein der eigenen Schuld und die Beharrlichkeit, mit der Hans Baumann sich ihr gestellt hat, machen sein Werk und seine Person über ihr Scheitern hinaus dennoch wichtig und diskussionswürdig.

Baumann sah seine Romane nicht als „historische Sachbücher". Es sind alles Versuche, gestützt auf eigene Erfahrungen, sogenannte „große Gestalten der Geschichte" aus dem Dunstkreis der Bewunderung zu holen und kritische Distanz zu ihnen herzustellen. Ein Versuch in dieser Richtung ist „Flügel für Ikaros" (1978). Während die antike Sage nur vom Sturz des Ikaros berichtet, schreibt Baumann sein Leben auf. Er gestaltet eine Vater-Sohn-Beziehung, in der Dädalos – ein genialer homo faber –, der bedenkenlos in die Dienste der Mächtigen tritt, will, daß Ikaros ihm nacheifert. Das Fliegen wird für Ikaros zur Schicksalsfrage. Er muß weg vom Vater und von dessen verblendetem Ehrgeiz, um selbst zu leben. Sein Sturz ist, deutet Baumann an, ein Sturz in die Freiheit.

Außerdem hat Baumann ein umfassendes kinderlyrisches Werk geschaffen und zu einer Vielzahl von Bilderbüchern die Texte geschrieben, oftmals in Zusammenarbeit mit polnischen Künstlern.

Charakteristisch für die erste Phase des kinderliterarischen Schaffens von *Ursula Wölfel* (*1922) ist die traditionelle Indianergeschichte „Fliegender Stern" (1959). Darin sieht die Autorin sich als Chronistin des Geschehens während der Auseinandersetzung von Roten und Weißen. Kern dieser Erzählung ist die Reifung eines Indianerjungen, der auf die Versöhnung zwischen den Völkern hinarbeiten möchte. Einen elternlosen Jungen macht Wölfel zur Hauptfigur in „Der rote Rächer" (1959), einer Geschichte, die sich des Robinson-Motivs bedient und vom Ausreißen erzählt. Variationen dieser Problematik bringen auch Wölfels andere frühe Kindergeschichten „Feuerschuh und Windsandale" (1961) sowie „Joschis Garten" (1965).

Neue Akzente ihres kinderliterarischen Schaffens deuten sich in den „Siebenundzwanzig Suppengeschichten" (1968) und in ihren „Achtundzwanzig Lachgeschichten" (1969) an. Wölfel benutzt jetzt teilweise volkstümliche Erzählmodi – Prinzip der Reihung – und rekurriert auf die Fabeltradition. Mit leicht pädagogisierendem Ton – ohne das Vergnügen zu vergessen – unter Rückgriff auf die Nonsenstradition erzählt Wölfel „Die Geschichte von der Blumennase", in der sie übertriebene Wohlerzogenheit auf verdrehte Weise Ursache ungebührlichen Benehmens sein läßt. Ihre „Geschichte vom Schwein, das Rosa heißen wollte" berichtet, wie ein Borstenvieh am eigenen Leibe erfahren muß, wie bitter es sein kann, „sauber" zu sein. Maßlose Gier und die Sinnlosigkeit übermäßigen Reichtums verspottet die „Geschichte vom Hamster".

1962 hat Wölfel mit dem Roman „Mond, Mond, Mond" ein Buch vorgelegt, das vom Schicksal der Zigeuner unterm Nationalsozialismus berichtet.

Von weitreichendem Einfluß auf die westdeutsche Kinderliteratur war Wölfels Kurzgeschichtensammlung „Die grauen und die grünen Felder" (1970). Diese Kurzgeschichten gaben in beispielhafter Weise Anstöße zum kritischen Denken und ermunterten zu politischem Handeln und sozialem Engagement. Sie können als paradigmatisch für die realistische problemorientierte Kinderliteratur gelten, die nicht darauf verzichtet, Literatur zu sein. Eine andere Form der Umsetzung ihres sozialpolitischen Impetus' versuchte Wölfel in den „Sechzehn Warumgeschichten von den Menschen" (1971). Sie legt mit diesen Texten ein erzählendes Sachbuch vor, das inhaltlich „Die grauen und die grünen Felder" fortführt, und sich der conditio humana widmet.

Wölfels Geschichten beantworten die Kinderfragen nach dem Warum einer Sache oder eines Tuns. Sie beginnt jeweils mit einer fiktionalen Eingangsszene, die die Frage exponiert, um dann sacherklärend fortzufahren. Ihr Ziel ist es, Zusammenhänge durchschaubar zu machen. Sie wagt sich sowohl an die Entwicklungsgeschichte der Menschheit, als auch an das Problem des Alterns, der Rassen, der Sprachen, fragt nach Arm und Reich, Krieg und Frieden und nach der Aufgabe der Gesetze sowie nach Schule und Beruf.

Spielentwürfe und Spielideen liefert Wölfel mit „Du wärst der Pienek" (1973). Es sind Geschichten vom ‚Anderssein' und davon, wie schnell jemand zum Sündenbock gestempelt wird. Außenseiterschicksale und Kritik an vorurteilsvollem Denken stehen zentral in ihrem gesamten Werk. Charakteristisch für das „Pienek"-Buch ist, daß „in diesem Buch nichts ganz fertig ist". Die Entwürfe, denn um solche handelt es sich, müssen sämtlich noch ausgearbeitet und realisiert werden. Wölfel macht – im Brechtschen Sinne – ‚Vorschläge', damit aus ihren Geschichtenentwürfen Spiele werden können: Straßenspiele, Hofspiele, Familienspiele, Klassenspiele und vielleicht auch Theaterspiele. Die Autorin betont das Spielmoment und den Spaß am Nachahmen und Sichverkleiden: „Spielen, um auszuprobieren, wie es wäre, wenn man ein Anderer wäre – und vielleicht auch, um dadurch das Andere besser zu verstehen". Dieses das „Andere besser zu verstehen" und eben dadurch sich selbst ein Stück weit besser zu begreifen, ist der Kern des kinderliterarischen Werkes der Autorin.

Ihre episch breiten Romane „Jacob, der ein Kartoffelbergwerk träumte" (Anrich) und „Die Glückskarte" (Hoch) sowie zuletzt „Ein Haus für alle" (1991) haben es schwer. Das muß überraschen, weil die Autorin mit den drei zusammengehörigen Büchern ein geschichtliches Panorama entfaltet hat, das sich vom Vormärz bis zum Ende des Zweiten Weltkriegs erstreckt. Die Verknüpfung zwischen den einzelnen Geschichten wird nicht durch ähnliche oder gar verwandte Figuren geleistet, sondern durch die Perspektivierung, der Ursula Wölfel ihre Romane unterworfen hat. Es ist in jedem Fall ein sozialgeschichtlich aufgeklärter Blick, der ihre Texte leitet. Der geschichtliche Bogen reicht von den revolutionären Ideen des utopischen Sozialismus über die überbordende Gründerzeit bis zum als Befreiung geschilderten Ende des nationalsozialistischen Regimes.

Bei der Beschreibung läßt sich die Autorin nicht von geschichtsphilosophischem Pessimismus führen, dem alles nur zum Untergang geweiht ist, viel stärker interessiert sie sich für jene Personen und Geschehnisse, die dem Rad Geschichte in die Speichen greifen, um Unglück abzuwenden. Ihr historischer Roman „Ein Haus für alle" ist nicht ohne weiteres nur ein Jugendbuch, schon gar nicht ein Kinderbuch, obwohl die Autorin mit der Gestaltung von Roberts Schicksal, ein Kind in das Zentrum der Erzählung gestellt hat. Die Dramatik rührt daher, daß Ursula Wölfel uns miterleben läßt, unter welcher Gefahr der geistig behinderte Robert angesichts der Euthanasie zu leben gezwungen war. Die Autorin berichtet, wie er geschützt wurde und wie er überleben konnte.

Der Roman ist in drei große Abschnitte unterteilt. Der erste handelt von den Jahren zwischen der Jahrhundertwende und den Jahren vor der Inflation – er berichtet von jugendlichem Aufbruch und Kriegsbegeisterung –, der zweite stellt die Zeit zwischen der Wirtschaftskrise und den Novemberpogromen dar und der dritte handelt schließlich von den Kriegsjahren und der Befreiung

1945. Handlungstragende Figuren sind die beiden Geschwisterkinder Leo und Dana, die — mit den Ideen der Wandervogeljugend konfrontiert — es nicht mehr in ihrem abgelegenen ‚Hochtal' aushalten. Sie sehnen sich nach Ausbildung und Beruf, nach Freiheit und Selbstbestimmung. Aus der ihnen bald hinterwäldlerisch anmutenden Heimat auf einem Bergbauernhof gelangen sie ins Ruhrgebiet. Dort leben und arbeiten sie, heiraten und bekommen Kinder. Dana gerät in lebensbedrohliche Schwierigkeiten, weil ihr Ehemann — ein überzeugter Anhänger der NS-Rassenlehre — es nicht aushalten kann, daß sein jüngstes Kind, Robert, geistig behindert sein soll. Er sagt sich von der Familie und seinen Kindern los und überläßt Dana und vor allem Robert ihrem Schicksal. Es gelingt jedoch, unter Aufbietung aller Kräfte und mit tatkräftiger Unterstützung des Bruders Leo und seiner Frau Rieke, unter dramatischen Bedingungen, Robert immer wieder vor der tödlichen Gefahr in Sicherheit zu bringen.

Anschaulich erzählt Ursula Wölfel zudem, wie sehr die Behinderungen des Jungen dann wirklich zu einem Hindernis werden, wenn er gehindert wird, nach seinem eigenen Maß zu leben. Sie verschließt keineswegs die Augen vor den enormen Anstrengungen, die es für Roberts Umwelt bedeutet, immer für ihn da zu sein und zu ihm zu halten. Sie beschreibt die Verzichte, die seine beiden Geschwister auf sich nehmen, sie berichtet vom angstvollen Schwanken der Mutter zwischen dem Bedürfnis, eigene Wünsche erfüllt zu bekommen, und Rücksicht auf ihr Kind nehmen zu wollen.

Ursula Wölfel ist es auch mit diesem Buch gelungen, ein im bestem Sinne politisches Werk zu schreiben, dessen Titel „Ein Haus für alle" uns erinnert, wie weit wir noch von der Verwirklichung dieser Idee entfernt sind. Sie pflanzt zugleich den Mut ein, nicht darin nachzulassen, für diese Idee zu arbeiten.

Der Lyriker und Romancier *Peter Härtling* (*1933) hatte sich schon einen Namen gemacht, als er — für manche überraschend — begann, Geschichten und Erzählungen für Kinder zu schreiben. Der Titel seines ersten Kinderbuches lautete „... *und das ist die ganze Familie*" (1970). Es ist ein Text, in dem er unmittelbar und direkt, ohne schriftstellerische Kontrolle Kindersprache und kindliches Denken zum Ausdruck bringen wollte. Er bediente sich der Methode des bloßen Wiedergebens. Wichtig war ihm die spontane „kindliche" Äußerung, der „Kinderton". Das Vorhaben „vom Kinde aus", gleichsam in „Kindesmundart", zu schreiben, blieb aber in seinem kinderliterarischen Werk isoliert und einmalig.

Ehe Peter Härtling seinen Gegenstand und seinen Ton beim Schreiben für Kinder gefunden hat, war die Geschichtensammlung „*Zum laut und leise Lesen*" (1975) entstanden, in der er sprachlich wie inhaltlich eine erwachsene Perspektive aufs Kind eingenommen hatte. Bereits in dem zuvor publizierten neorealistischen Kinderbuch „*Das war der Hirbel*" (1973) hatte er sich auf andere Weise der *Wirklichkeit der Kinder* genähert. Die Wirklichkeit der Kinder sollte sein Hauptthema werden. Jetzt bildet er nicht mehr bloß ab, sondern versucht, Wirklichkeit zu erklären und über sie aufzuklären.

85

In der Erzählung „*Das war der Hirbel*" ist diese Wirklichkeit die Alltagswelt und das Erleben eines geistig behinderten Jungen. Härtling bemüht sich, „den Kindern zu sagen, wie es wirklich ist". Eindringlich stellt er dar, wie es einem Jungen im Heim ergehen kann, wie hilflos er ist, angewiesen, aggressiv und ausgeliefert. Hirbels Geschichte endet nicht „gut". Dadurch will Härtling die Situation dieses Jungen und aller Menschen in einer vergleichbaren Lage dem Vergessen entreißen. Er möchte erzählerisch bewußt machen, daß in der (Kinder)-Welt vieles nicht zum besten bestellt ist. In *Das war der Hirbel* stehen „die Anlässe zum Leid" am Beginn des Erzählens.

Mit dem erfolgreichen Kinderroman „*Oma*" (1975) leitet der Autor schließlich eine Reihe von „Familiengeschichten" ein. Damit löst er das Versprechen ein, das er in der Titelgebung seines Erstlings-Kinderbuchs „*... und das ist die ganze Familie*" gegeben hatte. Von jetzt an erzählt er in immer neuen Varianten von Kindern und ihren Eltern, Großeltern, Freunden und Verwandten. Auf „Oma" folgen *„Theo haut ab" (1977), „Alter John" (1981) und „Jakob hinter der blauen Tür"* (1983) sowie *„Krücke"* (1986), eine Erzählung aus der Nachkriegszeit, dann *„Fränze"* und zuletzt *„Mit Clara sind wir sechs"*.

Wie sensibel und aufmerksam der Kinderbuchautor P. Härtling reagiert, deutet *„Alter John"* an, worin er das Verhältnis zwischen den Generationen resignativer aufnimmt, denn der Großvater stirbt, als noch in *„Oma"*, wo er es optimistisch angegangen ist und voller Zuversicht. In dem Kinderroman *„Oma"* konnten sich die unterschiedlichen Protagonisten, Kalle und seine Großmutter, noch zusammenraufen. Das gelang, weil die alte Frau als „patent" erlebt wurde. Dagegen beharrte Härtling in *„Alter John"* auf der Schrulligkeit, dem Starrsinn und der Hinfälligkeit des alten Mannes.

Vor allem die mittlere, die Elterngeneration, d.h. seine eigene Generation, sieht Härtling nicht durchweg negativ, doch kritisch. Hart geht es mit ihr in der Ausreißergeschichte *„Theo haut ab"* ins Gericht.

Sein vieldiskutierter Kinderroman *„Krücke"* ist schließlich eine Geschichte aus den Jahren 1945/1946, vom Ende des Zweiten Weltkrieges und der nationalsozialistischen Herrschaft in Österreich und Deutschland. Mit diesem Text hat Härtling endlich verwirklicht, was er bereits 1969 anläßlich seiner damals aufsehenerregenden Rede zur Verleihung des Deutschen Jugendbuchpreises gefordert hatte: „Man soll den Kindern klar machen, was Erinnerung bedeutet." Aber sich mit der eigenen Geschichte auseinanderzusetzen und die Leser mit Geschichte zu konfrontieren, das hatte Härtling bis dahin nur in seinen Romanen für Erwachsene getan. Seine Kinderbücher spielten in der Gegenwart.

„Krücke", wurde geschrieben, leiste ein Doppeltes: Dieser Text sei Geschichtsbuch und Deutschstunde zugleich. Für bedeutsam wurde gehalten, daß der Autor gegen die Wolfsgesellschaft die Mahnung und Botschaft setze, daß der Mensch des Menschen Freund sein könne! Härtlings Weg zurück in die Geschichte hat aber in seinem Kinderroman Probleme mit sich gebracht. Ein Rezensent fragte etwa kritisch, ob Härtlings Text in psychologischer Hinsicht

wirklich überzeuge und ob sowohl die rasch entstehende Freundschaft zwischen Thomas, der jugendlichen Hauptfigur, und Krücke, seinem väterlichen Freund, als auch ihre ebenso plötzliche Trennung, und Thomas' Hinwendung zu seiner wiedergefundenen Mutter deutlich genug motiviert seien. Sollte Peter Härtling, der mehrfach bewußt „Geschichten gegen die Geschichte" verfaßt hat und noch schreibt, damit in einem Kinderbuch gescheitert sein?

Ich möchte auffordern, Härtlings Kinderbücher nicht von seinen übrigen Romanen abzutrennen. Es gibt zahlreiche Korrespondenzen zwischen den Texten, ja Fortsetzungen. So wie „Oma" als Fortschreibung und Variation des Romans „Eine Frau" zu betrachten wäre, korrespondiert „Alter John" mit „Nachgetragene Liebe".

Es wurde im Blick auf Peter Härtling festgestellt, daß der historische Hintergrund als Ausgangspunkt des Heute ihn mehr zu interessieren scheine als der Ist-Zustand, dem er sich allzuoft machtlos gegenübersehe. In seinen Kindergeschichten hat Peter Härtling im Unterschied dazu das Hier und Jetzt in einer Weise zum Thema, die (fast) alles auf Harmonie angelegt scheinen läßt und Konflikte als lösbar gestaltet und, wie in „Ben liebt Anna", die Figuren von einer übergroßen Liebe zueinander getragen sieht.

1989 erschien bei Beltz & Gelberg, dem Hausverlag des Autors, „Fränze", ein wiederum realistischer Kinderroman von Peter Härtling mit Illustrationen von Peter Knorr. Darin erzählt der Autor in 17 Schritten, was geschieht, wenn einer arbeitslos wird und wendet sich wieder der erzählerischen Gegenwartsanalyse zu. – Für die fast dreizehn Jahre alt Fränze tut sich einiges, seit ihr Vater ohne Arbeit ist. In der Schule läuft es schief, mit der Mutter gibt es Streit, der Umgang mit dem Vater wird schwieriger und der Umgang mit den Freunden komplizierter. Fränze steckt nicht auf. Sie will es allen zeigen. Zum Schluß muß sie erkennen, daß sich fast alles in ihrem Leben verändert hat, ohne daß sie auch nur eine Chance gehabt hätte, dagegen anzugehen. Traurig bemerkt sie, daß ihr Plan, den Vater der Familie zurückzugewinnen, zum Scheitern verurteilt war, weil dieser gar nicht mehr zurück kommen wollte.

Gekonnt hat Härtling die entscheidende Szene – die Begegnung Fränzes mit ihrem zeitweilig verschwundenen Vater – genau in die Mitte der Erzählung plaziert, als dramatischen Höhepunkt, auf den alles zusteuert. Bis am Ende der Erzählung, es folgt zwischendrin die Beschreibung von Fränzes Bemühungen, öffentlich auf das Unglück ihres Vaters und aller Arbeitslosen aufmerksam zu machen, offenbar wird, daß die Eltern nicht zusammenbleiben können. Der Vater wird ohne Frau und Tochter in eine andere Stadt gehen. – Härtlings Buch ist – ungeachtet seiner starken Problemorientierung – nicht noch eines der schon zahlreichen Bücher zur Arbeitslosigkeit, sondern eine eindrückliche Studie darüber, welche seelischen Folgen Arbeitslosigkeit haben kann, wie brutal sie auf das Familiengefüge einwirkt und unter welche Spannungen sie die Menschen setzt. Härtling hat seine Hauptfigur Fränze mit einer Gruppe von Menschen umgeben, dennoch bildet sie trotz Mutter, Vater,

Großvater, Nachbarn und Freunden den Mittelpunkt. Wichtig sind ihre Aktionen und Reaktionen, wichtig ist, was sie tut und was ihr angetan wird.

Peter Härtling gelingt es, durch seine Schilderung von Fränzes Schicksal die trockenen, unanschaulichen statistischen Angaben oder Schlagzeilen von der Art „Weniger als zwei Millionen Arbeitslose" oder „Mehr als drei Millionen Arbeitslose" anschaulich und nachvollziehbar werden zu lassen. Durch seinem Kinderroman stellt er klar, daß sich hinter diesen Daten Menschen verbergen, denen Leid widerfährt.

Trotz aller Schwierigkeiten finden die kindlichen Protagonisten in Peter Härtlings Erzählungen fast immer einen guten Erwachsenen, der ihnen „Halt gibt" und sie anleitet, wie in dem Buch *„Krücke". Damit ist zugleich die eigentümliche Differenz seiner Romane für Kinder und der für Erwachsene bezeichnet. In letzteren lädt der Autor den Kinderfiguren (und nicht nur ihnen) die volle Last des Lebens auf. Sie sind Abhängige, Gestoßene, Gefangene einer unheilen Welt: „Niemals werden die so Unterdrückten ihren Kindheitserfahrungen und ihrer subjektiven und kollektiven Geschichte entfliehen können."* Für Peter Härtling steckt in dieser unterschiedlichen Erzählhaltung ein Programm. *Aber keines, das etwa für eine Diminutiv-Kinderliteratur plädierte. Die Frage „Was heißt das schon: Für Kinder schreiben!" beantwortet er folgendermaßen: „Manche Dichter verstehen das falsch. Sie verstehen Euch falsch. Sie machen sich klein, fangen an zu lispeln, zu stottern, drücken sich in einer kindischen Sprache aus. Sie nehmen Euch nicht ernst."* Weil Peter Härtling Kinder ernst nehmen will, sind die Themen seiner Kinderbücher Spiel und Ernst, Leben und Tod, Zuhause und Krieg, Güte und Gemeinheit. *Die Herausforderung, der es sich als Kinderbuchautor ausgesetzt sieht, liegt für ihn darin, so zu denken, wie er sonst denkt: „Nur ein wenig genauer und ein wenig einfacher." Dann sollen den Geschichten für Kinder nach seiner Meinung keine formalen und inhaltlichen Grenzen gesetzt sein.*

Beispielhaft ist P. Härtling dies in seinem Kinderroman „Mit Clara sind wir sechs", der im Herbst 1991 erschienen ist, gelungen. Wieder ist es eine Familiengeschichte, wieder sind es kindliche und elterliche Ängste und Nöte, die er zum Erzählanlaß wählt. Wieder sind es Alltagsprobleme, für die er schreibend einen Lösungsversuch unternimmt. Konkreter Anlaß der Episoden, in dem ohnehin aufregungsreichen Leben der Familie Scheurer, ist die sich ankündigende Geburt eines weiteren, des vierten Kindes, d.h. von Clara. Der Anfang eines neuen Lebens ist auch der Anfang neuer Geschichten.

Überhaupt spielt die Vorstellung des Neubeginns, des Anfangs in der Härtlingschen kinderliterarischen Poetik eine herausragende Rolle. Er hat darüber in einem Vortrag *„Der Anspruch der Kinderliteratur"* ausführlich nachgedacht. Es heißt dort:

„Ich möchte hinweisen auf die unerhörte Erfahrung des Anfangs. Auf die wunderbare Sammlung von Anfängen, die den Menschen ausmacht und weitertreibt. Er abenteuert von Beginn zu Beginn, wechselt mitunter in atemberaubender Geschwindigkeit die Erfahrung von Erstmaligkeiten. Es ist noch blind, wenn es zum ersten Mal Kälte erfährt, Wärme, Haut. Und dann, und

88

dann: Eine wunderbare Kette von Anfängen. Die erste Freundschaft, das erste Wort, der erste Spaziergang, die erste Stadt, die erste Reise, zum ersten Mal ins Schwimmbad, zum ersten Mal auf dem Fahrrad, zum ersten Mal ..."

Schon vor acht Jahren hat Peter Härtling einen Text veröffentlicht, der nicht eigentlich Kinderliteratur ist, aber an (seine) Kinder adressiert war: *„Brief an meine Kinder"* (1986). Der Kernsatz dieses Briefes lautet: „Ich male schwarz um der Hoffnung willen". Diese Aussage steht quer zu seinen eher optimistischen Kinderromanen. Zentrum der Gedanken des Briefes ist der immer noch und weiterhin gefährdete Frieden. Von hier nimmt der Autor ein Gespräch mit seinen Kindern auf. Er versteht sich als Pazifist und verteidigt in dem Brief diese Einstellung gegen ihm widerfahrene persönliche Anfeindungen von dritter Seite. Ich würde an dieser Stelle gern ein „Zwar, aber ..." in bezug auf Härtlings literarische Helden in seinen erwachsenen Romanen einführen. Denn diese, das ist meine Behauptung, haben auf eine ebenso deutliche wie vergebliche Weise ihrer Welt, den Krieg erklärt; auch wenn Härtling das nie so nennt. Sie sind „Widerstandskämpfer", die die eingefahrenen Bahnen verlassen müssen, wenn sie überleben wollen. Ihr Protest ist jedoch einsam, isoliert, hat keine Massenbasis, ist keine Bewegung, und das scheint mir gut so.

Für mich liegt — im Kontrast dazu — in der optimistischen Grundhaltung seiner Kinderromane ein Hemmnis, wirklich schwarz zu malen, wie er es vorgibt. Vielmehr hat Peter Härtling, darin mit Erich Kästner verwandt, optimistisch-utopische Kinderbücher verfaßt, die der erwachsenen Welt eine überlegen scheinende Kinderwelt vorhalten. Peter Härtling hat noch gar nicht schwarz gemalt, und wenn ich recht sehe, hat das mit seiner fortbestehenden christlichen Grundüberzeugung zu tun.

Den meisten seiner Kinderbücher eignet auf den ersten Blick aufklärerische Helle, sie wirken zupackend und eingreifend. Aber, und das macht die Ambivalenz dieser Bücher aus — und bringt sie doch in die Nähe seiner anderen Romane —, schon in der Geschichte von Hirbel und auch in anderen zeigt sich eine „unbestimmte Flucht vor dem Leben". Jene Texte, in denen Härtling „Selbstdarsteller" ist, sind eher bedrängend. Er selbst möchte sowieso nicht mehr das Kind sein, das er einmal war, charakterisiert durch „Selbstverfangenheit" und Verhaftetsein in „Obsessionen". Der Untertitel seines „Zwettl"-Romans „Nachprüfung einer Erinnerung" könnte als Motto über beinahe allen seinen Büchern stehen. Härtlings Helden sind allesamt „geschlagene Helden", heißen sie nun Hirbel, Kalle, Theo, Ben, Jakob oder Thomas. Darin stimmen sie mit Härtlings „Hubert"-Roman überein. Das passivische Moment, voller Resignation — und gerade deshalb ein Leben gegen die Geschichte — kulminiert in dem Satz: „Ich kenne keine Poetik der Revolution, nur eine des Widerstands". Dieser skeptische Satz, zu einer Zeit gesellschaftlichen Umbruchs und Aufruhrs in der Bundesrepublik Deutschland geschrieben, gilt genauso für seine Kinderbücher. In sie ist die Erfahrung der fortexistierenden Unterdrückung in der Gegenwart eingegangen, ebenso wie die Erinnerung an die Gewalt der Vergangenheit. Härtling mißtraut einer „besseren Zukunft", weil er fürchtet, daß dieser Traum „immer wieder zu Leichenbergen weisen wird".

Die Hamburger Lehrerin *Kirsten Boie* (*1950) hat seit Mitte der 80er Jahre mit zahlreichen Büchern für Kinder auf sich aufmerksam gemacht. Mit den Titeln „Paule ist ein Glücksgriff", „Mit Jakob wurde alles anders" und „Opa trägt gern rosa Shorts" etablierte sie sich als Autorin realistischer Geschichten. Sie bewies mit diesen Büchern, daß es möglich ist, von Problemen (Adoption, Rollentausch in der Familie, Generationskonflikt) zu reden, ohne zu langweilen. Wesentlichen Anteil daran hat Boies enorme Sprachbewußtheit. Sie weiß genau, welche Rolle dem Humor zukommt, wie mit Bildsprache und Ironie umzugehen ist und wie komplex oder eben einfach eine Erzählung für Kinder aufgebaut sein darf. Bei dieser Autorin fasziniert nicht nur, was sie schreibt, sondern eben auch wie sie schreibt. Ihr Thema aber ist die Wirklichkeit der Kinder in einer hochtechnisierten Welt voller sozialer und privater Verwerfungen. Die Herausforderungen, die an ihre Protagonisten gestellt werden, bieten ihr den Erzählstoff. Sie flüchtet weder ins Idyllische, noch in Verniedlichung. Wenn sie von Juli, Sophie, Lena oder dem Meerschweinchen King Kong berichtet, wird einsehbar, daß K. Boie parteilich schreibt. Der Titel ihres Buches „Mit Kindern redet ja keiner" enthält im Kern ihren kritischen Ausgangspunkt. Sie erhebt ihre Stimme, damit andere nicht verstummen.

Ihre Reflexionen übers Schreiben geben sie dann als jemanden zu erkennen, die über ihr Handwerk Bescheid weiß, die ihre sprachlichen Mittel überlegt einsetzt und bei allem Wirklichkeitsbezug darauf abzielt, durch die Ausweitung der Sprachgrenzen zugleich die Lebenswelt der Kinder zu erweitern. Sprachexperimente hält sie für erforderlich, weil eine bloß reihende Sprachstruktur, die auf eine komplexe Syntax verzichtet, vielleicht dabei hindert, die Dinge um uns herum in ihrem Zusammenhang wahrzunehmen.

13. Märchen und Phantastische Erzählungen

Die Kinder- und Hausmärchen der Brüder Grimm

Unter Märchen können wir eine Gattung phantastisch-wunderbarer Erzählungen, besonders für Kinder, verstehen, bei der Naturgesetze wie historischsoziale Determinanten aufgehoben sind und irreale Gestalten und Wunder bestimmende Elemente der Handlung werden können (U. Bastian. 1977). Die Märchenforschung unterscheidet zwischen Volksmärchen (anonymer Herkunft) und Kunstmärchen, die in der Regel Werke einzelner Autoren sind (Hans Christian Andersen, Ludwig Bechstein, Wilhelm Hauff, Ernst Wiechert und Janosch, um nur diese zu nennen). Man kann auch zwischen Zauber-, Schwank-, Legenden-, Tier- und Novellenmärchen unterscheiden.

Der Schweizer Märchenforscher Max Lüthi (1975) hat mehrere Charakteristika des Märchens aufgezeigt: Er nennt seine ‚Eindimensionalität' (reale und phantastische Welt stehen wie selbstverständlich nebeneinander), seine ‚Flächenhaftigkeit' (das Fehlen jeglicher psychologischen Schilderung der Charaktere), ‚Isolation und Allverbundenheit' und seinen ‚abstrakten Stil'. Lüthis Auffassungen sind stark angeleitet von den schriftlich fixierten Märchen. Eine andere Auffassung kommt in den Forschungen der Volkskundler zur Austragung. Sie fahnden nach Zusammenhängen zwischen Märchenmotiven und altem Brauchtum, um so das Wesen des Märchens zu erfassen. Um eine wieder anders geartete Antwort bemüht sich die tiefenpsychologische Märchenforschung, zuletzt bekannt geworden durch Bruno Bettelheims Schrift „Kinder brauchen Märchen" (1977). Diese Richtung will hinter den Märchenmotiven verborgene psychische Konflikte aufspüren und hat zum Beispiel auf die Nähe des Dornröschenmotivs zur Reifungsproblematik heranwachsender Mädchen hingewiesen.

Eine ältere Richtung ist die entwicklungspsychologische Forschung insbesondere Charlotte Bühlers (1918), die eine Beziehung zwischen der Entwicklung kindlicher Phantasie und den Eigentümlichkeiten der Märchen festgestellt haben will.

Wie unterschiedlich das ‚Wesen' des Märchens und damit der Begriff Märchen verstanden werden, zeigt sich bei der Frage nach der sozialen Funktion dieser Gattung. André Jolles zum Beispiel nennt das Märchen eine „Seinsollensdichtung", umgekehrt behauptet Lüthi vom Märchen, daß es ein „Wesensbild der wirklichen Welt" abgebe. Verstärkt wurde zudem in neueren Untersuchungen auf das in manchen Märchen verborgene Moment der Sozialkritik hingewiesen, zum Beispiel in der Gestalt des ‚alten Soldaten'. Man meinte zu erkennen, daß in den Märchen vorrangig die Befriedigung des Gerechtigkeitsgefühls versucht werde.

Ersichtlich aber ist, daß das europäische Zaubermärchen, das vor allem als Kinderliteratur rezipiert wird, der ländlichen Unterschicht zugehörig war. In ihm spiegelt sich der Traum der unterdrückten Leibeigenen vom freien und glücklichen Leben wider. Dabei ist die aussichtslose soziale Lage dieses Teils der Bevölkerung parallel zu sehen zu der des hoffnungslosen Helden, der benachteiligt erscheint. Hilfe von außen, Gnade, Wunder, Zauberei führen zu einer glücklichen Lösung und der Veränderung der Lebensumstände. Die Schwankmärchen andererseits gelten als den Handwerksgesellen und Wanderburschen zugehörig, d.h. den städtischen Unterschichten! In ihnen sucht der Held Konflikte des Alltags aktiv, durch List und Klugheit oder — umgekehrt — durch Verstellung (Dummheit) zu meistern. — Vom Märchen gilt, daß in ihm der »Wunsch der Vater des Gedankens ist" ist.

Schon im frühen 19. Jahrhundert wurden die Märchen als Kinderliteratur eingeschätzt. Obwohl die Grimms Bedenken äußerten, die Märchen nur als Kinderlektüre anzusehen. Aber insbesondere Wilhelm Grimm kam der Aufforderung nach, die „wunderbaren Geschichten" verstärkt zu bearbeiten. Dabei wirkte er hier auf die Entschärfung der sexuellen Motive, Milderung sozialer Konflikte und stärkerer Propagierung bürgerlicher Werte. Entstanden ist ein stilistisch kunstvolles und ideologisch recht einheitliches Werk, das auf die bürgerliche Kinderstube zugeschnitten schien und für lange Zeit das Bild vom Märchen bestimmte.

In der Vorrede aus dem Jahre 1819 zu ihren Märchen haben sie dazu angemerkt: „Darum geht innerlich durch diese Dichtungen jene Reinheit, um derentwillen Kinder so wunderbar und selig erscheinen: Sie haben gleichsam dieselben blaulichweißen makellosen glänzenden Augen, die nicht mehr wachsen können, während die andern Glieder noch zart, schwach und zum Dienste der Erde ungeschickt sind. Das ist der Grund, warum wir durch unsere Sammlung nicht bloß der Geschichte der Poesie und Mythologie einen Dienst erweisen wollten, sondern es zugleich Absicht war, daß die Poesie selbst, die darin lebendig ist, wirke und erfreue, wen sie erfreuen kann, also auch, daß es als ein Erziehungsbuch diene. Wir suchen für ein solches nicht jene Reinheit, die durch ängstliches Ausscheiden dessen, was Bezug auf gewisse Zustände und Verhältnisse hat, wie sie täglich vorkommen und auf keine Weise verborgen bleiben können, erlangt wird und wobei man zugleich in der Täuschung ist, daß was in einem gedruckten Buche ausführbar, es auch im wirklichen Leben sei. Wir suchen die Reinheit in der Wahrheit einer geraden, nichts Unrechtes im Rückhalt bergenden Erzählung. Dabei haben wir jeden für das Kinderalter nicht passenden Ausdruck in dieser neuen Auflage sorgfältig gelöscht."

D. Richter und J. Merkel (1974) charakterisierten die Bearbeitungsversuche W. Grimms dahingehend, daß er die ursprünglich ‚subversiven Phantasien' der Volksmärchen in die Bahnen ‚kompensatorischer Phantasien' gelenkt habe.

Der schon seit der Aufklärung andauernde Streit über Schädlichkeit und Nützlichkeit der Märchen vollzog sich nicht nur in der konservativen Pädagogik, auch in der ideologiekritischen Richtung gibt es divergierende Auffassungen: Den einen sind die Märchen schlicht Diktate zur Arbeitsanweisung und zur Bravheit, die feudalistisch-partriarchalische Ordnungen reproduzieren, anderen haben die Märchen vor allem durch ihren Optimismus befreiende Wirkung auf Kinder. Christa Bürger (1971) zielte auf den verschütteten Sozialprotest, der sich in den Märchen verbirgt. Den „Ausdruck eines die sozialen Schranken sprengenden Freiheitsstrebens". Sie nennt das Märchen − hierin Ernst Bloch folgend − emanzipatorisch. Denn es setzt gegen den Schicksalsbann der Sage den utopischen Traum von Freiheit und Glück.

In seinem großen Werk „Prinzip Hoffnung" hatte E. Bloch in dem Kapitel „Bessere Luftschlösser im Märchen" die Wirkungsmächtigkeit der Märchen in folgender Weise benannt: „Nicht alle sind so sanft (wie Aschenputtel, d.V.), diese Güte nur abzuwarten. Sie ziehen aus, ihr Glück zu finden, klug gegen roh. Mut und List sind ihr Schild, ihr Spieß der Verstand. Denn Mut allein hülfe den Schwachen wenig gegen die dicken Herren, er würfe ihnen nicht den Turm zu Boden. List des Verstandes ist dem Schwachen sein menschlicher Teil. So phantastisch das Märchen ist, so ist es doch, in der Überwindung der Schwierigkeiten, immer klug. Auch reüssieren Mut und List im Märchen ganz anders als im Leben (...). Als der Bauer noch in Leibeigenschaft lag, eroberte so der arme Märchenjunge des Königs Tochter. Als die gebildete Christenheit vor Hexen und Teufeln zitterte, betrog der Märchensoldat Hexen und Teufel von Anfang bis Ende. (...) Gesucht und gespiegelt wird das goldene Zeitalter, wo bis ganz hinten ins Paradies hineinzusehen war. Aber das Märchen läßt sich von den heutigen Paradiesbesitzern nichts vormachen; so ist es aufsässig, gebranntes Kind und helle."

Die Phantastische Erzählung. Ihre Probleme.

Das Phantastische war in der schriftlichen wie der mündlichen Überlieferung der Literatur ein selbstverständliches Element. Wo man hinschaut: Bei Homer in der „Ilias" und der „Odyssee" gibt es Gestalten und Geschehnisse, die sich unserem Wirklichkeitsverständnis entziehen, die in diesen Geschichten zwar als außergewöhnlich, aber nicht als ungewöhnlich gelten: Götter, Halbgötter, Mensch-Tierwesen etc. treten auf. In dem indischen Epos „Mahabaratha" oder dem assyrischen Mythos von „Gilgamesch und Engidu" haben wir das nämliche Phänomen. Das Übernatürliche, Überwirkliche ist darin als ins Diesseits wirkend und diesseitig wirkend vorausgesetzt und als selbstverständlich genommen. Oder im „Nibelungenlied", auch dort Übernatürliches: Tarnkappe, Unverwundbarkeit, übermenschliche Kräfte, Zauberei.

Diese Einstellung dem Phantastischen gegenüber hängt damit zusammen, daß für die Erzähler wie die Zuhörer galt, daß es ein Jenseitiges, Nichtnatürliches, d.h. Göttliches, gibt. Etwas, das uns inkommensurabel, unfaßbar ist und das wir nur glaubend hinnehmen können. Die Übermacht der Natur, die noch nicht als von Gesetzen beherrscht erfahren wurde, wirkte ebenfalls auf phantastische Interpretationen hin. Bis weit ins 18. Jahrhundert hinein war das Phantastische normales Moment und Motiv von Literatur, das keiner Rechtfertigung bedurfte. Erst mit der Durchsetzung der Naturwissenschaft und naturwissenschaftlichen Denkens, vor allem der Mechanik, und der gleichzeitigen Infragestellung des Glaubens durch den Atheismus, waren Mittel bereitgestellt, über das Phantastische „aufzuklären". Obwohl man sich oftmals damit behalf zu sagen, wir wissen nicht genau, wie das zu erklären ist, aber wir wissen, *daß* es zu erklären ist. Damit beruhigte man sich und andere.

Die Haltung der Aufklärung, vor allem der Philantropen und ihrer Kinderliteratur, ging darauf, Phantastisches nicht mehr zuzulassen: Die überlieferten Geschichten wurden als Ammenmärchen und albern abgetan. Man setzte die sogenannten „Realien" dagegen, vor allem die Naturgeschichte, die über Pflanzen und ihre Organisation, über das Tierreich etc. unterrichtete. Alles schien in der Art des Botanikers Carl von Linné in Schemata zu gliedern zu sein. Dieses Sortieren ließ keinen Platz für Zauber und Verzauberung. Dürre Abstraktionen beanspruchten deren Raum.

Wenn es auch schien, als ob die Natur beherrschbar sei, so zeigte sich bald, daß die aufstrebende bürgerliche Gesellschaft nicht alle Bedürfnisse zu befriedigen vermochte und unerfüllbare Wünsche erzeugte. Und je durchsichtiger die Mechanismen der Natur wurden, desto undurchschaubarer wurden die Regeln des gesellschaftlichen Lebens, und die Individuen drohten in ihr oder an ihr zu scheitern. So entstand ein neuer Ort, von dem aus das Phantastische wieder seine Anziehungskraft entfalten konnte. Wenn das Geschehen im bürgerlichen Leben logisch nicht erklärbar war, so konnte es doch sein, daß vielleicht Formen der imaginären Erklärung sich als stichhaltig erweisen und erste Hypothesen abgeben, wie etwas zu verstehen sei.

Und tatsächlich, je rationalisierter die bürgerliche Gesellschaft sich gab, desto stärker wurde in der Alltagskultur das phantastische Element: Seit 1811/12 erschienen die KHM der Brüder Grimm, voller phantastischer Wesen und Handlungen, nicht reduzierbar auf mechanisches Geschehen. Ja, sie offenbarten die Grenzen der mechanischen Weltauffassung in besonderer Weise. Denn, waltete nicht zwischen den Dingen und Menschen eine geheimnisvolle Kraft, ein Verbindendes, das die Alchemie zu entdecken versuchte; ein sympathetisches Gefüge, das eins und anderes verknüpft, ohne daß wir angeben könnten, wie das geschieht. Die analysierende Haltung der Aufklärung wurde ersetzt durch den Versuch der Synthese, des Schaffens und Erschaffens.

Neben den Grimms wirkten E. T. A. Hoffmann, z.B. „Der Sandmann" oder „Nußknacker und Mausekönig", später Hans Christian Andersen, der es verstand, die alltäglichsten Dinge belebt sein zu lassen. Seither ist Phantastische Literatur ein genuines Element der Literatur, wenn auch immer wieder von den Sachwaltern des Realismus abgekanzelt und für überflüssig erklärt. Mitte des 19. Jahrhunderts kamen dann aus England Lewis Carrolls „Alice"-Geschichten auf den Markt, George MacDonald schrieb „Auf dem Rücken des Nordwinds". Das 20. Jahrhundert begann mit James M. Barries „Peter Pan", mit Gerdt von Bassewitz' „Peterchens Mondfahrt", in den 20er Jahren folgten A. A. Milne „Winnie the Pooh", in den frühen 30er Jahren Erich Kästner „Der 35. Mai oder Konrad reitet in die Südsee", zeitgleich wurden von Pamela Travers die „Mary-Poppins"-Bände herausgebracht und nach dem Krieg erschien von A. de Saint-Exupéry „Der kleine Prinz" und von J. R. R. Tolkien „Der kleine Hobbit" und „Der Herr der Ringe".

Die etablierteste Tradition phantastischen Erzählens war in Großbritannien entstanden. In Deutschland blieben trotz der Grimmschen Märchen die Anfeindungen gegen dieses Genre groß. Das hängt damit zusammen, das hier die Kinderliteratur traditionell mit der Pädagogik parallelisiert wird. Anders in England, dort war die Phantastische Literatur in erster Linie ein reizvolles literarisches Spiel mit dem Möglichen und Unmöglichen. In Deutschland wurde Phantastisches akzeptiert nur in der Fabel, in der Tiere sprechen, in den Märchen, die aber „bloß" Märchen waren und eine untergeordnete Gattung für Kinder und Dienstboten, oder in den Legenden, aber auch dieses Genre hatte keine literarische Relevanz mehr. Denn wer glaubt heute schon noch an Wunder.

Eine erste Änderung ergab sich 1949, als aus Schweden Astrid Lindgrens „Pippi Langstrumpf" importiert wurde.

Die deutschen Autoren, die sich daran machten in die Tradition der Lindgren einzutreten, waren in den 50er Jahren Otfried Preußler mit „Die kleine Hexe" und „Der kleine Wassermann" und James Krüss, der das Phantastische als Sprachlichphantastisches faßte, nicht als Moment der Wirklichkeit. Tonangebend in der Gegenwart sind Autoren wie Christine Nöstlinger mit „Die feuerrote Friederike", „Wir pfeifen auf den Gurkenkönig" oder „Hugo, das Kind in den besten Jahren", vor allem aber Michael Ende mit seinen Geschichten von „Jim Knopf", „Momo" und mit „Die unendliche Geschichte".

Unter den Texten, die zum phantastischen Genre gezählt werden, gibt es charakteristische formale Differenzen:

Tolkien läßt die Geschichten um Frodo und Bilbo ganz in einer fremden, von ihm erfundenen Welt spielen, mit zum Teil eigener Sprache und Grammatik, die nichts mit unserer Welt und Wirklichkeit zu tun haben soll. „Mittelerde" entspricht keinem irdischen Ort, es ist extramundan, ausgedacht, Phantasieprodukt.

Lindgren hingegen beginnt in „Mio, mein Mio" die Erzählung mit einer Suchmeldung; also mit etwas sehr Wirklichkeitshaltigem, etwas das das Hier und Jetzt meint und das sich als „Meldung aus dem Jenseits" erweist, um schließlich ihrem Helden Bosse in diese Anderswelt zu folgen. Wir haben hier einen realistisch gestimmten Beginn, der das Phantastische vorbereitet. Beide Welten sind aber strikt getrennt. Nur Einzelne können den Schritt in die andere Welt vollziehen.

Mit der Nichtunterscheidbarkeit der ‚Welten' spielte schon im 19. Jahrhundert E.T.A. Hoffmann. In seinen Geschichten ist der Bruch, der Riß zwischen Diesseits und Jenseits völlig zerfranst, das eine spielt ins andere hinein, so daß es keinen festen Boden mehr gibt. Nichts ist verläßlich in dieser Welt. Was wirklich war, erweist sich als imaginär, und das Unwirkliche zeigt sich als höchst real und wirksam. Hoffmann läßt seine Leser an den eingefahrenen Gewohnheiten irre werden. Seine Figuren drohen dem Wahnsinn zu verfallen, weil nichts mehr gilt. Bei Hoffmann war das Phantastische zwar noch eine intellektuelle Möglichkeit, aber schon auch eine seelische Belastung und Ausdruck der Gefährdung.

Phantastische Kinderliteratur — Autoren im Porträt

Es sind drei Autorinnen: Selma Lagerlöf, Astrid Lindgren und Tove Jansson, die zu Beginn unseres Jahrhunderts und dann seit den fünfziger Jahren wesentlich zur Etablierung der Phantastischen Erzählung als kinderliterarischer Gattung beigetragen haben.

Sie stehen für unterschiedliche Varianten des Genres. Lagerlöfs „Nils Holgersson" will in märchenhafter Form Sachkenntnisse vermitteln; das Phantastische ist darin Mittel zum Zweck. Lindgren erzeugt den Leseanreiz ihrer Geschichten aus dem Gegensatz einer diesseitig wirklichen Welt und einer jenseitig phantastischen sowie aus den Erlebnissen eines phantastischen Wesens – Pippi Langstrumpf – in einer geordneten Welt. Tove Jansson läßt ihre Troll-Märchen in einem ganz anderen Land spielen. Sie entwirft einen eigenen phantastischen Kosmos, der in sich geschlossen ist.

Selma Lagerlöf (1858 - 1940), Tochter eines Gutsbesitzers, erhielt 1909 – nach der Veröffentlichung ihres „Nils Holgersson" (1906/7, dt. 1907/08) – den Literaturnobelpreis.

Ebenso interessant wie die eigentlichen Abenteuer des Nils Holgersson ist die Geschichte der Entstehung dieses Buches. Die Lehrer Berg und Dalin traten an Lagerlöf mit der Aufforderung heran, ein Lesebuch für die schwedischen Volksschulen zu schaffen. Dieses neue Lesebuch sollte das seit 1869 im Gebrauch befindliche ablösen. Dalin bat die Volksschullehrer im Land, Material zu senden, das die Grundlage bilden sollte. Es gingen Aufsätze, Berichte und Beschreibungen von Naturereignissen, Landschaft, Arbeitswelt, Volksglaube und mehr ein. Lagerlöf traf daraus eine Auswahl. Zugleich unternahm sie eine ausgedehnte Reise durch Schweden, die sie bis an den Polarkreis führte.

„Nils Holgersson" ist ein phantastischer Reiseroman mit spannenden Abenteuern und der Absicht, Kindern Wissen über Land und Leute Schwedens zu vermitteln. Aber es ist auch ein Erziehungs- und Entwicklungsroman. Der Held wird in einen Däumling verwandelt, in seiner Probezeit ändert sich sein Charakter und aus einem tier- und menschenquälenden bösartigen Jungen wir ein ernster, gewissenhafter junger Mensch. Nils' Krise ist eine Pubertätskrise. Auf seiner Reise mit den Wildgänsen lernt er, sich einzuordnen und anderen zu fügen. Bei der Rückkehr ins Elternhaus ist er ein anderer Mensch.

Lagerlöfs „Nils Holgersson" hat vielfache Bezüge zum Märchen, z.B. im vertrauten Umgang mit den Tieren und ihrer Sprache, die der Däumling Nils spricht und versteht. Unterschieden vom Märchen ist Lagerlöfs Roman jedoch durch das Erstaunen, mit dem Nils realisiert, daß er die Tiersprache beherrscht. Unübersehbar bleibt auch, daß Lagerlöfs Ton pädagogisch moralisierend ist trotz der phantastischen Einkleidung. Manchmal sind Anklänge an religiös-erbauliche Schriften überdeutlich. Hans Magnus Enzensberger hebt hervor, daß Kinderliteratur Zweckliteratur und immer auch schon Ideologie sei, zumal sie häufig mit einer repressiven Moral einhergehe. Im „Nils Holgersson" komme es aber nicht soweit, meint er. Das ist vor allem durch den ‚sachlichen' Auftrag, der hinter dieser phantastischen Erzählung steht, bedingt. Im „Nils Holgersson" findet sich nicht die Idee der Anpassung an unbefragte Normen, sondern die Intention, den Lesern ein Stück Welt zu zeigen.

Astrid Lindgren (1907), Kind einer südschwedischen Bauernfamilie, schrieb 1944 für ihre Tochter „Pippi Langstrumpf" und gewann 1945 damit einen ersten Preis in einem literarischen Wettbewerb. 1958 wurde sie für ihr Gesamtwerk mit der Hans-Christian-Andersen-Medaille geehrt und 1978 mit dem ‚Friedenspreis des Deutschen Buchhandels'.

Langanhaltenden Erfolg erzielte Lindgren mit ihren „Pippi Landstrumpf"-Geschichten, die 1949 auf deutsch herauskamen. Das Erscheinen und der Erfolg dieser Phantastischen Erzählungen fielen zusammen mit dem langsamen Aufkom-

men der Idee einer freieren Erziehung nach dem zweiten Weltkrieg. Lindgren bemühte sich, strikt aus der Perspektive selbständig denkender und handelnder Kinder zu schreiben. Dabei moralisiert und heuchelt sie nicht. In den Geschichten um „Pippi Langstrumpf" ist ein anti-autoritärer Trend unverkennbar. Lindgren ermöglicht ihren Lesern, einen Teil ihrer Wunschträume in der Fiktion erfüllt zu sehen, d.h. einfach, oft nur zu verfolgen, wie Pippi es den Großen endlich einmal zeigt. Das respektlose, rebellische und freche Superkind Pippi steht den ‚normalen' Kindern bei einem derartigen Versuch zu Seite. Sie geht gegen die vordergründigen Ruhe- und Ordnungsparolen an. Ihre Phantasie trägt zum „Aufschneiden und Zerschneiden aller Beschränkungen und Grenzen" (L. Tetzner) bei. Interessant ist allerdings, daß sich die kindlichen Leser Lindgrens mehr mit Pippis Gespielen, Thomas und Annika, den Repräsentanten der Wohlanständigkeit, befreunden als mit der nonkonformistischen Pippi. Erst auf einem Umweg nehmen sie an ihren Abenteuern und Erlebnissen teil.

Lindgren schildert eine Welt, in der die Kinder- und Phantasiefiguren ein Leben ohne Erwachsene, die bevormunden wollen, leben können. Ihre Helden opponieren individuell gegen eine gutgemeinte, strenge Erziehung in konventionellen, oft religiösen Haushalten.

Pippi lebt in einer eigenen Welt: Niemand befiehlt ihr, alles muß sie selber tun und sie tut es gewissenhaft und selbständig. Man könnte vermuten, daß sie deshalb auf die Welt gekommen ist, um Else Urys „Nesthäkchen" und Emmy von Rhodens „Trotzkopf" die Meinung zu sagen. Lindgrens Phantastische Erzählung vermittelt, daß es darauf ankommt, sich gegen den sekundären Tugendkatalog zu wehren, der sich damit begnügt, Anstand, Ordnung und Zeiteinteilung oder Äußerlichkeiten zu predigen. Pippi Langstrumpf tritt ihren Kampf unter der Fahne der Freundschaft und Hilfsbereitschaft gegenüber Schwächeren und Benachteiligten an.

Die Bewertung des pädagogischen Effekts der Pippi-Bücher ist kontrovers. Wenn zutrifft, daß „Pippi Langstrumpf" den Lesern ermöglicht, aufgestaute und unbefriedigte Aggressionstriebe in harmloser, unschädlicher Weise abzureagieren, so fragt sich, ob dies nur eine Überkompensation von Ohnmachtsgefühlen ist oder bei den Lesern Kräfte freisetzt, sich erfolgreich mit ihrer nächsten und weiteren Umgebung, mit Eltern oder Freunden, auseinanderzusetzen. Klaus Doderer äußerte skeptisch, Lindgrens Bücher wirkten wohl eher stabilisierend als verändernd. Sie bieten eskapistische Auswege, die dazu beitragen könnten, Konfrontationen zu entgehen und eine Flucht in Phantasiewelten anzutreten. Malte Dahrendorf hingegen beurteilt die Rolle der Phantasie im Werk Lindgrens positiver. Er sieht in den dargestellten phantastischen Welten eine Antwort auf erfahrbare und erfahrene kindliche Nöte, die nicht einfach konsumierbar sei. Deshalb spricht er im Zusammenhang mit Lindgrens Werk von einer „Demonstration der Macht utopischer Phantasie". Lindgren kritisiert die versagungsreiche Realität durch den beständigen Hinweis auf die Wünsche und Möglichkeiten, die das Lustprinzip verspreche und produziere. Insgesamt wird das Werk Lindgrens durch den Gedanken einer ‚ausgleichenden Gerechtigkeit' zusammengehalten. Lindgren beschreibt zwar eine Welt abseits von aller Nützlichkeitsgebundenheit. Dennoch gibt es keine romantisierende Verfälschung der Wirklichkeit. Immer ist das Leben der Gegenwart mit seinen Ängsten, Nöten und Verirrungen Hintergrund ihrer Geschichten.

Lindgrens Bücher schlugen eine Bresche in den Moralismus, die Sentimentalität und Süßlichkeit weiter Bereiche herkömmlicher Kinderliteratur. Häufiges Thema ihrer neueren Bücher ist das Fehlen der Geborgenheit und die Anstrengungen, sie wieder herzustellen. Seit der Mitte der fünfziger Jahre sind ihre Figuren keine Überkinder mehr. Sie kennen die Sehnsucht nach dem Vater, den sie vermissen. Einige ihrer Bücher, die in der Großstadt spielen, haben alltägliche Probleme der Stadtkinder zum Gegenstand. Kinder treten auf, die allein und vereinsamt darauf warten, daß die Eltern von der Arbeit heimkommen, und sich in der Einsamkeit und Verlorenheit einen Spielgefährten wie Nils Karlsson ausdenken.

Bedrückend ist Lindgrens Schilderung des Lebens des kleinen Bo Vilhelm Olsson, genannt Bosse, den seine Adoptiveltern nicht lieben, in ihrem Märchenroman „Mio, mein Mio" (dt. 1955). Bosse träumt sich fort in das ‚Land der Ferne'. Dort — er ist der Sohn des Königs, seines wiedergefundenen Vaters — übernimmt er die Aufgabe, die Gefahr, die dem Lande durch den Ritter Kato droht, abzuwenden. Vielfach wurde in „Mio, mein Mio" ein Buch gesehen, das sich gegen tyrannischen Machtmißbrauch richtete. Der Ritter Kato ist das Gegenbild zu der nicht minder despotischen Pippi Langstrumpf, die allerdings ein Despot mit guten Absichten ist, und die sich am ‚wishful thinking' orientiert. Pippi zeigt, daß es möglich ist, über Macht zu verfügen, ohne sie zu mißbrauchen. Es ist der Konformismus des Wohlfahrtsstaates, der sie aufbegehren läßt.

Neuerdings wurde in den Vordergrund gehoben, daß die Figur Pippi Langstrumpf nicht plan und einsinnig sei, d.h. nicht nur kindliche Machtphantasmagorie oder Projektionsfläche, sondern in sich widersprüchlich konstruiert sei. Die Leser erleben einerseits ihre psychische Ich-Stärke und sie andererseits als befangen in ihrer Gebundenheit an ihre primären Liebesobjekte, vor allem den Vater. Deshalb können wir Pippi Langstrumpf sogar als eine Gestalt von „heimlicher Tragik" beschreiben, weil sie gewissermaßen „entwicklungsgehemmt" (vgl. H. H. Ewers) ist. Allerdings hat die Autorin das Nicht-erwachsen-werden-können ihres Superkindes in ein Nicht-erwachsen-werden-wollen umgedeutet.

Erregte Diskussionen entfachte 1972 der Märchenroman „Die Brüder Löwenherz", der von Elend, Krankheit und Tod handelt, aber in der Intention der Autorin ein ‚Trostbuch' sein soll, obwohl es ein ‚Totenmärchen für Kinder' genannt wurde. Die Interpretationen dieses Werkes schwanken zwischen der Abwehr der Verherrlichung eines zweifachen Kinderselbstmordes auf der einen Seite und der Betonung der Freude über das Glück der Gemeinsamkeit geschwisterlicher Liebe auf der anderen. Wiederum ist der Kampf gegen Tyrannei Zentralpunkt dieser mythisierenden Erzählung. In „Die Brüder Löwenherz" knüpft Lindgren an eine Tradition an, mit der sie in „Pippi Langstrumpf" gebrochen hatte, der sittlichen. Sie schlüpft in die Rolle der Moralistin. — Eine nochmalige Steigerung ihres Erzählens phantastischer Geschichten brachte ihr Roman „Ronja Räubertochter" (1982), eine Variante der Geschichte von Romeo und Julia.

Tove Jansson (*1914) erhielt 1953 die Nils-Holgersson-Plakette und 1966 die Hans-Christian-Andersen-Medaille. Die erste ihrer Geschichten um den Troll Mumin war schon 1939 entstanden. Mumin wurde dann die Hauptfigur ihrer märchenhaft-mythischen Geschichten. Von den Trollen nordischer Sagen und Märchen unterscheiden sich die Mumins grundlegend, da sie weder boshaft noch hinterhältig und niemandem feind sind. Die Muminfamilie ist vielmehr durch einen gewissen Grad an freundlicher Verwirrung, positive Einstellung zur Umwelt und eine auffallende Selbstzufriedenheit charakterisiert. Ihr Äußeres läßt sie tierähnlich erscheinen, sie sind winzig und sie schwimmen gern. Neben den Mitgliedern der Muminfamilie treten weitere Fabelwesen auf: Snorks, Hemuls, Morra, Schnüferl und Schnupferl sowie die Hatifnatten.

Die Mumins handeln, obwohl keine Menschen, nach menschlichen Motiven. Kennzeichnend für die märchenhaften Mumingeschichten ist das Ineinander von Fraglos-wunderbarem und moderner Realität mit ihrer nüchtern-sachlichen Gesetzmäßigkeit. Die alles übergreifende Regel des Muminlebens ist die Regellosigkeit, die das plötzliche Eingreifen übernatürlicher Dinge und Wesen nicht garantiert, aber doch wahrscheinlich macht. Wenn etwa Unvorhergesehenes geschieht, so kommt es doch gelegen. Aus dieser Übermächtigkeit unbeherrschbarer Naturgewalten erklärt sich die Gleichgültigkeit der Mumins Katastrophen gegenüber. Sie akzeptieren die Dinge und Ereignisse ohne Klage und nehmen das, was auf sie zukommt, an, ohne es beeinflussen oder ändern zu wollen. Ihre ganze Haltung verrät eine strikte Bindung an den gelebten Augenblick. Sie kennen weder Vergangenheit noch Zukunft, weder Erinnerung noch Voraussicht. Für sie zählt einzig das Hier und Jetzt. Der Welt wie sie ist, stehen sie mit einer optimistischen Grundhaltung gegenüber. Ihre objektive Ahnungslosigkeit ist ihr emotionaler Schutz.

Die Mumins empfinden ihr Leben trotz allem als schön und glücklich. Nur die Langeweile fürchten sie. Es geschieht jedoch immer etwas, das die drohende Routine unterbricht. So sehr ihnen die Technik auch Mühe macht, sie wissen ihren Wert zu schätzen, ohne sie die Oberhand gewinnen zu lassen. Werden die Schwierigkeiten, seien sie technischer Art oder unheimlichen Ursprungs, zu groß, werden sie durch befreiendes Lachen oder beruhigenden Schlaf überwunden.

Jansson sieht die Aufgabe der Mumingeschichten darin, die Leser zu unterhalten und ihnen zu helfen, sich in das Land ‚Irgendwo-Nirgendwo' fortzuträumen. Wichtig ist ihr, daß sie bewußt keinen Versuch macht, ihre Leser zu erziehen und auf ein bestimmtes Ziel auszurichten. Wenn Jannson allerdings das unheimliche Wesen Morra, in dessen Nähe alles Leben gefiert, zeichnet, so deutet sich in ihrem verspielt-skurrilen Werk eine pädagogische Schicht an. Prägnant stellt Jannson an diesem Wesen dar, wie eine einmal erfolgte soziale Stigmatisierung dazuführt, daß der Stigmatisierte, was immer er unternimmt, nur noch seine Isolierung verstärkt.

Jannson traut ihren Lesern einiges zu, wenn sie in ihrer Rede zur Verleihung des Andersen-Preises die aktive Rolle des Rezipienten ihrer Phantastischen

Geschichten betont: „In einem Kinderbuch sollte immer etwas unerklärt bleiben und ohne Illustration. Man muß dem Kind gestatten, allein weiterzudenken — oder weiterzufühlen, zwischen Möglichem und Unmöglichem. Es sollte einen Pfad geben, an dem der Autor respektvoll halt macht und den das Kind allein weitergeht. Denn der Erzähler ist trotz allem nichts als ein Eindringling, der aus seiner eigenen Welt geflohen ist. Sein ‚Sich-der-Dinge-bewußt-sein' setzt ihm Grenzen".

Das phantastische deutschsprachige Kindergedicht der Gegenwart ist von zwei Autoren bestimmt: James Krüss und

Josef Guggenmos (*1922). Guggenmos' lyrisches Schaffen, vor allem sein „Gugummer geht über den See" (1957), wurde als ‚Verwandlung der Einfalt' aufgefaßt. Darin finden sich Anklänge an Christian Morgenstern und die englische Nonsenstradition. Guggenmos gestaltet befremdliche Eingriffe von krasser Realität in eine magische Welt. Das trifft zu auch auf seine Fabeln, die er „verwunderlich-sonderbar-seltsame Geschichten" nennt, „Warum die Käuze große Augen haben" (1968) und charakterisiert seinen Gedichtband „Was denkt die Maus am Donnerstag" (1967). Dieses Buch wurde mit dem Deutschen Jugendbuchpreis ausgezeichnet.

Guggenmos' Lyrik mußte sich durchsetzen gegen Tendenzen, die das poetische Spiel mit der Sprache ablehnten zu Gunsten einer Gebrauchslyrik, die funktional gedacht war: rationale Denkprozesse sollten initiiert werden. Während das moderne Kindergedicht den Umgang mit der Sprache lehren will, geht Guggenmos mit der Sprache unmittelbar um. Er hält sich nicht beim ‚Wie etwas gemacht wird' auf. Guggenmos macht es.

Er favorisiert den spielerischen Aspekt der Sprache und sein Erfolg gibt ihm recht. Bisher sind mehr als zehn Bücher von ihm erschienen, die eine Gesamtauflage von mehr als 200 000 Exemplaren erreichten. Mehr als 100 000mal wurde „Was denkt die Maus am Donnerstag" verkauft. Sein „Kunterbuntes Kinderbuch" (1962) wurde immerhin auch über 42 000mal verkauft.

Einen besonderen Akzent setzte zu seinem 60. Geburtstag das „Große Guggenmos-Liederbuch" (1982). Durch die Vertonungen gewinnen seine Verse weiteres Gewicht, vor allem die, die von Tieren erzählen. Diese wirken als Lieder noch verspielter und vergnüglicher.

In ein neues Gebiet wagte sich Guggenmos in „Karneval der Harlekine" (1981). Wer Spaß an Joan Miros wunderbaren Figurinen finden kann, dem erhöht sich das künstlerische Vergnügen durch Guggenmos' phantastische Texte. Guggenmos erweitert die Bilder um neue Dimensionen. So bewegt die Gestalten Miros schon an sich sind, so vielgestaltig-wechselnd sind die Verse von Guggenmos. Der Sprachklang verlebendigt das unbewegte Bild und verstärkt dessen innere Dynamik. Figuren, die der Betrachter bisher verständnislos anschaute, werden zu erkennbaren und benennbaren Gestalten und gewinnen ein spezifisches Profil.

Befragt, wie er die Verbindung zwischen Gedichten und Kindern sehe, hat J. Guggenmos geantwortet: „Kunst ist immer ein Spiel mit vielen Bällen. So muß auch beim Kindergedicht manches auf besondere Art zusammentreffen. Es muß der Welt des Kindes zugeordnet sein. Doch das andere gilt nicht minder: Der Dichter schreibt das Gedicht für sich selbst." Darin sieht sich J. Guggenmos der Tradition des „Wandsbeker Boten" Matthias Claudius, der Sammlung „Des Knaben Wunderhorn" sowie der surrealen Sprachenphantasien von Christian Morgenstern und Joachim Ringelnatz zugehörig. Schon in seinem Nachwort zu „Was denkt die Maus am Donnerstag?" (1966) hat er ein und denselben literarischen Himmel für Kindergedichte wie für die Vagantenlieder oder für die Lieder des Barock und den Limmerick von der Dame, die auf dem Tiger ritt, reklamiert. Es verwundert nicht, wenn J. Guggenmos seine Leser an seiner Naturliebe teilhaben läßt und ihnen mit Nonsens die Sentimentalität austreibt.

Irina Korschunow (*1925) die in den vergangenen Jahren als Autorin für ältere Leser aufgetreten ist und Romane für Erwachsene geschrieben hat, ist dennoch als Autorin phantastischer Kindergeschichten von Interesse. Vor ihrem Jugendromanen wie z.B. „Die Sache mit Christoph" (1978) schrieb sie mit großem Erfolg ihre Erzählungen „Die Wawuschels mit den grünen Haaren" (1967). Es folgten bis 1972 vier Bände um diese Phantasiegeschöpfe. Zudem verfaßte Korschunow realistische Geschichten wie „Steffi und Muckel Schlappohr" (1980) und „Steffis roter Luftballon" (1978). Darin erzählt sie im Umkreis des Kindergartenbesuchs und des Schulanfangs von den Alltagsschwierigkeiten eines Kindes.

Eine eindringliche psychologische Studie gelang ihr mit „Hanno malt sich einen Drachen" (1978). Sie führt darin vor, wie ein kleiner dicklicher Junge sich ein nur ihm sichtbares Phantasiewesen ausdenkt. Erst als er sich psychisch und sozial stabilisiert, kann er sich wieder von seiner ‚Einbildung' lösen. Hier gibt Korschunow dem Phantastischen eine entscheidende Funktion im seelischen Entwicklungsprozeß des Lesers, dem mit der Figur des Hanno ein Identifikationsangebot gemacht wird, auf das er eigene Sorgen und Nöte projizieren kann.

Ebenfalls auf anschauliche Weise eine Selbstreflexion liefert das Bilderbuch „Ich weiß doch, daß ihr da seid" (1980), das von der Niederländerin Lidia Postma gemalt und von Korschunow getextet wurde. Diese Hexengeschichte gewinnt eine eigene Dimension dadurch, daß die in Korschunows Geschichte auftretenden phantastischen Wesen von der Illustratorin in ihren Bildern ‚realisiert', d.h. ins Bild gesetzt werden. Die Kunstfiguren der Phantasiewelt ‚erscheinen' wirklich auf den Bildern, werden ‚wirklich'. Das erstaunte „So etwas gibt es nicht" des kleinen Jacob wird durch diese Vermittlung aufgelöst. Man kann sich mehr ausdenken, als es in Wirklichkeit gibt und wirklich ist nicht nur das mit den Sinnen Wahrnehmbare.

Um angemaßte Macht geht es in Korschunows Phantastischer Erzählung „Wenn ein Unugunu kommt" (1975). Wieder ist es ein Kind — der Junge Eddi —, das mehr Courage zeigt als Vater oder Mutter und das ballonartige Unugunu in die Schranken verweist, um die Familie zu befreien. In ihrer Erzählung „Töktök und der blaue Riese" (1975) schildert Korschunow die Abenteuer eines blaugelb-gestreiften Elefanten, der in der Welt der gelben Elefanten zum Außenseiter wird.

Korschunows Geschichten sind verhalten optimistisch. Nur manchmal kommt es zum Konflikt zwischen dem Wunsch nach einer Lösung und der gar nicht so ‚schönen' neuen Welt.

James Krüss (*1926) begann auf Anregung Erich Kästners für Kinder zu schreiben. Sein erstes erfolgreiches Buch war „Der Leuchtturm auf den Hummerklippen" (1956). Krüss erhielt 1960 für „Mein Urgroßvater und ich" den Deutschen Jugendbuchpreis und 1968 für sein Gesamtwerk die Hans-Christian-Andersen-Medaille.

Seit Mitte der fünfziger Jahre veröffentlicht Krüss regelmäßig Kinderbücher, dazu kommen Gedichte, Schlagertexte, Hörspiele, Übersetzungen und Fernseharbeit. Obendrein hat sich Krüss als Theoretiker der Kinderliteratur versucht mit seiner Essay-Sammlung „Naivität und Kunstverstand" (1969). Krüss' Texte sind bestimmt durch einen eigenen freien Ton mit großer Lust am Ungewöhnlichen und Phantasievollen. Er hat die westdeutsche Kinderliteratur maßgeblich mitgeprägt. Seine Bücher „Die glücklichen Inseln hinter dem Winde" (1959) und „Timm Thaler oder das verkaufte Lachen" (1962) wurden entscheidend. In diese Texten bezieht Krüss ausdrücklich gesellschaftspolitische Aussagen ein, wenn er etwa den zerstörerischen Einfluß von Geld und Macht beschreibt oder in seinen Geschichten die Notwendigkeit solidarischen Verhaltens gegenüber den Mächtigen schildert. Diese inhaltliche Seite der Geschichten hat es jedoch schwer, gegen die Elemente des Spaßes, des Nonsens und des Phantastischen zu bestehen.

Krüss läßt keinen Zweifel daran, daß für ihn die „literarische Wirklichkeit" eine Realität sui generis ist, die ihre eigene Wahrheit hat: „Wenn eine Geschichte einen Sinn hat, dann ist sie wahr, selbst wenn sie nicht passiert ist". Dennoch gibt er zu, und er zeigt so die Grenzen der Literatur, daß der Reiz der auf den Kopf gestellten Welt darin liegt, daß sie de facto eben nicht auf dem Kopfe steht. Auf einer Tagung des deutschen PEN-Clubs 1979 hat er hervorgehoben, daß Literatur nicht mit Pädagogik verwechselt werden sollte, gerade weil dem scheinbaren Mangel der Kinder (an Sprache und Lebenserfahrung) zugleich ein Überfluß entspricht: „An Vorstellungskraft, Aufnahmefähigkeit und Kreativität". Dinge, die den Erwachsenen allzu häufig längst abhanden gekommen sind. Außerdem haben die Erwachsenen, bei dem Versuch sich in der Wirklichkeit einzurichten, vielfach die Wahrheit vergessen; die aber ist für Krüss das Rahmenthema jeglicher Literatur und auch der für Kinder.

In seiner „Vorläufigen Lebensgeschichte eines Geschichtenerzählers" schrieb Krüss 1965 über sich und seine Situation im Sommer 1945: „Meine Heimreise durch Deutschland in den dunkelsten und wildesten Tagen und in den Nächten der langen Messer war ein merkwürdiger Anachronismus: eine dreimonatige Taugenichts-Idylle, ein Lied an die Freude und ein Gesang an die Freiheit. Wohlgemerkt: es war bei mir kein Aufatmen nach Jahren geistiger und politischer Drangsal, jedenfalls nicht bewußt; denn ich hielt Herrn Hitler immer noch für einen guten Mann mit schlechten Dienern. Es war einfach der Genuß der absoluten persönlichen Freiheit: Freiheit von Besitz, von Glaubenssätzen, von Erziehern jeder Art und Schattierung, von Verantwortung, Rücksicht, Konvention und von Furcht und Mitleid. Ich war ein vollkommener, unendlich heiterer Nihilist."

In seinem Nihilismus traf er sich mit Erich Kästner, dem Autor des Romans „Fabian", und in der Heiterkeit mit jenem Aufklärer und Rationalisten, der noch an die Erziehung des Menschengeschlechts glaubte. Kästner veranlaßte diese Wahlverwandtschaft zu der Stellungnahme: „Krüss und mich trennt, kurz gesagt, eine Generation. Sonst aber, glaube ich, trennt uns wenig.". Das Geheimnis der literarischen Produktion von Krüss sah er in dessen Begabung, „ein lebenslängliches Kind" geblieben zu sein.

Krüss selbst hat, die eigenen Arbeiten analysierend, in der Aufsatzsammlung „Naivität und Kunstverstand" (1969) die Forderung erhoben, daß sich das Kindliche und das Literarische decken müßten. Seine Bücher zielen auf eine rechte Anschauung von sich selbst und eine von der Welt, um kraft der Phantasie die Welt zu verändern. Mit Abwehr reagiert er auf das Ansinnen, Kindern bloß das klar Gegliederte und scharf Umrissene zuzugestehen. Er möchte sie für solche Spiele gewinnen, deren Regeln erst noch zu finden sind. Gerade weil Kinder ‚Realisten' seien, bedürften sie – durch Literatur vermittelt – der „Sehnsucht nach Gestern" sowie des „Traums von morgen", das heißt, dessen, was war, und dessen, was sein könnte. Literatur werde dann zugleich rückwärts gerichtete Wiederholung der Erfahrung und vorwärtszielende Möglichkeit des Spielens mit den Elementen der Welt. Das Bedürfnis nach einem solchen Spiel folge aus dem existenten „Ungenügen an der Welt", so wie sie ist.

Krüss ist sich – die Grenzen der Literatur nicht verkennend – gleichwohl bewußt geblieben, daß der Reiz der „auf den Kopf gestellten Welt in der Gewißheit (liegt), daß die Welt de facto eben nicht auf dem Kopf steht". Wenn Krüss so die Veränderungskraft der Phantasie zu relativieren scheint, stellt er dennoch fest, daß nur eine Menschheit im Bewußtsein ihrer Möglichkeiten fortzubestehen vermag.

Die politischen Implikate seiner Bücher verstärken sich in dem Band „Mein Urgroßvater, die Helden und ich" (1967). Wieder lenkt Krüss seinen kritischen Blick auf die Moral des Verzichts, die Leugnung des Genusses und des Triebaufschubs um der höheren Leistung und des Profites willen. Er erkennt sie als Mittel politischer Unterdrückung und Unterwerfung und hält den Mut dagegen, „den Großen und Mächtigen der Welt die Maske vom Gesicht" zu reißen. Seine Helden-Vorstellung ist, „mitten im Gleichschritt ganz anders marschieren". Doch in seinem Roman „Timm Thaler oder die verkaufte Menschenliebe" (1979) muß er immer noch gegen die tödliche Allianz von „Gewinn und Fortschritt" anschreiben. Er verspottet darin die „Tage des Wohlstands" und die „reine Geldgesellschaft", der sich die Menschheit verschrieben habe. Nur der Glaube an die Möglichkeiten der Künste, das Humanum zu retten, läßt ihn weitermachen.

In seinem theoretischen Bekenntnis „Naivität und Kunstverstand" hat Krüss Phantasie als „Spieltrieb des Geistes" definiert. Darin findet sich ein „Plädoyer für das Chaos", das er als Ort noch unentwickelter Möglichkeiten und der uneingelösten Versprechen sieht: „Ich liebte, kurzum, unordentliche Kammern, deren Wirrnis meinen Geist zu einer Ordnung höherer Art hinaufstilisieren mußte. Ich hatte Spiele gern, deren Regeln ich erst zu erfinden hatte. Ich mochte Bücher, durch deren krause Vielfalt ich mir selber Wege bahnen mußte. Heute bietet man Kindern das klar Gegliederte, Übersichtliche, scharf Umrissene, ja das nackt Geometrische an und hat dabei eine Phalanx von Pädagogen, Psychologen, Seelsorgern und Formgebern hinter sich." Krüss hält dagegen mit dem Satz des Pariser Mai 1968: „Seien wir Realisten, fordern wir das Unmögliche."

Paul Maar (*1937) hat sich inzwischen als Autor Phantastischer Erzählungen für Kinder einen Namen gemacht und mit seinen Theaterstücken durchgesetzt. 1968 trat Maars „Der tätowierte Hund" ins Rampenlicht der Kinderliteraturszene. Seitdem sind Maars Protagonisten nicht mehr zu übersehen. Maar steht mit seinen Büchern in der Tradition der Lügengeschichten, des Nonsens und des Surrealismus. Er versteht es, das Merkwürdige im Alltäglichen aufscheinen zu lassen. Der Ton seiner Geschichten ist eher optimistisch. Eine Spielwelt schuf Maar in seinem Hausbuch „Onkel Florians fliegender Flohmarkt". Daß Maar auch die realistische Schreibweise beherrscht, belegt sein Jugendbuch „Andere Kinder wohnen auch bei ihren Eltern" (1976), die Geschichte eines Jungen, der bei den Großeltern aufwuchs und plötzlich von seinen leiblichen Eltern nach Hause geholt wird.

Besonderen Erfolg hatten Maars „Sams-Geschichten": „Eine Woche voller Samstage" und „Am Samstag kam das Sams zurück" (1980), zwei Phantastische Erzählungen um ein Fabelwesen: das Sams, das zu allerlei Späßen aufgelegt ist und zu Episoden voller Komik beiträgt. Die „Sams-Geschichten" sind Erzählungen vom Wünschen und davon, daß ein ‚wahrer' Wunsch nicht auf Sachen zielt, sondern auf das Zusammensein mit geliebten Menschen.

War in den Geschichten vom Sams kein Kind, sondern ein kindliches Wesen Hauptfigur, so hat Maar mit seinen realistischen Kindergeschichten „Anne will ein Zwilling werden" (1982) Kindergeschichten im wahrsten Sinne des Wortes erfunden: Geschichten für, über und von Kindern. Er hat die kindliche Perspektive streng durchgehalten, ohne aber je kindisch zu werden. Humor, Vergnügen und Witz, Kennzeichen aller seiner Bücher, kommen hier erneut zur Geltung. Besonders gelungen ist die „Neugebauer"-Geschichte, die in anschaulicher Weise das Kinder bedrängende Problem von Groß und Klein abhandelt.

Maar ist nicht nur Illustrator und Autor erzählender Bücher. Von ihm stammen einige erfolgreiche Phantastische Kindertheaterstücke: „König in der Kiste" (1968), „Kikerikiste" (1973), „Maschi-Maschine" (1978) und andere. Sein Märchenspiel „König in der Kiste" ist eines vom „Spielverbot" und davon, wie man ein solches Verbot verhindert. Clownsmotive durchziehen sein zweites Stück, das von Freundschaft erzählt, die nicht einfach da ist, sondern die ein Vermögen ist, das gelernt werden will und sich entwickeln muß, aber gefährdet bleibt. Das Theaterspielen selbst thematisiert Maar – als Theater auf dem

Theater – in seinem „Maschi-Maschine". Ein neues Publikum spricht Maar mit dem Stück das „Spielhaus" an, das auf die langsamere, aber vielleicht desto aufmerksamere Wahrnehmungsweise behinderter Kinder zugeschnitten ist.

Wie kaum ein anderer zeitgenössischer Autor hat Paul Maar in den vergangenen Jahren demonstriert, daß er realistisch und phantastisch schreiben kann. Ihm ist sowohl die Märchen- und Fabeltradition gegenwärtig, als auch die wirklichkeitsgebundene Literatur. Gleichwohl hat er zuletzt verraten, daß es der Phantast Jorge Luis Borges war, der sein Schreiben maßgeblich bestimmt hat. Diesem Vorbild eifert er insofern nach, als er auch in seinen Kindergeschichten – ganz postmodern – mit versteckten Zitaten und Anspielungen umgeht. Auf diesem Weg sind etwa literarische Vorgänger wie der Engländer Laurence Stern oder Thomas Mann in seinen Erzählungen verborgen. Und wer hätte gewagt zu unterstellen, daß bei „Lippels Traum" (1984) eine Bemerkung Friedrich Nietzsches über das Träumen Auslöser für diese Geschichte war.

Paul Maar ist ein bewußter Autor, der sich der literarischen Tradition verpflichtet sieht und der dennoch das Spielerische nicht vergessen hat. Für dieses Spiel scheinen ihm die große Literatur genauso geeignet wie die Massenkultur von den Comics bis zu King Kong. Dabei vergißt er das Erzählen nicht. Vielmehr liegt gerade hier das Geheimnis seiner Geschichten verborgen. Es wurde bemerkt, daß zu den besonderen Zügen von Paul Maars Geschichten ihre Flächigkeit, ja manchmal Holzschnitthaftigkeit gehört. Der Autor wagt keinen direkten Blick in das Innenleben seiner Helden. Stattdessen berichtet er uns, was er gehört und gesehen hat. Wir schauen von außen auf die Personen und lernen so ihr Handeln und Verhalten kennen. Paul meidet – wie viele Erzähler – das Psychologisieren und Motivieren. Er hält seine Geschichten von Erklärungen frei und macht sie so merkwürdig. Dies haben sie mit dem Volksmärchen gemein, das ebenfalls veräußerlicht und dadurch archaisiert. Die Geschichten wirken dadurch rätselhaft anziehend.

Otfried Preußler (*1923) wurde zweimal, 1963 und 1972, mit dem Deutschen Jugendbuchpreis ausgezeichnet für die Nacherzählung von Ladas „Kater Mikesch" und für „Krabat" (1971). Preußlers Werk für Kinder begann mit den Phantastischen Erzählungen „Der kleine Wassermann" (1956) und „Die kleine Hexe" (1957). Einen außergewöhnlichen Erfolg errangen seine Geschichten vom „Räuber Hotzenplotz" (1963). Diese Erzählungen aus der Tradition der Kasperlgeschichten stammend, beinhalten Situationskomik und geben sich zugleich parodistisch in bezug aufs eigene Genre.

Preußlers Märchenfiguren Wassermann, Hexe und Räuber sind keine Helden im traditionellen Verständnis. Sie sind entmythisierte Geschöpfe, die denselben Bedingungen wie kleine Kinder unterworfen sind. Zugleich ist für Preußler charakteristisch, daß er die Kinder zumeist den Erwachsenen um eine Nasenlänge voraus sein läßt. Zuletzt schuf Preußler die Figur des „Hörbe mit dem Hut", eine Erzählung, die nicht die Eigentümlichkeit seiner älteren Phantastischen Geschichten erreicht. Davor war für erwachsene Leser „Die Flucht nach Ägypten" (1978) erschienen.

Für das Schaffen Preußlers als Ganzes bedeutete aber zuvor seine Wiedergabe der sorbischen Krabat-Sage einen Wendepunkt. In „Krabat", schrieb Horst Künnemann, verweben sich Mythos und Poesie, menschliches Leben und Bestehen intensiver als in seinen eher vordergründig inszenierten Kindergeschichten. Zugleich wurde dieses Buch Anlaß dafür, an dem Ruhm, den Preußler als Autor erworben hatte, Anstoß zu nehmen. „Krabat" kam in einer Zeit auf den Markt, in der die allgemeine Tendenz der Kinderliteratur auf ausdrückliche Politisierung und sozial-realistische Abbildlichkeit Wert legte. Da fielen Bücher wie die Preußlers aus der Reihe und wurden mit dem Etikett „etabliert" und „traditionell" versehen. Preußlers Werk konnte sich jedoch – auf Grund seiner immanenten Qualität – behaupten.

O. Preußler hat sein literarisches Bekenntnis in dem Text „Der Schriftsteller und das Kind" vorgetragen: „Für Kinder zu schreiben, bedeutet für mich, (...) die Ausübung des schriftstellerischen Berufes unter erschwerten Bedingungen. Unter erschwerten Bedingungen insofern, als ich mich (...) einer Reihe von Auflagen unterwerfe, denen ich als Schriftsteller normalerweise nicht unterworfen wäre. Es geht damit los, daß der Kinderbuchautor gezwungen ist, anschaulich und verständlich zu schreiben; er darf sich nur eines begrenzten Vokabulars bedienen, allerdings tunlichst so, daß es niemand merkt; seine Diktion muß einfach sein, sie muß überschaubar bleiben, dem Verständnis eines sechs- beziehungsweise neunjährigen Kindes angemessen, jedoch ohne den Eindruck der Kurzatmigkeit, der Versimpelung zu erwecken. Dies alles, und manches andere, habe ich zu beachten, wenn ich für Kinder schreibe – wobei ich auf keinen Fall der Gefahr unterliegen darf, kindisch zu werden, mich über Gebühr bei den Kindern anzubiedern, mich absichtlich klein zu machen, literarisch gewissermaßen vor meinem Publikum in die Knie zu gehen."

V. Das Jugendbuch

14. Was ist ein Jugendbuch?

In großen Teilen steht die Definition von Jugendliteratur in Übereinstimmung mit der von Kinderliteratur. Auch hier ist zu unterscheiden zwischen spezifischer Jugendliteratur und der Jugendlektüre, d.h. dem, was die Jugendlichen über das besondere Angebot für sie hinaus noch lesen. Im deutschen Sprachraum existiert das Problem, daß wir gewöhnlich von Kinder- *und* Jugendliteratur reden, während die Engländer „children's literature" kennen und die Franzosen ebenfalls nur eine „littérature enfantine", also Kinderliteratur. Sie decken mit diesen Termini ab, was die junge Generation liest, ehe sie Erwachsenenliteratur annimmt.

Jugendliteratur und Jugendlektüre sind jene Texte, die für junge Menschen bestimmt sind, die nicht mehr Kinderliteratur, aber noch nicht ausgesprochene Erwachsenenliteratur lesen wollen. Jugendliteratur hat Bindefunktion: Es ist Übergangsliteratur, Schwellenliteratur. Die angesprochene Altersstufe ist die der 11/12jährigen bis etwa zu den 15/16jährigen Jugendlichen. Anzumerken ist, daß die Jugend als mögliche Adressatengruppe einer besonderen für sie hergestellten Literatur erst im späten 19. und frühen 20. Jahrhundert ins Bewußtsein trat.

Zur Jugendliteratur zählen vorwiegend solche erzählerischen, dramatischen und lyrischen Texte, die das Vorstellungs- und Empfindungsvermögen junger Menschen zum Ausdruck bringen. Ihr gegenwärtig bedeutsamster Teil ist die sogenannte „Jeansprosa" (K. Doderer, 1982) oder Adoleszenzliteratur. Diese Werke schildern in der Regel den Ausstieg der Zentralfigur aus der etablierten Gesellschaft, die Suche nach einer menschlicheren Umwelt und einem natürlich-spontanen Leben. Der Beginn der Jeans-Prosa wird mit dem Erscheinen von J.D. Salingers „Der Fänger im Roggen" (1951) in Verbindung gebracht. Die Anti-Helden der Jugendliteratur wollen sich von Fremdbestimmung befreien und lehnen deshalb die Leistungsorientierung der westlichen Massengesellschaft ab. Dabei orientieren sie sich oftmals an „Outcasts" und Sonderlingen. Sie stehen in deutlicher Opposition zur Elterngeneration. Vielfach liegt den Erzählungen ein dichotomisches Weltbild zu Grunde: Hier die funktionierende „erwachsene" Arbeits- und Geschäftswelt, dort das zwanglose „jugendliche" Leben mit Gleichgesinnten in der Natur. Verweigerung, Flucht und Anklage sind Kernstücke der älteren und der zeitgenössischen Jugendliteratur, die sich darin den gegenkulturellen Strömungen verwandt zeigt.

Die Geschichte dieser bis heute zivilisationskritischen Literatur läßt sich zurückverfolgen bis zu Goethes „Werthers Leiden" und zu Karl Philipp Moritz' psychologischem Roman „Anton Reiser", die beide im 18. Jahrhundert erstmals veröffentlicht wurden. Um die Wende vom 19. zum 20. Jahrhundert gab es eine neue Blütezeit dieses Genres mit den Schülerromanen von Robert Musil „Verwirrungen des Zöglings Törleß" und Herman Hesse „Unterm Rad". Wenig später folgten die sogenannte „Söhne"-Literatur des Expressionismus und die Jahrgangsromane, z.B. von Ernst Glaeser „Jahrgang 1902". Ein ganz spätes Exempel dieser Art Geschichten ist noch J.P. Sartres „Kindheit eines Chefs". In den siebziger Jahren unseres Jahrhunderts bringt dann die „neue Subjektivität" nochmals eine Reihe von kritischen Adoleszenzromanen hervor, die Autoren waren Hans-J. Ortheil, Elisabeth Plessen und Peter Schneider.

Es fällt auf, daß sich die Pädagogik von jeher schwer mit der Adoleszenzkrise tat. Ihr sollte meist erzieherisch vorgebeugt werden. Es ist darum kein Zufall, daß die „offizielle" Jugendliteratur häufig eine Art Anti-Werther-Literatur war. Wenn die Jugendbewegung des frühen 20. Jahrhunderts H. Hesses „Demian" zu „ihrem" Roman erhob, dann ist dies als Kritik der professionellen Pädagogik zu verstehen, die sich mit den psychologisierenden Erzählungen nicht abfinden mochte. Sie galten ihr als zutiefst „unmännlich", weil sie dem damals gängigen Männlichkeitsideal widersprachen.

Gegenwärtig fällt auf, daß seit der Ablösung des konventionellen Backfischbuches durch die emanzipatorische Mädchenliteratur auch ein „weiblicher" Adoleszenzroman möglich wurde. Sein Ziel ist ebenfalls der Bruch mit der Tradition, beispielsweise in der Entscheidung gegen die (eheliche) Bindung für das Recht auf Aus- und Weiterbildung der jungen Frauen; wie es in zahlreichen Büchern von Dagmar Chidolue und Christine Nöstlinger exemplarisch vorgeführt worden ist. Zugleich stellt sich die Frage ein: Was ist der Preis und was der Gewinn dafür, daß sich im weiblichen Adoleszenzroman die Erzählmuster des Genres bewähren? Wie geht er mit der zur Schau getragenen Schnoddrigkeit um, mit dem Gegensatz zwischen Großmäuligkeit und zarter Seele, dem Exhibitionismus und dem für den männlichen Adoleszenten typischen Grandiositätsgefühl? Es scheint manchmal, als entspräche diesen Eigenschaften zum Beispiel in den Büchern D. Chidolues die Depressivität ihrer Heldinnen als Preis der Freiheit. Auf jeden Fall tragen die Adoleszenzromane mit jungen Frauen als Protagonisten bei zur Gestaltung „existentieller Erschütterung".

Ganz gleich ob weiblicher oder männlicher Held, der zeitgenössische Adoleszenzroman enthält immer Elemente der Desillusionierung, er malt „schwarz" und unternimmt eine Gratwanderung zwischen pessimistischer Weltsicht einerseits und überwenglicher Selbstbezogenheit andererseits.

Noch in den jüngsten Beispielen wie Cordt Berneburgers „Wasserfarben" (1991), Dieter Schuberts „Hasen und Jäger" (1990) oder Peter Pohls Büchern „Jan, mein Freund" (1989) und „Nennen wir ihn Anna" (1991) verbinden sich ein geheimer Rousseauismus, die Romantisierung der verlorenen Kindheit, die Feier der kindlichen Natur mit scharfer Kritik der verlogenen Welt der Eltern wie schon früher in Salingers „Der Fänger im Roggen".

15. „Fremde Kinder" — Zwei moderne Klassiker

Gesellschaftliche Wirklichkeit im Werk Christine Nöstlingers

Die Kritikerin Ute Blaich spricht in ihrem Aufsatz „Nächtliche Begegnung der dritten Art" (1984, S. 202) — in dem sie ein ‚Treffen' zwischen Hans Christian Andersen und Christine Nöstlinger arrangiert hat — von dem Andersenschen Sujet „unverdiente Kränkung". Dieses Sujet hat auch auf Nöstlinger motivierend gewirkt, angefangen bei ihrem Erstlingswerk „Die feuerrote Friederike" (1970), in „Wir pfeifen auf den Gurkenkönig" (1972), bis zu ihrem Mädchenbuch „Ilse Janda, 14" (1976) sowie ihren anderen Texten. Wobei Chr. Nöstlinger die Kränkung nicht nur als Erfahrung der Kinder begreiflich macht, sondern auch an ihren erwachsenen Mitspielern: Väter und Mütter, Stiefväter und Stiefmütter. Sie erfaßt in der Kränkung ein soziales Syndrom, das zur Herrschaftsstabilisierung beiträgt. Um selbst der Kränkung zu entgehen, was aber nicht möglich scheint, kränke ich andere, beschneide ich ihre Lebenswelt. Das seelische Defizit, das daraus folgt, wird — allerdings nur scheinbar — aufgewogen durch einen zeitlichen Machtzuwachs. Auf diesem Hintergrund sind Humor, Phantasie und Sozialkritik, zentrale Elemente der Bücher der Nöstlinger, nichts Vorfindliches, nicht einfach existent, sondern erst herzustellen; die Fähigkeit zur Kritik zum Beispiel muß eingeübt werden. Es sind im Grunde Mangel-Begriffe. Überfluß herrscht an Kränkungen quer durch die Generationen und quer durch die Klassen.

Bereits in „Die feuerrote Friederike" war es ein Mangelzustand, der die Autorin leitete, ihre Geschichte zu entwerfen: Das Phänomen der Diskriminierung Andersartiger, in diesem Fall eines kleinen rothaarigen Mädchens. Erkennbar sind in dieser Erzählung Beziehungen zum Kunstmärchen der Romantik, vor allem zu E.T.A. Hoffmanns „Das fremde Kind", dann zu den traditionellen Volksmärchen durch die sogenannte Tierhelfergestalt, die ‚Katerkatze', aber auch in der Reise durch Raum und Zeit zur Science Fiction. Chr. Nöstlinger (1975) gibt selbst zu bedenken, daß Friederikes Geschichte bei allem gesellschaftlichen Gehalt mit einem „Es war einmal" beginnt: „Es ist ein Märchen und endet wie ein Märchen. Eskapismus sehe ich anders. Eskapismus wäre für mich in der Geschichte, wenn der Anführer und die Steineschleuderer zu braven, humanen Kindern gewandelt, am Schluß der Friederike ihre Zuneigung darbringen (...), kleine Kinder sind bei Gott keine Humanisten. Die Umstände unter denen sie aufwachsen, sind nicht danach. Und bevor man weiß, was man tun sollte, um die herrschenden Zustände zu verändern, muß man ja irgendwie erfahren, wie es sein könnte. Man muß eine Utopie haben. Eine auf diese Utopie gerichtete Hoffnung. Ohne die geht es nicht. Und von dieser Hoffnung muß doch zuerst einmal erzählt werden, meine ich".

Ihre Art zu arbeiten, beschrieb die Autorin (1972) als eine, die ihren Lesern Mut geben könnte, „sich selber ans Formulieren zu machen", weil das so schwer nicht ist. Denn man kann sagen, was man meint, wenn man „auf ein paar Lehrerregeln verzichtet". Chr. Nöstlinger ist sich nämlich der Diskrepanz zwischen der Fülle der Gedanken junger Menschen und ihrem Mangel an „regelmäßiger" Ausdrucksfähigkeit bewußt. Der aus diesem Widerspruch entspringenden Angst wollen ihre Geschichten einen Ausweg verschaffen.

Versagensängste junger Menschen geben den Anstoß auch in ihrem Buch „Die Kinder aus dem Kinderkeller" (1971). Im „Kinderkeller" ist alles möglich, was im normalen Leben unmöglich zu sein scheint. Vor allem Störungen seelischer und körperlicher Art sind aufgehoben. Eine weitere Variante des Angstauflösens bietet ihr preisgekröntes Werk „Wir pfeifen auf den Gurkenkönig". Eingebettet in eine Rahmenerzählung erzählt ein Junge von seinen Erlebnissen. Das geschieht erfolgreich, weil Nöstlingers Held, Wolfgang Hogelmann, auf die „Deutschlehrergliederung" verzichtete und seine Organisation des Stoffes vorträgt. Strukturell stellt sich in dieser Erzählung die Welt als zweigeteilt dar: Es existieren eine phantastische und eine realistische Parallelwelt. Aber nicht nur hierin unterscheidet dieser Text sich von den vorigen. Das Phantastische hat eine andere wirklichkeitsbezogene Funktion, während es im „Kinderkeller" Stimulans war, soll es im „Gurkenkönig" kritische Distanz herstellen. Zugleich ist die zentrale Konfliktkonstellation geändert. In „Die feuerrote Friederike" stand ein Mädchen anderen Kindern gegenüber, im „Kinderkeller" Kinder der erwachsenen Umwelt, und im „Gurkenkönig" wird der Konflikt als Familienkonflikt gestaltet. Diese Verengung der Perspektive gestattet es dennoch, Autoritäten zu kritisieren, Herrschaftszusammenhänge aufscheinen zu lassen und das Gefälle der Macht sowie Rollenstereotype durchsichtig zu machen. Der Einbruch des Phantastischen in die Realität erlaubt es, Normen zu befragen und Ungewohntes oder Tabuisiertes auszusprechen. Das Unwirkliche macht den Blick auf die Wirklichkeit frei.

Nachdem Chr. Nöstlinger in „Ein Mann für Mama" (1972) einem eher idyllischen Realismus frönte und mit der zehnjährigen Susanne Kratochwil ein sympathisch bemühtes Kind entworfen hatte, zeigte ihre Lotte Prihoda aus „Der Spatz in der Hand" (1974) keineswegs bloß positive Züge. Sie erwies sich keineswegs als „Humanist". Lotte ist ein arges Kind, getreues Produkt und Abbild der Hinterhofwelt, in der sie aufwächst. Sie nutzt Kinder wie Erwachsene schamlos aus, weiß sich ihrer Schwächen zu bedienen und sucht Streit, wo sie kann. Lottes Geschichte wird von einem auktorialen Erzähler vorgetragen und durch den Wechsel der Zeiten – dem Imperfekt des Erzählers entspricht das Präsenz von Lottes Sprache, wenn sie sich wieder einmal auf ihrem Klo versteckt hält – erzeugt die Autorin eine eigentümliche Spannung von Außen- und Innensicht.

Der drastische Realismus dieser Geschichte wiederholt sich in Nöstlingers Schulgeschichte „Stundenplan" (1975) und in „Ilse Janda, 14" (1976).

Nöstlinger bietet darin keine einfachen Lösungen; schon deshalb nicht, weil ihre Mädchenbücher nicht von höheren Töchtern aus gutem Hause berichten, sondern zumeist von nur ein wenig älter gewordenen Lotte Prihodas. Im Mittelpunkt der Romane steht der Funktionsverlust der Familie und die Demontage der Vaterfiguren.

Es scheint, daß die Attraktivität dieser Mägdchengestalten, gleich ob sie Lotte, Ilse oder Annika heißen – für die Nöstlinger selbst wie für ihre Leser von deren Renitenz ausgeht. Das Widersacherische und Widerborstige an ihnen läßt sie lebendig erscheinen. Von ihnen weiß die Autorin zu berichten, weil sie ihrer Phantasie Ansatzpunkte bieten. Nöstlingers Geheimnis heißt ‚Konkretion': in den Dialogen, den Ereignissen, im Vokabular sowie in den Beziehungen und Abhängigkeiten ihrer Gestalten. Es ist darum verständlich, daß die Autorin (1972) von sich sagte: „Es liegt mir nicht, mit dem Eskimo in den Iglu zu kriechen oder mit dem Indianer Büffel zu jagen. Ich kann mir auch nicht vorstellen, ob ein römischer Legionär unter Fußblasen ähnlich oder anders als ich gelitten hat".

Im Gegensatz zu diesen Mädchenfiguren steht das „Kind als Konstruktion" (Bode, 1981, S. 8), dem die Nöstlinger in „Konrad oder das Kind aus der Konservenbüchse" (1975) ein Denkmal gesetzt hat, ein Junge als Personifikation aller Wunschträume einer auf Leistung, Anpassung und Effektivität zielenden Erwachsenenwelt.

Die Spannweite der Figuren dieser Autorin erstreckt sich damit vom „braven Konrad", dem genormten Kind, auf der einen Seite bis zu dem ungebärdigen „Austauschkind" Jasper auf der anderen Seite. Die Nöstlinger spielt aber nicht diese Modelle gegeneinander aus, favorisiert das eine, denunziert das andere. Sie läßt dementgegen erfahrbar werden, daß *beide* Produkt einer auf Normierung versessenen Gesellschaft sind. Dieser widersetzt sich die Autorin und ist deshalb auch nicht unparteiisch.

Im Bücherschreiben wird ihre Parteinahme nur wenig sichtbar. Das ist möglich, weil nicht nur ihre an schon ältere Leser gerichteten Bücher wie „Maikäfer, flieg" (1973) oder „Zwei Wochen im Mai" (1981) „Pulverlandgeschichten" sind. „Pulverlandgeschichte" ist eine Bestimmung, die auf fast alle ihre Erzählungen zutrifft. Es sind nämlich ‚Kriegsgeschichten' in einem sehr spezifischen Sinne: Familienkriege, Klassenkriege, Schulkriege und Kinderkriege; wie ganz offensichtlich auch in ihrem Roman „Die unteren sieben Achtel des Eisbergs" (1979), in dem die Nöstlinger zeigt, was sich hinter der Fassade der Wohlanständigkeit: Eigenheim, Mittelklasseauto, Gymnasialbesuch und Sonntagsausflug verbirgt. Und sie entdeckt wenig freundliche Gefühle, sondern zuerst Wut, Haß und auch Verzweiflung.

Anstoß für ihren überaus kritischen Blick mögen Erfahrungen gewesen sein, die sie im Vorwort zu „Zwei Wochen im Mai" verarbeitet hat: „Den Krieg hatte ich gut gelernt, im Krieg hatte ich mich ausgekannt. Den Frieden mußte ich erst lernen, und ich war keine gute Schülerin im Frieden-lernen, denn was ich da lernen sollte, hatte so gar nichts mit dem zu tun, was sich mein Kriegs-Kinder-Glaube unter ‚Frieden' vorgestellt hatte. Und die Erwachsenen waren keine sehr ehrlichen Lehrer." Diese Einsicht wurde bestimmend für die Jugendbücher der Chr. Nöstlinger.

In dem Roman „Maikäfer, flieg" und in dem gänzlich anders gearteten Roman von „Hugo, das Kind in den besten Jahren" ist es der – nach einer Formulierung der Autorin – „unaufgelöste Rest", der sie lesenswert macht. Es ist darin nicht immer schon alles gesagt. Und ganz gleich wie Nöstlingers Helden heißen, ob nun Friederike, Ilse, Wolfgang oder Hugo – die Eltern könnten fast alle ‚Miesmeier' heißen – es sind „fremde Kinder" in einer Welt, die nicht die ihre ist, die sie vorgefunden haben, mit der sie sich abfinden sollen und es doch nicht können, wenn sie nicht untergehen wollen. Nöstlinger reklamiert durch sie die „Rechte der Kinder" in einer kinder- und letztlich menschenfeindlichen Welt, deren Schädigungen längst schon auf die Erwachsenen übergegriffen haben.

In den letzten Jahren hat Chr. Nöstlinger in ihren Mädchenbüchern einen neuen Ton angeschlagen, der für manche so klang, als würde sie sich nunmehr traditionelleren Leseerwartungen anpassen wollen. Es tritt in den Geschichten um „Gretchen Sackmeier" das romantisch-triviale Happy-end erneut in den Vordergrund, jedoch – dies sei ergänzt – nicht ohne einen hintergründig-komischen Untergrund. Dieses Dilemma resultiert gewiß aus dem charakteristischen Problem eines jeden Jugendbuchautors, der aufgefordert ist, seine „eigene Wahrheit" zu einer „Wahrheit für Kinder" umzugestalten. In der Gretchen-Sackmeier-Trilogie ist es das Erwartungsschema Mädchenbuch, das Chr. Nöstlinger in der Auseinandersetzung mit einem heutigen Mädchenschicksal in die Nähe einer kompensatorischen Trivialliteratur bringt.

Diese Veränderung ergab sich nach einer Selbstaussage (1992) von Chr. Nöstlinger dadurch, daß sie nicht länger „Anwalt des Kindes" sein möchte. Seit ihrer Lektüre der Bücher der Schweizer Psychoanalytikerin Alice Miller setzt sie darauf, daß es um der Kinder willen besser sei, mit aller Erziehung Schluß zu machen.

Auswege in eine andere Wirklichkeit – Michael Endes „Die unendliche Geschichte"

Wenn man sich mit Fantasy befaßt, und M. Endes Erfolgsroman „Die unendliche Geschichte" (1979) zählt dazu, ist die psychologische Prämisse unabweisbar, daß das Bedürfnis nach Phantastik dem Wunsch nach Lebenssinn entspringt. Mythen, Fantasy zehrt von Mythen, gestalten den Ausstieg aus der ungeliebten Gegenwart. Sie konsolidieren in der Innenwelt eine Lebenssinn vermittelnde Gegenwelt und machen es möglich, den Prozeß der Zivilisation mit einem Fragezeichen zu versehen. M. Endes Roman hat deshalb etwas von dem Versuch einer literarischen Harmonisierung der unvereinbar erscheinenden Gegensätze von veränderungsbedürftiger Realität und utopischer Phantasie an sich. In der „Unendlichen Geschichte" faßt Ende (1929-1995) die menschlichen Fähigkeiten negativ auf und setzt seine Hoffnung auf einen kindlich-göttlichen Erlöser. Darin steckt die Idee vom Kind, das seine zukünftige Entwicklung noch in sich trägt und so als Antizipation des Möglichen gestaltet werden kann. Er führt in seiner „Unendlichen Geschichte" eine Rettungsphantasie der als unrettbar erfahrenen Welt vor. Darüber gerät dieses

Werk in den Widerspruch zwischen Fabulierfreude und -fähigkeit einerseits und die belehrende Paraphrase einer Weltanschauung andererseits.

In die „Unendliche Geschichte" kann durch die Gegenüberstellung von Bastian und Atreju eingeführt werden. Ich begreife ihre Beziehung als ein Spiegelverhältnis. Der Weg, den M. Ende seine Helden gehen läßt, steht im Spannungsfeld zwischen archaischer Queste und Entwicklungsroman, wobei Atreju die Queste durchläuft und Bastian eine Entwicklung durchmacht. Atrejus vermeintliches Scheitern, er findet den Retter nicht, hat mit den von Ende empfundenen Grenzen und Unzulänglichkeiten des Mythos zu tun. Atreju wird zum Vorläufer und Mittler, der die Basis für den idealeren Bildungsweg abgibt. Das hat damit zu tun, daß Atreju ist, während Bastian erst noch wird.

Ende beginnt den Bericht über Atrejus Wanderung damit, daß er erzählt, wie seine Initiation, die rituelle Aufnahme in die Welt der Erwachsenen im Verlauf der „großen Jagd", unterbrochen wird durch die Aufforderung Cairons, dem Befehl der kindlichen Kaiserin Folge zu leisten. Die anschließende Suche nach dem Mittel zur Befreiung Phantasiens wird Weltbegegnung. Es entfalten sich ihm die inneren Werte, Atreju erspürt an sich die Mysterien des Lebens. Die Begegnungen, die er dabei hat, zeigen die ganze Breite der Möglichkeiten: In der uralten Morla fühlt er die Relativität der Dinge, folgt ihrem zyklischen Gewaltverständnis und ihrer Leugnung eines Lebenssinnes. Indem er sie überlisten kann, erreicht er die nächste Stufe und begegnet Fuchur dem Glücksdrachen. Fuchur steht für die hilfreichen Tiere des Märchens, die positiven Werte und für die Integration des instinktiven Wesensaspektes der Persönlichkeit. Der sicher scheinende weitere Weg wird jedoch durch das südliche Orakel unterbrochen. Atreju sieht sich vor die Gefahr des Verlusts seines Selbst gestellt. Sein Selbstverständnis gerät in Gefahr. Für ihn ist das Ziel der Reise nicht erreichbar, das offenbart sich ihm, denn er ist nicht selbst der Retter Phantasiens, sondern ein anderer. Ende bedient sich an dieser Stelle kunstvoller Mittel, um Bastian und seine Leser nun in das Abenteuergeschehen hineinzuziehen.

Bastians Einstieg in das erzählte Geschehen erfolgt in dem Moment, in dem er – die Aufgabe des Dichters übernehmend – der Kindlichen Kaiserin einen Namen gibt. D.h., als er das Geschäft der Phantasie und der Literatur zu seinem macht und sich vom Rezipienten (Konsumenten) zum „Schöpfer" (Produzenten) von neuen Texten und Namen emanzipiert. Atrejus Abenteuer laufen Bastians Individuation voraus. Seine Suche wird für Bastian zum Weg des Findens und Erfindens, aus der Aktivität des Suchenden wird das Kontemplative „Sich-ergeben-in-das-was-kommt".

Bastians Weg, vom dem Ende nun erzählt, führt in archetypischen Bildern zwischen göttlichem und archaischem Ideal hin und her. Die Stationen sind das Ausleben scheinbar unzensierter Bedürfnisse des „Es". „Die Über-Ich"-Instanz, verbunden mit solidarischer Freundschaft, stellt sich in der Begegnung mit Atreju her. Die Hexe Xayide verstärkt seine Allmachtswünsche, seinen Allmachtsrausch. Dies läßt Bastian zum Diktator werden, allmächtig und allwissend. Aber der Kampf um den Elfenbeinturm, der Widerstreit zwischen egoistischen Triebimpulsen und mahnendem Gewissen, deutet auf das bevorstehende Ende seiner Hybris. Bastian

113

muß Vernunft annehmen. Sein Erkenntnisprozeß beginnt, als er die „bürgerliche Wunschökonomie" (Prondczynsky, 1983) anerkennt und die Verknüpfung von Wunsch, Erinnerung und Zukunft herzustellen bereit wird. Der Prozeß seiner anstehenden Selbstverwirklichung geschieht durch Regression in den „Mutterleib", in das von Ende sogenannte „Bergwerk der Bilder". Dadurch wird Bastian fähig, sich als integrierten Teil der sozialen Gemeinschaft zu begreifen. Er will von einer Mutter geliebet werden (Passivität), will selber den Vater lieben (Aktivität) und dies unter der Voraussetzung, daß er die Überlegenheit unsichtbarer, weltbeherrschender Mächte (Passivität) anerkennt. M. Ende entwirft seine Erlösung als Individuation, basierend auf einem Konzept bürgerlicher Identität, die erweitert wurde durch mystische Liebeserfahrung.

Dies setzt M. Ende gegen das menschenverachtende und weltzerstörende Denken der Gegenwart. Er konstatiert eine geistig verarmte, entmenschlichte moderne Welt. Ein Hauptgrund dafür soll die genuin menschenfeindliche materialistische Weltanschauung sein. Ihr verdanken wir, meint M. Ende, das Zerreißen der Welt in objektive Wirklichkeit und subjektive Innerlichkeit. Das Eliminieren von Qualitäten führte unmittelbar zur Aufwertung quantifizierenden Denkens und des Glaubens an die völlige Machbarkeit. Das Menschenbild, das daraus abgeleitet wurde, beließ diesen als kausal bestimmten Komplex als Objekt unter Objekten. Hieran wirkten besonders die herkömmliche Naturwissenschaft, der Marxismus und die Verhaltensforschung mit. Die Folgen sind offensichtlich: Eine wertfreie Wissenschaft, die an dem Verlust der Moral und der schöpferischen Freiheit teilnimmt und ein daraus resultierender Sozialdarwinisums mit der Wiederkunft des Rechts des Stärkeren. Die Ökologieprobleme, die atomare Bedrohung, die Entfremdung der Menschen untereinander und von der Natur sollen sich den genannten Ursachen verdanken, so wie auch die Trennung zwischen Kinderwelt und Welt der Erwachsenen.

Ende ist dennoch überzeugt, daß wir in einer „Zeitwende" leben. Er setzt auf einen gesellschaftlichen Bewußtseinswandel, der nur noch des Anstoßes durch neue Wunschbilder bedarf, um wirksam zu werden. Die Erfordernisse der Situation sind ein „Bewußtseinssprung", prophetisches Denken und die Restauration neuer oder neu gefundener alter Werte. Garanten dieser Veränderung sind für M. Ende die unterschwellige Angst junger Leute, ihre Ablehnung der Theorie, ihre Ausrichtung an erlebbarer Erfahrung von Werten und die Sehnsucht nach einer neuen Spiritualität oder Religion.

Das auslösende Moment einer allgemeinen Umwälzung kann nur aus dem schöpferischen Bereich der Kultur, aus Kunst und Poesie kommen. Ende sieht einen Dreischnitt: Impuls aus der Kunst, neue Bewußtseinsformen, neue politische Formen. Die Kunst ist dazu prädestiniert, weil sie das Allgemeinmenschliche repräsentiert, die Ganzheit von „Kopf, Herz und Sinnen." Sie ist eine autonome Ebene für sich, weil sie agieren kann und doch frei von moralischen Entscheidungszwängen bleibt: Kunst allein garantiert Freiheit.

Damit hat M. Ende den Ort angegeben, wo Phantasien liegt: Die Literatur ist der Ort Phantasiens; sei es als Buch, als Bibliothek, als Antiquariat. In der

„Welt der Literatur" ist es möglich, die Naturgesetze gefahrlos aufzuheben, uns über sie hinwegzusetzen und uns alles anders zu denken. Hier entgehen wir der tödlichen Langeweile, die Seelensilos der Vorstädte werden bunt und selbst die Seelenwracks wieder lebendig. Nur in Phantasien gilt die Gleichung „Zeit ist Geld" nicht. Wir können der extensiven Zeitvorstellung die Idee einer intensiven qualitativen Zeit entgegensetzen. Nach Phantasien kann jeder kommen, der sich seiner Einbildungskraft noch nicht hat berauben lassen. Zwei Fähigkeiten sind gefragt: Lesen und Schreiben sollte man können, soweit die Bereitschaft zeigen, statt zu handeln zu sein. Derart ereignet sich dann die Veränderung der Welt durch Lektüre.

Endes Texte tendieren, soviel kann gesagt werden, durch ihre eindimensionale Rezeption der Romantik zur Stabilisierung der Krisenlage, weil sie Kompensationsangebote machen. Seine Ideen sind nicht etwa Komplement der schlechten Wirklichkeit, sondern deren phantastische Fortsetzung. Ende, soll hier behauptet werden, ist in gewisser Hinsicht Opfer seiner eigenen Ideen. Denn es sind die „Leerstellen" seiner Erzählungen, das, was er nicht sagt — gewissermaßen die Pausen in seinem Text —, die phantasiestimulierend sind. Im Grunde machen die Leser ihre je eigene phantastische Erzählung selbst. Endes Gestaltungen mangelt es zudem an Ambivalenz. Es ist nicht die Mehrschichtigkeit der Bilder, die die Phantasie reizt. „Die unendliche Geschichte" gelangt nicht zur Integration des „Schattens", der dunklen Seite unserer Vernunft und Empfindungen, sondern verleugnet sie. Hingegen kannten die Romantiker sehr genau die „Nachtseiten der Wissenschaften".

16. Realistische Jugendliteratur

Zeitgeschichtliche Jugendbücher

Zu den gut dokumentierten und intensiv diskutierten Feldern der neueren Jugendliteratur gehören die Titel zur nationalsozialisitschen Vergangenheit. Dabei ist nicht nur die Zahl der erschienenen Bücher zum Thema bemerkenswert, sondern ebenso das breite Interesse an ihnen. Ursache für die Aufmerksamkeit, die diese Bücher erfahren, war nicht zuletzt die Zunahme rechtsradikaler Tendenzen unter Jugendlichen und ihre wachsende Bereitschaft zur Gewaltanwendung.

Eine Studie Bernd Webers (1980) über die Darstellung des deutschen Faschismus in der Jugendliteratur formuliert als Kern aller Befassung „Erinnerung und Kritik". Er verspannt die Jugendliteratur zwischen Verdrängung und Aufklärung und entwirft Beurteilungskriterien, die es erlauben, Jugendliteratur zum Thema Nationalsozialismus zu sondieren. B. Weber geht aus von der Aufgabe, die Geschichtlichkeit und Wandelbarkeit gesellschaftlicher Verhältnisse aufzuzeigen, scheinbar Naturwüchsiges aufzulösen und einen Beitrag zum Abbau von Vorurteilen und Stereotypen zu leisten. Daraus ergibt sich die Erweiterung von Erfahrungen und eine Verstärkung der Fähigkeit, fremdes Leid wahrzunehmen. Nur in dieser Richtung sind ihm normative Impulse und Handlungsmöglichkeiten in bezug auf mehr Freiheit und Gleichheit denkbar.

Für die Jugendliteratur heißt dies, daß als oberstes Vorhaben die Selbstreflexion des Lesers angestrebt werden sollte. Es wird dann vorstellbar, mit ungewohnten Perspektiven zu konfrontieren und die bestimmenden gesellschaftlich-historischen Faktoren durchschaubar zu machen. Dabei sollten Sichtweisen erprobt werden, die außerhalb des Horizonts der subjektiven Interessen der Leser liegen.

B. Weber vermutet, daß seinen Kriterien eher Sachbücher wie Ingeborg Bayers „Ehe alles Legende wird" (1979) gerecht werden. Sie gehen auf Schicksale, Motive, Strukturen der Personen und Situationen, erlauben exemplarische Darstellung, versuchen sich in Multiperspektivik, ermöglichen Distanz und reflektierte Parteilichkeit. Im Sachbuch ist es möglich, die Vielfalt des Geschehens zu dokumentieren, ohne die Übersicht zu gefährden. Auch scheint die Ursachenerforschung im Sachbuch besser aufgehoben als in einer subjektiv gerichteten Erzählung. Wichtig wird aber gleichermaßen für Sachbuch, Erzählung, Biographie, inwieweit es ihnen gelingt, eine Erweiterung jenseits des persönlichen Horizonts der oder des Handlungsträgers vorzunehmen.

Die Biographie „Adolf Hitler" (1978) von Peter Borowsky zum Beispiel beeindruckt durch die gelungene Konfrontation von nationalsozialistischer Propaganda und der Lebenswirklichkeit der 30er Jahre sowie des Kontrastes des Textes zu der Fotoperspektive des Hitlerschen ‚Leibfotografen' Heinrich Hoffmann. Autobiographisches Schreiben und Sachbericht vereint Max von der Grüns „Wie war das eigentlich" (1979), worin die Vermittlung von persönlichem Lebenslauf und politischem Prozeß versucht wird.

Borowsky und von der Grün leisten Konkretisierung und Individualisierung. Sie unterliegen nicht der naiven Unmittelbarkeit, die in Entschuldigung umschlagen kann. Eine Gefahr, die bei jenen Büchern gegeben sein kann, die, wie B. Weber schreibt, „Die Authentizität erzähler Geschichte mit dem Postulat verbindet, die Gegenwartsperspektive (Ex-Post-Perspektive) autobiographischer Erinnerung wie historischer Forschung müsse und könne durch hermeneutisch ermöglichte Gleichzeitigkeit zwischen verstehendem Subjekt und dem fraglichen Ausschnitt der Vergangenheit ausgelöscht werden". Dieses Verfahren verführt vielmehr zu unreflektierter Bejahung des status quo und leistet Verdrängungsprozessen Vorschub. Die Gegenwartsperspektive ist unhintergehbar. Das war beispielhaft gestaltet in Irmgard Keuns „Kind aller Länder" (1981), das schon in den dreißiger Jahren in der Emigration entstanden war. Zwar liegt ein Text vor, der die anderen Emigrationsgeschichten für junge Leser in die Schranken weist. Angst und Trostlosigkeit des Exils werden keinesfalls beschönigt und auf ‚Kindergröße' zurechtgestutzt. Der ‚kalte' Humor der Keun erlaubt ihr einen „Kinderblick", der sich nicht in Naivität erschöpft. Oberstes Programm ist Antisentimentalität und der Zorn, nicht untergehen zu wollen.

Auf eigenen Wegen nähern sich Hermann Vinke „Das kurze Leben der Sophie Scholl" (1980) und Myron Levoy „Der gelbe Vogel" (1981) ihrem Thema. Vinke stellt die studentische Widerstandsbewegung „Weiße Rose" durch ein Porträt der Sophie Scholl vor. Tagebuchnotizen, Gespräche mit der noch lebenden Schwester, mit Bekannten und ehemaligen Freunden lassen das Bild einer jungen Frau entstehen, die konsequent und bewußt im Widerstand gegen das Hitlerregime arbeitete. Gewicht hat dieses Buch, weil mit der „Weißen Rose" der Kampf gegen den Nationalsozialismus zum Gegenstand eines Jugendbuchs gemacht wurde.

Mit dem Deutschen Jugendliteraturpreis wurde die Erzählung „Der gelbe Vogel" von Myron Levoy ausgezeichnet, das eindringlich vom Fortwirken von Gewalt und Unterdrückung auch nach der Befreiung erzählt.

Vinke und Levoy machen bewußt, daß Vergangenes als fortwirkend zu begreifen ist; der eine, indem er eine vorbildhafte Handlung rekonstruiert, der andere, indem er die Macht des Antisemitismus über das Ende der nationalsozialistischen Herrschaft hinaus als wirksam zeigt. Er warnt davor zu glauben, daß der Schrecken der Vergangenheit überwunden sei und abgetan werden kann.

Mehrfach preisgekrönt wurde das Buch „Johanna" (1979) von Renate Welsh. Es gehört in dieselbe Themengruppe wie die Texte von Vinke und Levoy, obwohl es in spezifischer Weise etwas anderes leistet. Vinke hat ein schon bekanntes Schicksal beleuchtet, neu erinnert und nichts hinzuerfinden müssen. Er hat gleichsam nur rekapituliert und vergegenwärtigt. Das konnte er, weil er eine längst zur historischen Gestalt gewordene Person und ihr Leben nachzeichnete: Eine Person, die über jeden Zweifel erhaben ist. Levoy wiederum hatte den Nationalsozialismus als rückwärtige Voraussetzung der gefährdeten Beziehung der Kinder Alan und Naomi. Sein Buch zeigt den Nationalsozialismus als überwunden auf, aber noch nicht als besiegt. Vinke demonstriert in seiner Biographie der Sophie Scholl den Nationalsozialismus als noch an der Macht. Levoy erzählt ein nachheriges Ereignis, Vinke parallel zur Geschichte.

Renate Welsh nun schrieb einen „Heimatroman" als Roman einer Heimatlosen, die nicht einmal „so eine" war, sondern nur „so was". Sie erzählt von den Bedingungen faschistischer Macht. An Hand der sozialen Verhältnisse einer Dorfgemeinschaft in Niederösterreich in den dreißiger Jahren führt sie den Weg des autoritären Regimes Dollfuß in die Hände der „Heim ins Reich"-Ideologen vor. Was den Roman „Johanna" so auffallend macht, ist die Vermittlung von persönlichem Erleben und objektivem zeitgeschichtlichen Geschehen. Welsh stellt eine ganz individuelle Geschichte vor, aber immer ist deutlich, daß Typisches vorgeführt wird.

Die Art und Weise, wie sich die Autoren des Gegenstandes Nationalsozialismus annehmen, ist — wie ersichtlich — verschieden. Autobiographische Texte, Sachdarstellungen, biographische Arbeiten und Mischformen wechseln miteinander ab. Aber es überascht, wenn aufs Ganze gesehen festgestellt werden muß, daß die Epoche des Nationalsozialismus im erzählenden Jugendbuch der Bundesrepublik zwischen 1945 und 1980 kaum aufgearbeitet worden ist. Die Ergebnisse einer Längsschnittstudie jener Titel lautet: Zum Beginn sind vor allem Flucht und Vertreibung sowie die ersten Nachkriegsjahre Thema der Bücher, vernachlässigt wurde die Vorgeschichte des Natinalsozialismus, die Verfolgung des jüdischen Volkes, der Widerstandskampf und das Leben der Jugendlichen im NS-Staat, ausgeblendet waren auch Exil und Emigration. Erst seit den sechziger Jahren, angestoßen durch die Verwüstung jüdischer Friedhöfe und Hakenkreuzschmierereien sowie zunehmender Kritik an der Verleugnung der Vergangenheit, taten sich Wege auf zur intesivierten Diskussion des Dritten Reichs. Jedoch erst wieder seit der Mitte der siebziger Jahre, parallel zur sogenannten „Hitlerwelle" und neuerlich verstärkter neonazistischer Umtriebe, nahm die Zahl der Jugendbücher zum Thema „Drittes Reich" zu.

Bernd Otto (1981) stellt heraus, daß viele der fiktionalen Jugendbücher durch eine personalisierende Darstellung der NS-Zeit charakterisiert sind. Die geschichtlichen und politischen Zusammenhänge bilden darin meist nur den „Hintergrund der Schilderung allzu persönlicher Kindheitsgeschichten. Die Mehrzahl der Jugendbücher — so wiederum B. Otto — trägt nur begrenzt zur Entfaltung eines historischen Bewußtseins bei. Als Gründe führt er an: Die NS-Epoche wird in den Büchern für junge Leser als „erledigt" betrachtet, die Perspektive des Erzählens ist zumeist die einer Person, die Geschichte „erleidet"; entweder als „Verführter", „Ohnmächtiger", „Flüchtling", „Evakuierter", „Vertriebener" oder „Besetzter" usw. Das historische Geschehen wird als schicksalhaft dargestellt oder als Erlebnis. Nur wenige Autoren wagen, auf das Fortwirken — institutionell wie personell — des Nationalsozialismus in der Gegenwart hinzuweisen. Von den jeweils gerade bestimmenden politikwissenschaftlichen Modellen hatte unter den Jugendbuchautoren das Totalitarismusmodell besonderes Echo.

Gudrun Pausewang hat sich in den zurückliegenden Jahren ein unverwechselbares Profil erschrieben. Ob sie sich den Voraussetzungen und Folgen eines Atomkriegs oder eines Reaktorunfalls erzählerisch annähert, sie sieht ihre Aufgabe darin, wachzurütteln, aufzuschrecken und zum Umdenken aufzurufen. Der Appell zum Handeln, ehe es zu spät ist, gehört als Ferment zu ihren Büchern.

Ein wichtiges thematisches Feld ihres Werkes sind Erinnerungen an ihre Kindheit, an Flucht und Vertreibung, ihr Verlust der Heimat. In vielen ihrer Bücher geht es um das Verjagtwerden, das Entwurzeltsein und die gewaltsame Entfernung aus gewohnter Umgebung, um den Verlust von Leben und Wohnung. Eine neue besondere Facette bietet in dieser Hinsicht ihr Buch „Reise im August" (1993). Darin schildert Gudrun Pausewang die Schreckens- und Todesfahrt einer fünzigköpfigen Gruppe deutscher Juden in einem Viehwaggon in die Gaskammern von Auschwitz. Hauptfigur ist Alice, ein Mädchen aus gutbürgerlichem Hause, das schon lange mit ihren Eltern und Großeltern versteckt leben mußte. Dennoch hatten die Erwachsenen es geschafft, Alice das Gefühl zu vermitteln, aufgehoben und behütet zu sein. Mit dem gewaltsamen Abtransport bricht alles zusammen. Alice wird gezwungen, sich der Wirklichkeit zu stellen. Der Waggon, in den sie zusammen mit anderen verfrachtet wird, wird zur Vorhölle, einem Ort der Demütigung und Entmenschlichung. Doch zugleich einer, an dem Menschlichkeit sich gegen die Gewalttäter behauptet. Auf brutale Weise wird Alice in das Leben hineingestoßen und in den Tod geschickt. In dem Waggon, den Alice mit fünfzig anderen Menschen teilen muß, begegnet ihr alles von der Geburt eines Kindes, über den Wahnsinn, Hilflosigkeit, Haß, Hilfsbereitschaft, Schmutz und Dreck und der Tod. Sie erlebt, wie ihr über alles geliebter Großvater, den sie doch so braucht, stirbt, weil er nicht länger leben will.

Am Anfang der Erzählung sehen wir Alice als naives unaufgeklärtes Mädchen, das so gut wie nichts weiß und versteht von der Welt. Aber sie wird aus dem Wunderland der Kindheit gestoßen und an einen Schreckensort geschickt. Alice muß ihr Kindsein hinter sich lassen und über Nacht erwachsen werden. Die „Reise im August" endet im Gas.

Gudrun Pausewang erspart ihren Lesern nichts, sie zwingt uns mitzufahren und die Geschehnisse im Waggon aus nächster Nähe zu erleben. Die Leser werden Teil der zusammengepferchten Menschen, mit ihnen rollen sie einem ungewissen, aber furchtsam geahnten Reiseziel entgegen. Das läßt nicht los. Mühelos gelingt es der Autorin, diejenigen, deren Stolz gebrochen werden soll, die erniedrigt und gequält werden sollen, trotz Leid und Schmerz und unvorstellbarer Qual „unbeschädigt" sein zu lassen. Den Schergen gelingt es nicht, die von ihnen als Untermenschen Diffamierten, ihres Menschseins zu berauben.

Mit diesem Buch hat Gudrun Pausewang sich ein weiteres Mal als politisch bewußte Autorin ausgewiesen, der es darauf ankommt, durch ihre Bücher einzuwirken gegen Haß, Mord und Gewalttat. In packender Weise macht der Roman „Reise im August" klar, daß rassistisches Denken ein Leben zerstörendes Denken ist.

Die Darstellung der „Dritten Welt"

Die These kann aufgestellt werden, daß erst seit den siebziger Jahren in der Jugendliteratur vermehrt Menschen der Dritten Welt Haupt- und/oder Nebenfiguren von Büchern wurden, die in Afrika, Asien, Lateinamerika oder Arabien spielen; Hauptaugenmerk erfährt rein zahlenmäßig der südamerikanische Kontinent. Insgesamt herrscht auch in neueren Büchern immer noch ein europa-zentriertes Weltbild vor. Das heimliche Maß des Geschehens und Denkens bleiben die Länder der westlichen Welt. Und die Absicht besteht fort, die ‚unterentwickelten Länder'—so der ältere Sprachgebrauch—auf europäisches oder nordamerikanisches Niveau zu „heben". Zwar machte sich gegenüber einer rassistischen Haltung vermehrt eine eher paternalistisch-caritative geltend, aber die Dritte Welt gibt weiterhin nur die Kulisse für die Abenteuer weißer Helden ab, deren Schicksal zentral steht. Das trifft insbesondere auf einige der sogenannten Entwicklungshelfer-Romane zu, die häufig von paternalistischem Geist geprägt sind (R. Renschler, 1982).

Jörg Becker (1977) hat dafür empfindlich gemacht, in bezug auf die vorurteilsvolle Darstellung der Afro-Amerikaner aufmerksam zu sein und sich immer wieder die Frage nach dem potentiellen rassistischen Gehalt eines Buches zu stellen, wenn darin Schwarze eine Rolle spielen. Er moniert vor allem an der in den sechziger Jahren geschriebenen Jugendliteratur die apolitische und individualistische Betrachtungsweise, zum Beispiel in Hans Georg Noacks „Hautfarbe Nebensache" (1960) und in seinem Buch „Der gewaltlose Aufstand" (1965).

In seiner Studie „Alltäglicher Rassismus" (1977) hat J. Becker zusammengetragen, welche Wahrnehmungsmuster das Bild der Farbigen bestimmten: Der fröhliche, treue, bemitleidete, exotisch-sexuelle und der bösartige Farbige. In Verbindung mit diesen Mustern haben sich bestimmte Argumentationsstrukturen herausgebildet. Als erste nennt J. Becker das Vermeidungssyndrom (es gibt keine Rassenkonflikte), dann das Biologisierungssyndrom (Verweis auf die angebliche biologische Andersartigkeit), das Harmonisierungssyndrom (Konflikte werden privatisiert und verniedlicht), das Oasensyndrom (ein Schwarzer im Konflikt mit der weißen Gesellschaft), das Defizitsyndrom (der weiße Standard wird nicht erreicht), das Gewaltsyndrom (schwarze Gewalt wird kriminalisiert), Syndrom der Enthistorisierung (Rassenkonflikte werden erzählerisch so gelagert, daß sie die weiße Vorherrschaft nicht tangieren).

Einer der traditionellen Bereiche der Jugendliteratur, der sich im Gefolge der zunehmenden Politisierung der Diskussion um die Dritte Welt gewandelt hat, ist die Indianergeschichte. Hier hat sich nachhaltig das Gespräch über die Gefahren von Klischees und Stereotypen niedergeschlagen. Zwar gibt es immer noch die Wildwest-Hefte, in denen die Indianer Zielscheibe sind, im wörtlichen wie im übertragenen Sinne. Für die Indianergeschichte als Genre kann das nicht mehr behauptet werden.

Die Erzählungen Coopers, Mays und Fritz Steubens sind nicht länger die unproblematischen Vorbilder. Einflußreich waren unter anderem die älteren Neuansätze von Anna Jürgen „Blauvogel" (1950) und von Liselotte Welskopf-Henrich „Die Söhne der großen Bärin" (1951). Beide Autorinnen stellten die indianischen Lebensgewohnheiten in den Mittelpunkt. Diese werden kontrastiert mit dem Leben der Weißen, das nicht per se als positiver und nachahmenswerter begriffen wird.

Die neueren Indianergeschichten beschreiben die Indianer nicht als ‚minderwertig' und ebenso wenig werden sie als ‚edle Wilde' idealisiert. Es wird vermieden, die Welt der Indianer auch in der Weise zu funktionalisieren, daß durch sie vermittelt ‚männliche' Ideale hochgehalten werden. Ganz im Gegenteil ist erkennbar, daß gerade auf die Rolle der Frau Gewicht gelegt wird. Respekt zeigen die Autoren vor indianischen Riten und Gebräuchen, dem Stammesleben und der gesellschaftlichen Struktur. Es besteht für sie kein Anlaß, die indianische Kultur gegenüber der „entwickelteren" weißen Zivilisation herabzusetzen. Diese gelten einander zumindest als ebenbürtig. Zugleich sind die Geschichten nicht mehr nur Häuptlingsgeschichten, sondern Geschichten der indianischen Völker: Ihrer Verfolgung, Ausrottung und ihres

Kampfes um Befreiung und Selbständigkeit. Dieser Wandel hat dazu geführt, daß Indianergeschichten nicht mehr in zeitlicher Ferne angesiedelt werden, sondern hier und jetzt das oftmals menschenunwürdige Leben in Reservationen thematisiert wird. Zudem sehen die Autoren nicht länger die Anpassung an den American Way of Life als schätzenswert an.

Es fällt besonders auf, daß die zweite Besetzung von Wounded Knee (1973) einen Wendepunkt markiert in der Art und Weise der Indianergeschichten. Von da an wurde die Gegenwart der Indianer interessant. Wenn die indianische Geschichte angegangen wurde, dann unter dem Aspekt der Rekonstruktion der indianischen Identität und der Anklage weißer Unterdrückung. Auf dem Sachbuchsektor setzte „Das große Buch der Indianer" (1973) von G. Fronval und Frederik Hetmann Maßstäbe. Vorgänger war Oliver La Farge „Die Welt der Indianer" (1961), der schon mit seiner Navajo-Geschichte „Indianische Liebesgeschichte" (1949) die kritische Sicht des modernen Amerika vorbereiten half. La Farge schildert die Liebesbeziehung eines jungen Indianers zu einer Frau, die sich durch ihre Erziehung in einer Missionsschule dem eigenen Volk entfremdet hatte.

Schließlich muß angemerkt werden, daß in dem Maße, in dem klar wurde, daß Ereignisse fernab dennoch für die Bundesrepublik politisch relevant sind, entdeckt wurde, daß es eine Dritte Welt im eigenen Lande gibt: Die Welt der Arbeitsemigranten. Besondere Aufmerksamkeit, vor allem in Verbindung mit wachsender Arbeitslosigkeit und der Hetze gegen ausländische Mitbürger, erfährt gegenwärtig die Situation türkischer Jugendlicher und ihrer Familien. Ein schon älteres Buch, Dokumentation und Fiktion mischend, stammt von Renate Welsh „Ülkü, das fremde Mädchen" (^{2}1975). Sie schließt ihren Text mit der Freundschaft zwischen einem österreichischen Mädchen und einer türkischen Mitschülerin. Die Autorin bedient sich — wie viele — in pädagogischer Absicht eines hier geborenen Kindes, um eine Partnerfigur für das fremde Kind aufzubauen und die Leser nicht sofort mit der Welt der anderen zu konfrontieren. Das aber korrespondiert damit, daß manchen Büchern eigentümlich ist, daß die ausländischen Kinder erst dann akzeptiert werden, wenn sie eine außergewöhnliche Eigenschaft zeigen oder besondere Leistungen bringen, d.h. „beeindrucken können".

Ganz aus der Sicht der Gäste geschrieben, sind die beiden Titel von König/Straube „Merhaba . . . Guten Tag" (1981) und „Zuhause bin ich die aus Deutschland" (1982). In dem ersten Band berichtete in Ich-Form ein junges Mädchen von ihrer neuen Heimat, von Schule und elterlichem Beruf und als Kontrast dazu von einer Fahrt in die Türkei. Daß die Konflikte der jungen Ausländerinnen nicht nur in bezug auf die Bundesrepublik zu sehen sind und auf das Mißtrauen, daß ihnen entgegengebracht wird, sondern auch mit den Traditionen zu tun haben, in die sie hineinwachsen sollen, verdeutlicht das zweite Buch von König/Straube. Thema ist der Widerstreit zwischen dem Leben und den Erfahrungen junger Ausländerinnen in Westdeutschland, der hier erfahrenen relativen Freizügigkeit und den strengen Moralbegriffen ihrer jeweiligen Heimatländer gerade in bezug auf junge Frauen.

Die zeitgenössische Kinder- und Jugendliteratur hat mit zahlreichen Texten auf das Problemfeld Vorurteil und Rassismus reagiert. Eine Zusammenstellung hilfreicher Titel bietet die Broschüre „Daheim in der Fremde" des Münchner Arbeitskreises für Jugendliteratur. Eine immer noch aufsehenerregende antirassistische Erzählung hat vor gut zwanzig Jahren Ursula Wölfel verfaßt: „Nur für Weiße!" aus ihrer Geschichtensammlung „Die grauen und die grünen Felder". Die Geschichte spielt im Südafrika der Apartheid-Politik.

Wir erleben eine alltägliche Szene auf einem Bahnhof, lesen von der Begegnung zweier kleiner Kinder, eines schwarz, das andere weiß, und hören von dem Entsetzen der weißen Erwachsenen, daß möglicherweise beide aus der gleichen Limonadenflasche getrunken haben könnten. Der reizvolle Schluß – der vielleicht beim ersten Lesen nicht gleich auffällt – besteht aber darin, daß eines der gängigen und bösesten Stereotype urplötzlich gegen die Weißen gekehrt wird. Gemeint ist die rassistische Behauptung, die Schwarzen seien doch wie Tiere und hätten sich noch nicht weit von unseren Vorfahren, den Affen, entfernt. Hier setzt Wölfel ein und entwirft folgende Szene:

„Der Junge schüttelte den Kopf. ‚Nein', sagte er. Er verstand nicht, weshalb die weiße Frau das wissen wollte.
Sie nahm jetzt das Kind an die Hand und ging fort. Aber das kleine Mädchen riß sich los und lief allein weiter. Es wackelte, es konnte noch nicht gut laufen. Plötzlich rutschte ihm das Höschen herunter, es stolperte und fiel hin, nach vorn auf beide Hände.
Die weiße Frau hob es auf und trug es fort.
Der Junge auf dem Karren glückste vor Lachen. ‚Hast du das gesehen?' fragte er die Frau mit dem Flaschenkorb.
‚Man lacht nicht, wenn ein kleines Kind hinfällt', sagte sie.
‚Es war hinten ganz rosa!' rief der Junge. Er konnte kaum sprechen, so mußte er lachen. ‚Wie die Affen im Busch! Ganz rosa hinten!'
‚Sei still!' sagte die Frau. ‚Was dachtest du denn? Sie sind überall hell, nicht nur im Gesicht.'
Dann ging sie weiter.
Jetzt sah der Junge seine Eltern kommen. Er sprang auf, er stand auf dem Karren und schwenkte die Arme und schrie ihnen entgegen:
‚Sie haben einen Affenhintern! Nur für Weiße! Nur für Weiße! Einen Affenhintern haben sie, einen rosa Affenhintern!'"

Ursula Wölfel hat in dieser Erzählung die für rassistische Vorstellungen typische Überzeichnung körperlicher Eigenschaften aufgenommen und die weißen Rassisten im wahrsten Sinne des Wortes bloßgestellt und sie der Lächerlichkeit preisgegeben. Wenn aber etwas be- oder verlacht werden kann, hat es seine Macht schon fast verloren.

Friedensliteratur

Selten einmal war die Jugendliteratur auf der Höhe der Zeit und selten einmal war sie den Zeitläufen sogar voraus. Im Hinblick auf die Reflexion der zeitgenössischen Friedensbewegung und den damit verbundenen Problemen wie Kriegsangst, Leugnung von Tod und Verderben, Verharmlosung der Gewalt der Technik steht sie vornean.

Vom Frieden zu reden, und Friedensliteratur ist derzeit *die* politische Jugendliteratur, schließt ein, vom Krieg zu sprechen. Nicht ohne Grund versuchen zahlreiche Autoren deshalb, sich dem Frieden zu nähern, indem sie den Krieg, seine Voraussetzungen und seine Folgen darstellen. Einige dieser Antikriegsromane für Jugendliche sind besonders hervorhebenswert.

Nachdem vor ein paar Jahren schon die visionäre Vorwegnahme des Ersten Weltkriegs durch Wilhelm Lamszus „Das Menschenschlachthaus" (1912, Neuausgabe 1978) wieder entdeckt wurde, erschien 1982 mit publizistischem Echo die Neuausgabe von Rudolf Franks „Der Schädel des Negerhäuptlings Makaua" (1931), das von den Nationalsozialisten verbrannt worden war, unter einem neuen Titel „Der Junge, der seinen Geburtstag vergaß".

R. Frank hat ein spannendes, lesbares Buch geschrieben und mit dem vierzehn Jahre alten Polen Jan Kubicki eine Figur erfunden, die zur Identifikation herausfordert. Jan gerät während des Ersten Weltkriegs in deutsche Hände, wird zum ‚Maskottschen' der Soldaten und ihr unentbehrlicher Helfer. Frank läßt dann in seinem Roman ein gutes Stück weit die Abenteuerseite des Kriegsgeschehens zu, um sie aber durch das Leben und Erleben Jans um so schärfer zu entlarven: Krieg ist Mord! Dabei schaltet der Erzähler sich immer wieder ein, erklärt, erläutert und führt beispielhaft vor, wie die alltäglichen Worte der Soldatensprache als Verschleierungen und Euphemismen zu kritisieren sind. In der Erzählung selbst, durch Jan und den Soldaten Cordes, wird diese begriffliche Seite nochmals in Szene gesetzt: Kämpfen und Schießen kennen nur Verlierer, und die wahren Verlierer auf beiden Seiten der kriegführenden Staaten sind die Völker, physisch und psychisch. Als Jan ‚ehrenhalber' die deutsche Staatsangehörigkeit verliehen werden soll — er hat viele Menschenleben gerettet —, verschwindet er spurlos und zeigt damit: „Kein Mensch muß müssen".

R. Franks Buch, das in einer Zeit entstand, in der der innere Friede der Weimarer Republik bedroht war durch Dolchstoßlegende und Verherrlichung der Fronterlebnisse des Ersten Weltkriegs, und in der die Pazifisten ebenfalls ins Abseits gedrängt worden waren, ist ein Friedensbuch, weil es den Unfrieden als aufhebbar gestaltet.

Das Echo auf dieses Werk sollte aber nicht vergessen lassen, daß schon zuvor ein Antikriegsbuch für junge Leser veröffentlicht worden ist: Kurt Helds „Guiseppe und Maria" (4 Bände, 1955-1956). Lamszus, Frank und Held begegnen sich darin, daß aus ihren Werken hervorgeht, daß derjenige, der den Frieden will, politisch handeln muß.

Zwei Themenbereiche haben Gudrun Pausewangs besonderes Interesse gefunden: Sie will zum Verständnis der Dritten Welt und zur Friedenserziehung beitragen. Ihre Südamerika-Romane haben ihr Echo in thematisch verwandten Jugendbüchern. Und das Konflikt- aund Wirklichkeitspotential ihrer Jugendbücher reflektiert sich in ihrer Auffassung der strukturellen Gewalt in Südamerika. Der kritische Gehalt ihrer Dritte-Welt-Bücher steht nicht isoliert, sondern hat ein Pendant in ihren Antikriegsbüchern „Die letzten Kinder von Schewenborn" und „Die Wolke". G. Pausewangs Engagement für den Frieden in Deutschland und in Europa speist sich aus derselben Quelle wie ihr Einsatz für die unterdrückten Menschen in der Dritten Welt.

Sie ist eine bewußt politische Autorin, die von sich sagt: „Ich bin gern Pädagogin". Um so erstaunlicher ist, daß ihre Bücher „ohne ein Wort der Ideologie, des Dogmatisch-, Programmatisch-Theoretischen auskommen. Sie stellt hin, macht lebendig", wie ihr Autorenkollege Hans Christian Kirsch einmal formulierte. Ihn fasziniert ihr natürliches Erzähltalent und die Balanciertheit von Ereignisreichtum und Gelassenheit.

Ihr gesamtes Werk wurde als eine „Literatur des Umdenkens" (M. Lypp) bezeichnet. Und ob die Leser in „Die Not der Familie Caldera", „Der Streik der Dienstmädchen" oder „Ich habe Hunger, ich habe Durst" blicken, die Texte teilen mit, daß jeder, auch wenn er noch jung ist, mithelfen kann, die Welt zu verändern. Für G. Pausewang meint dies, nicht nur materielles Elend und psychische Verelendung vorzuführen, sondern zugleich auch die Solidarität der Armen, die spontane Hilfsbereitschaft, Friedfertigkeit, Traditionsbewußtsein und Sensibilität, wie sie sich beispielhaft in der Indiofrau Mama Soto aus „Ich habe Hunger, ich habe Durst" verkörpern.

G. Pausewang verweigert sich dem von europäischen Autoren häufig benutzten Prinzip der Kompensation, d.h., Defizite auf der einen Seite werden durch Qualitäten auf der anderen wieder wettgemacht. Zu sehr ist ihr die Gewalt der gesellschaftlichen Verhältnisse gegenwärtig, als daß sie die herrschende Ungleichheit durch einen solchen vordergründigen Ausgleich überdeckte. Schonungslos offenbart sie stattdessen, daß Mitleid und karitatives Verhalten für sich allein keine Lösung bringen. Das Streben nach Versöhnung auf der individuell-privaten Ebene verwischt — wie Maria Lypp herausarbeitete — den politischen Charakter des Problems.

Blickt man, vorbereitet durch die Betrachtung ihres Engagements für die unterdrückten Menschen in der Dritten Welt, auf die zwei großen Erfolge der vergangenen Jahre, „Die letzten Kinder von Schewenborn" und „Die Wolke", sieht man leicht, daß diese Autorin keine Konzessionen macht. G. Pausewang konzipiert ihre Texte auf die Aussage hin, sie schreibt Erzählungen zur Aufklärung, zur Belehrung und zur Vorbeugung. Denn es ist ihr Anliegen, die „Generationen ins Gespräch über dieses Thema (d.i. Krieg und Frieden d.V.) zu bringen". Das aber macht sie, obwohl sie in beiden Texten eine Katastrophe antizipiert, unspektakulär und sachlich.

Ja, sie untertreibt noch, denn der junge Chronist in „Die letzten Kinder von Schewenborn" muß überleben, um von den unausdenkbaren Folgen des Abwurfs einer kleinen Atombombe berichten zu können. Was er jedoch berichtet, war bis dato in der deutschen Jugendliteratur noch nicht gewagt worden. Wer hätte vor ein paar Jahren gedacht, daß es einmal möglich und notwendig sein würde, davon zu erzählen, daß der Held eines Jugendbuchs einem verstümmelten Altersgenossen hilft, sich zu erhängen, daß dargestellt würde, wie ein Vater ein neugeborenes mißgestaltetes Kind tötet, und daß berichtet würde, wie eine Mutter bei der Geburt verblutet. Das Buch „Die letzten Kinder von Schewenborn" war ein aufrüttelnder „Störfall in der Jugendbuch-Idylle".

Im Mittelpunkt der Bücher G. Pausewangs stehen durchweg Menschen, die in Bedrängnis sind. Eine Bedrängnis, die die Autorin unprätentiös und nicht moralisierend darstellt. Ihre Vorliebe für einfache Fabeln gereicht ihr nicht zum Nachteil. Sie erzählt bewußt chronologisch reihend, verzichtet auf Rückblenden und auf Vorgriffe. Denn sie meint, daß literarische Experimente an erwachsene Leser adressiert sein sollten, nicht aber an Kinder: „Ein Kind will sich durch Lektüre fesseln lassen". Nur manchmal erlaubt sie sich auch „krause Spielereien der Phantasie" und gesteht, daß diese ihr Spaß machen.

Ihre Stärke ist der genaue und zurückhaltende Bericht. Ihre Bücher wurden daher von Sybil Gräfin Schönfeldt als Musterbeispiel dafür angesehen, wie man sozialrealistische Information so in die Gestalten einer Geschichte integriert, „daß es die Geschichte selbst bleibt, die eine Antwort gibt".

Eine solche Geschichte, die eine Antwort gibt und keine beruhigende, ist ihre 1987 erschienene Erzählung „Die Wolke". Der Autorin wurde anläßlich dieses Buches die Nüchternheit und Präzision einer Chronistin attestiert. Für Pausewangs Darstellung der tiefgreifenden Veränderungen nach einem Reaktor-Unglück wurden die Vokabeln Apokalypse und Legende gebraucht. Ein Rezensent meinte sogar, daß dieser Text, „das Zeug zu einem wahren Volksbuch" hätte.

Die Art und Weise, wie G. Pausewang die Irrfahrt und Leidensgeschichte ihrer Heldin Janna-Berta vorträgt, läßt das Unvorstellbare vorstellbar werden. Ihr Entwurf eines Szenarios des Schreckens gerät eindringlich, weil sie scheinbar emotionslos erzählt. Derart macht ihre Erzählung „Die Wolke" deutlich, daß nicht länger mehr der Krieg, sondern — auf eine unvorhergesehene Weise — schon der Frieden der Ernstfall sein kann. G. Pausewangs Schrecken erregende Offenheit, sie denkt zu Ende, sie erspart den Lesern nichts, und sie flüchtet sich nicht in ästhetische Metaphern, will informieren. Sie läßt nicht etwa, was möglich gewesen wäre, einen Zukunftsroman, black fantasy oder erfundene Horror-Visionen entstehen, auch keine Science Fiction. „Die Wolke" ist vielmehr im ursprünglichen Sinn ein Gegenwartsroman. G. Pausewangs Visionen lassen spüren, wie schmal der Grat zwischen literarischer Fiktion und den Fakten der Wirklichkeit geworden ist.

G. Pausewang weiß, wie sie in ihrer Rede anläßlich der Verleihung des Gustav Heinemann-Friedenspreises ausführte: „Es wird höchste Zeit, daß wir uns ändern, denn schon sind uns unsere Kinder in die falsche Richtung gefolgt". Ihr Fernziel lautet deshalb: „Weg von der Gewalt, hin zur Liebe". Als bescheideneres Zwischenziel hofft sie vorerst auf „Friedfertigkeit". Und zur Verteidigung ihres rücksichtslosen Realismus, bei dem Versuch das Grauen auszumalen, schrieb sie: „Ich glaube, daß wir unseren Kindern keinen Gefallen tun, wenn wir uns unausgesetzt bemühen, sie von Nöten und Zweifeln, Furcht und Elend fernzuhalten und ihnen die Welt so darstellen, als ob sie noch heil wäre. Wohl sollten wir ihnen zeigen, wie schön sie war, als sie noch heil war, und wie schön sie sein könnte, wenn sie heil wäre".

17. Fantasy

Phantasie und Utopie

In Anlehnung an J.R.R. Tolkien meint High Fantasy eine Literatur, die dem Wunderbaren breiten Raum gewährt, die übernatürlichen Kräfte im Normalen ansiedelt und beim Kampf des Guten gegen das Böse schließlich das Gute siegen läßt. Es gibt einen Helden, mit dem der Leser sich identifizieren kann. In jedem Fall ist in High Fantasy das Wunderbare nicht erklärungsbedürftig. Das Übernatürliche wird als real existierend geschildert und ganz selbstverständlich neben die Alltagsrealität des Lesers gestellt. In diesem Sinne kann Lewis Carolls „Alice im Wunderland" – obgleich phantastisch genug – nicht zur High Fantasy gezählt werden, wird doch darin das Wunderbare und Regelwidrige durch einen Traum ‚legitimiert'.

Auf der Suche nach der Herkunft der englisch-amerikanischen Fantasy-Tradition muß man bis zu L. Frank Baum „The Wizard of Oz" zurückgehen, das als erste gelungene Verbindung märchenhafter Elemente und phantastischer Erzählung für junge Leser gelten kann. Neben einer Reihe von Autoren, die Fantasy für Erwachsene verfaßten – E.R. Borroughs, H.P. Lovecraft und andere –, hat erst Ursula K. LeGuin die Fantasyliteratur für junge Leser zu Ansehen gebracht.

Die Romanfolgen von Lloyd Alexander, Susan Cooper und Ursula K. LeGuin deuten auf den Zusammenhang der High Fantasy mit der Artus-Sage. In diesen als Entwicklungsroman angelegten Texten verfolgt der Leser den siegreichen Kampf eines jugendlichen Helden gegen Gefahren für Leib und Seele. Der Rückgriff auf tradierte Stoffe bedeutet aber, daß der patriarchalische Mythos zur patriarchalischen Literatur und damit – wenn auch in unterschiedlicher Form – zur patriarchalischen Fantasy-Geschichte wird. Mädchen und Frauen haben kaum Raum in diesen ‚modernen' Geschichten. Die Verwendung historischer Stoffe begünstigt konservative Haltungen, sowohl was ‚gute' als auch was ‚böse' Werte anbelangt.

In den letzten Jahrzehnten ist eine deutliche Zunahme der kritischen Experimente mit dem Phantastischen in den USA und in England erkennbar. Gewandelte gesellschaftliche Bedingungen und Bedürfnisse haben eine Nachfrage nach phantasievollen Geschichten geschaffen, die die Vorstellung vom

Utopischen veränderten, die bislang durch die klassischen, eher konservativen Märchen definiert wurde.

Prinzessinnen warten jetzt nicht länger auf einen Traumprinz oder einen Vater, der sie errettet. Die Prinzen selbst sind nicht mehr elegant und tapfer; Drachen eher freundlich als schreckenerregend. Hexen stehen nunmehr für die Heilkraft starker Frauen, nachdem sie zuvor als Ausgestoßene gebrandmarkt waren. Krieg und Gewalt gelten in diesen neuen Märchen nicht mehr als geeignete Mittel, Probleme zu lösen und Konflikte beizulegen. Ethnische Minoritäten und ihre Interessen werden angesprochen. Das gleiche Recht der verschiedenen sozialen und ethnischen Gruppen spiegelt sich in der Darstellung der jeweiligen Handlungsträger.

Die bekanntesten und am weitesten verbreiteten Märchen sind immer noch die Sammlungen von Perrault, Grimm und Andersen. Die Disney-Versionen dieser Märchen haben ästhetische Standards gesetzt und ideologische Muster verbreitet, die vom Publikum angenommen worden sind. Kern sind die unangetastete Männerherrschaft, Jungfräulichkeit und Standesdünkel. Angesichts der weiten Verbreitung dieser bearbeiteten Fassungen der klassischen Märchen könnte man schließen, daß die herrschenden Kräfte im Kulturbetrieb keine Veranlssung sehen, die Produktion von Geschichten mit rassistischen, sexistischen oder antidemokratischen Tendenzen in Frage zu stellen.

Einige Autoren haben sich jedoch aufgemacht, gegen dieses Gefüge anzugehen und die Vorstellungen der Öffentlichkeit und die überkommene Publikationspolitik der Verleger zu hinterfragen durch Märchenparodien, soziale Märchen und feministische Märchen.

Die Absicht der Märchenparodien ist es, mit den eingefahrenen Erwartungen des Lesers zu spielen. Die komisch-parodistischen Elemente erlauben es zu erkennen, wie lächerlich oder absurd eine traditionelle Geschichte sein kann. Beispielhaft sind die Versuche von Harve und Käthe Zemach, Tomi Ungerer, Tony Ross und vor allem Roald Dahl. Zwischen diesen Märchenparodien und den sozialen Märchen gibt es eine nahe Beziehung. Ihr Hauptunterschied besteht darin, daß die Parodien sich darauf richten, das traditionelle Muster sowie konservative Vorstellungen des Denkens und Handelns anzugreifen, während die sozialen Märchen das Bewußtsein der Leser in bezug auf zeitgenössische soziale Probleme zu erweitern suchen, indem Motive der Märchen oder Märchencharaktere in ungewöhnlicher Weise benutzt werden. Es entstanden Antikriegs-Märchen und die sogenannten „Black Fairy Tales". Die Struktur der feministischen Märchen hingegen basiert auf der Idee der Selbstbestimmung der Frau. Die weibliche Heldin wird sich einer Aufgabe bewußt, die sie gemeinsam mit anderen durchführen muß, um sich selbst zu finden. Anstatt nach Macht zu streben, um sich zu beweisen oder Allmachtsgefühlen nachzugeben, lehnt die Heldin sie gewöhnlich ab. Sie versucht, die eigenen Bedürfnisse und die der anderen in Einklang zu bringen. Macht und Kraft werden nur zur Selbstverteidigung eingesetzt und um Gewalt zu verhindern. Selbst wenn der Heldin Unrecht zugefügt wird, will sie selten einmal Rache nehmen. In den feministischen Märchen dominiert eine Sorgehaltung und nicht das Konkurrenzdenken. Auf diesem Wege findet eine Umkehrung der morphologischen Struktur des herkömmlichen Märchens statt, das auf das Spiel der Gewalt und das Streben der männlichen Protagonisten nach Macht ausgerichtet war.

Insgesamt gesehen präsentiert die neuere Phantastische Literatur in den USA und in England eine nicht überraschende Botschaft: Demokratie gilt ihr als die beste Form politischer Organisation. Eine Gesellschaft funktioniert gut, wenn sie ihren Mitgliedern gestattet, ihre eigenen Entscheidungen zu fällen. Eine utopische Gesellschaft, die auf einer rationalen Basis zum Besten aller Bürger gegründet ist, wird entweder langweilig sein oder — wahrscheinlicherweise — bald zusammenbrechen, weil sie unfähig ist, sich selbst zu erhalten.

Charakteristisch für die utopischen Orte amerikanischer Jugendliteratur wie Oz, Thorn Valley oder Krakatoa ist, daß die sozalen Gruppen dort ihre Existenz der Isolation verdanken. Man findet diese Gegenden nur durch Zufall. Es sind Gemeinschaften, die keine neuen Anhänger werben wollen. Sie sind nicht weit verbreitet und ähneln darin den versteckten religiösen Gemeinschaften aus der Mitte des 19. Jahrhunderts, wie sie in Janet Hickmans „Zoar's Blue" beschrieben sind.

Ergänzend finden sich negative Utopien. Diese belegen, daß es schwierig ist, eine nur rationale gesellschaftliche Ordnung zu etablieren, gleich wie vernünftig ihre Grundlage sein mag. Das Ergebnis ist fast immer Tyrannei und der Verlust der Freiheit. „A Wrinkle in Time" von Madeleine L'Engle gibt ein Beispiel für ein solches „Dystopia". Die gesellschaftliche Kontrolle über den Ort Camazotz wird ‚IT' genannt. ‚IT' sorgt dafür, daß Ordnung herrscht und alles perfekt funktioniert. ‚IT' kann nur durch Gefühl, Alogik und Liebe besiegt und so eine Ausuferung seiner Macht verhindert werden.

Andere negative Utopien wie André Nortons „Outside" erzählen von der Zeit nach der Zerstörung der Welt. Hier ist es die Poesie, verkörpert in der Gestalt des „Rhyming Man" — eine Art Rattenfänger von Hameln — die die Kinder aus der zerstörten Stadt herausführen kann. Die Utopien, gleich ob positiv oder negativ, lehren, daß Gerechtigkeit und Gleichheit der Möglichkeiten für alle Bürger erhalten werden müssen, jedoch nicht aufgezwungen werden dürfen. Vor allem — so die wiederholte Botschaft — kann keine Gesellschaft ohne Liebe und Gefühle exisitieren. Dem Nicht-Rationalen muß selbst in einer rational strukturierten Welt Platz garantiert bleiben.

Wie ist zu erklären, daß Ende der siebziger Jahre in der BR Deutschland die Phantastische Literatur — und eben auch Fantasy — unübersehbar zunahm und sich bei der jüngeren Altersgruppe besonderer Beliebtheit erfreut? Festzustellen ist, daß der Reformidealismus des vorangegangenen Jahrzehnts angesichts gescheiterter Modelle und Pläne aufgebraucht war. Das allgemeine kulturelle Bewußtsein änderte sich, alternative Ordnungs- und Handlungsmodelle entstanden und stellten die vorherrschenden Lebensziele auf breiter Basis in Frage. B. Dankert bietet zwei Erklärungsmodelle der Begeisterung für das Phantastische an:

„1. In Zeiten wirtschaftlicher, politischer, sozialer Depressionen, in denen der Jugend einer Nation keine positive Zukunftsaussicht geboten wird, neigt die Literatur zu Flucht, Eskapismus, zum ‚Phantasieren', bzw. die Jugend bevorzugt eine Art kompensatorischer Phantasie.

2. Phantasie hat deswegen Hochkonjunktur, weil viele, gerade von der Jugend verfolgte gesellschaftliche und politische Programme wie die Frauen-, die Friedens- oder die Öko-Bewegung unkonventionelle, sprich phantasievolle Lösungen, Denk- und Planungswege notwendig machen." (in: Kaminski, 1984).

Michael Ende wurde zur Leitfigur dieser neuen Phantastischen Literatur. Er zog eine Reihe von Nachfolgern wie z.b. Hans C. Kirsch nach sich und es entstanden neue Titel, ältere Bücher wurden neu übersetzt oder neu aufgelegt: Tolkien, Lewis, Baum, um nur diese zu nennen.

Die zeitgenössische Fantasy gehört in den größeren Bereich der Phantastik. Sie läßt sich in deutlicher Absetzung etwa zur Science Fiction bestimmen. Während Science Fiction zukunftsorientiert ist und den technischen Fortschritt feiert, lenkt Fantasy ihre Leser zumeist zurück in vergangene Zeiten, in eine Zeit vor der Einführung des Schießpulvers gewissermaßen; d.h. in eine vortechnische Zivilisation.

Für den Literaturwissenschaftler Tzvetan Todorov liegt ein anderes Kernelement des Phantastischen im „Moment der Ungewißheit". Damit meint er die Unschlüssigkeit, die ein Mensch empfindet, der nur die natürlichen Gesetze kennt und sich einem Ereignis gegenübersieht, das den Anschein des Übernatürlichen hat. Das Phantastische bietet in dieser Hinsicht eine Grenzerfahrung, insbesondere die Grenze zwischen Physischem und Geistigem wird durchlässig; was Bastian in der „Unendlichen Geschichte" sich ausdenkt, wird wirklich, er nennt etwas beim Namen und schon existiert es.

Die besondere Bedeutung der „Ungewißheit" in der phantastischen Literatur bewog jedoch den Autor Lars Gustafsson, diese als „Herausforderung an die Vernunft" zu bewerten. Ihn irritiert, daß phantastische Literatur die Welt als ‚undurchsichtig', als der Vernunft unzugänglich darstellt. Er meint: „Die phantastische Kunst ist ein gefährliches, ein menschlich bedrohliches Milieu. Sie stellt die kälteste aller ästhetischen Klimazonen dar."

Zweifellos ist es problematisch, wenn phantastische Literatur nichts anderes bezweckt als ein Einlullen in irrationale Traumwelten. Es bleibt jedoch unzulänglich, wenn übersehen wird, daß die positivistisch-pragmatische Weltsicht ebenfalls nur eine mögliche Sichtweise ausmacht. Phantastische Literatur weist auf die unreflektiert-komplexen Lebensvollzüge wie Traum, Ahnung, Gefühl und Intuition und damit auf ergänzende Möglichkeiten des Erkennens und Erfahrens hin. In der Weckung und Kultivierung dieses die Ratio ergänzenden, sie kontrollierenden und befruchtenden Bilddenkens können wir die originäre Funktion phantastischer Literatur sehen.

Wege in die Anderswelt. Ein Beispiel deutscher Fantasy

Zu den wichtigsten Autoren von Jugendbüchern gehört seit den sechziger Jahren Hans Christian Kirsch (Ps. Frederik Hetmann). In den letzten Jahren – seit seiner Tätigkeit als Bearbeiter und Herausgeber irischer und walisischer Mythen und Sagen im Diederichs Verlag wie zum Beispiel „Die Reise in die Anderswelt" – hat er sich mehr und mehr einen Namen als Autor phantastischer Literatur gemacht. Sein theoretisches Bekenntnis liegt vor in der Studie „Die Freuden der Fantasy" (1984).

Kirsch geht aus von dem engen Zusammenhang zwischen Fantasy und alten Mythen einerseits sowie den Träumen der Menschen andererseits. Für die menschliche Imagination ist eigentümlich, daß sie das Vegetative stärker ins Bewußtsein bringen soll und nicht so sehr die Wahrnehmung. Kirschs Definition von Fantasy, die hier ihren Ausgangspunkt hat, bezieht drei Aspekte ein: 1. In Fantasy wird immer eine ‚Anderswelt' dargestellt. 2. Fantasy berichtet von einer Queste, d.h. einer abenteuerlichen Suche und 3. ist Fantasy für gewöhnlich Variation alter mythischer Stoffe, deshalb liegt die Originalität nicht in der Erfindungsgabe des Autors, sondern in der persönlichen Färbung vorhandener Themen. Die Funktion von Phantastik für Autor wie für Leser glaubt Kirsch in dem Vorgang der Selbstheilung durch das Erzählen eines Wunschtraums sehen zu dürfen und in der Errichtung gewünschter Gegenwelten, um durch sie aus der unerträglich gewordenen Gegenwart herauszukommen. Dadurch definiert sich die sogenannte „soziale Fantasy", der sich Kirsch verbunden fühlt, und verbindet sich mit den sozialen Utopien der Vergangenheit.

Ehe Kirsch diese so sicher klingende Definition und Funktionsbeschreibung von Fantasy niedergeschrieben hat, war er – ganz im Gegensatz dazu – bekannt als profilierter Schreiber von sozial-realistischen, vielfach dokumentarischen Jugendbüchern. Herausragend sind seine Biographien von Ernesto Che Guevara (1972) und von Rosa Luxemburg „Rosa L." (1976). In diesen Veröffentlichungen war Jugendliteratur verbunden mit Vorstellungen von Gesellschaftsveränderung, mit der Idee der „sozialen Phantasie" und faktographischem Realismus. Beide Publikationen können der „faction" zugerechnet werden. Kirsch hat sich darin in Montageverfahren versucht und gewissermaßen literarische Collagen hergestellt. Man kann ihm unterstellen, daß er zur ‚Desillusionierung' beitragen wollte, um Idealgestalten auf ihr Normalmaß herunterzubringen. Weil er aber Guevaras Lebensweg als Tragödie darstellt und trotz seines ‚Tatsachenfetischismus' doch auf die Mitleidshaltung ausgerichtet ist, kommt in das Buch ein Selbstwiderspruch hinein. Die vom Autor zusammengetragenen Fakten, die zur Kritik auffordern wollen, bauen mit der Hauptfigur erneut eine Heldengestalt auf; was als Kritik der Vermarktung gedacht war, wird selbst Teil der weiteren Vermarktung eines Idols.

Ähnlich märtyrerhaft wie Guevara gerät sein Porträt der R. Luxemburg. Auch über sie will er eigentlich informieren, sachlich referierend, und doch stellt sich schließlich das Bild einer Heldin ein, einer Frau und Kämpferin, die unbedingt handelt und doch menschlich, stark und schwach zugleich.

Gemeinsam ist den Texten, daß sie politisches Handeln darstellen wollen, aber wesentlich von bestimmten psychologischen Prämissen ausgehen, indem nämlich der Autor Guevaras Krankheit betont, über die jener sich hinwegsetzen wollte, und indem er R. Luxemburg unterstellt, daß sie ihr Aussehen kompensieren mußte.

Das Ungenügen an der dokumentarischen Schreibweise und die Tatsache, daß Absicht und Ausführung nicht zu Deckung gekommen sind, war vermutlich mit Anlaß dafür, daß Hetmann versuchte in die Phantastik umzusteigen. Zwei seiner Werke sind zur Jugendliteratur im engeren Sinne zu zählen: „Wagadu" (1983) und „Madru oder der große Wald" (1984).

In dem phantastischen Roman „Wagadu" bezieht sich Kirsch auf einen afrikanischen Mythos, den der Ethnologe Leo Frobenius überliefert hat. Kirsch erzählt von dem Studenten Kaspar, der herausfinden will, „was der Sinn von allem ist". Er möchte endlich verstehen, warum er Beziehungsprobleme hat und warum er im Streit mit seinem Vater liegt. Ihr Streit stellt sich dar als der zwischen dem Streben nach ökonomischem Erfolg und dem Versuch der Befriedigung persönlicher nichtmaterieller Bedürfnisse. Es ist der Konflikt — in den Worten von Erich Fromm — zwischen „Haben" und „Sein".

Durch ein seltsam faszinierendes Photo hindurch (Umsteigepunkt in die andere Welt) gerät Kaspar in ein mythisches Land. Dort begegnet er einem Sänger, der mit ihm auf die Suche nach dem Absoluten, nach „Wagadu", geht. Numu, so heißt der Sänger, führt Kaspar vor, wie sehr das Absolute gefährdet ist durch Eitelkeit, Treuebruch, Habgier und Zwiespalt. Diese muß man hinter sich lassen und erkennen, daß „Wagadu" nichts Materielles ist, sondern die „Stärke des Herzens". Noch immer aber haben alle bisherigen Versuche der politischen Verwirklichung des Absoluten dieses verfehlt. Die Ergebnisse waren entweder Militärdiktaturen, Sklavenhaltergesellschaften, Kolonialismus oder auch die Diktatur der Freiheit. Im Unterschied zu seinen dokumentarischen Biographien sieht Kirsch jetzt auch die Revolutionen immer schon als durch die Revolutionäre gefährdete Revolutionen an, als „Terror der Tugend". In den Guerillabewegungen zeigt sich der Zynismus der Macht. „Wagadu" ist aber etwas völlig anderes: „Es war damit gemeint . . ., daß man den Mut haben solle, das Unwahrscheinliche, Undenkbare zu versuchen. Nichts anderes kann uns helfen." (Hetmann/Kirsch, 1983). In seinem phantastischen Roman will Kirsch vorführen, daß ein derartiger Text nicht zwangsläufig nur von einer Flucht in den Elfenbeinturm handeln muß, sondern als Genre sehr wohl die Möglichkeit bietet, zu entscheidenden politischen und sozialen Problemen der Gegenwart Stellung zu beziehen; so teilt es der Klappentext des Buches mit.

Von Kirschs Buch „Wagadu" gibt es inhaltliche Querverbindungen zu seinem Epos „Madru", zum einen durch die Rolle des Träumens und zum anderen durch die Habgier als einer Quelle der Bedrohung für Mensch und Natur.

Im Kern wird die Geschichte Madrus erzählt, Sohn einer Sklavin, von dem sich herausstellt, daß sein Vater ein Fürst war. Madru wird deshalb zum „Sternensohn" berufen, zum „Fürsten des Waldes". So wie in „Wagadu" Numu Kaspar anleitete, führt in diesem Roman der Musiker und Zauberer Ase den jungen Madru. Durch

Ase soll Madru den wahren Weg kennenlernen, den „Weg des Waldes". Folgt er ihm, wird er zum Einklang mit der Natur gelangen und sogar die Sprache der Bäume lernen. Ase möchte Madru dahinbringen, daß er sich gegen den „Weg des Allwiss", d.h. gegen ein Wissen als Machtmittel, und gegen den „Weg der Ritter", d.h. gegen ein Wissen als Herrschaftsinstrument, entscheidet.

Madrus Suche führt ihn in die Anderswelt, die der Autor beschreibt als „Schattenreich unserer irdischen Erinnerungen und Wünsche". Und er muß teilnehmen an dem großen Krieg des Guten gegen das Böse, der Naturliebenden gegen die Naturzerstörenden; es kommt zur „Schlacht der Bäume", die Natur erhebt sich gegen ihre Zerstörer. Die Bilder, die Kirsch benutzt, um diesen Krieg zu beschreiben, erinnern an surreale Bildergeschichten und in seinen Kampfesdarstellungen an Superheldencomics.

Bedeutsam ist noch, daß Kirsch seinen Helden Madru losschickt, um etwas zu finden – den Sinn –, und nicht wie bei Tolkien beispielsweise, der Frodo und Bilbo ausschickt, um den Ring loszuwerden (ein Art negative Queste also). Und anders als bei Tolkien, bei dem auch Allegorie vorliegt, hat Kirsch das Allegorisieren zum Mittelpunkt seiner Fantasy gemacht. Kirschs „Waldmythos" datiert her von William Morris und dessen Schrift „Der Wald hinter der Welt" und von Ursula K. LeGuin und ihrem Text „Das Wort für Welt ist Wald.". Wie diese beiden sieht auch Kirsch die Natur außer uns als das Problem an. Er sieht weniger auf die Natur in uns, d.h. das Selbst und das Selbst als Anderes. Dabei sollte doch bedacht werden, daß ebensosehr wie die Naturbeherrschung gescheitert ist, auch die Naturbeherrschung am Menschen in ihr Gegenteil umgeschlagen ist und Zerstörung wurde. Denn statt zur Befreiung von Angst und Unsicherheit beizutragen, hat sie neue Ängste freigesetzt und die Fortsetzung der Gewalt bewirkt; das wird aber in Fantasy nicht angesprochen, vielmehr vernachlässigt. Damit ergibt sich das Resultat, daß der Plan von H.Chr. Kirsch, dem Psychologismus seiner dokumentarischen Jugendromane zu entgehen, zu scheitern droht, weil er jetzt im Blick auf die außermenschliche Natur und die Gewalt, die ihr angetan wird, in seinen phantastischen Romanen die Perspektive aufs Subjekt sich verstellt hat.

Was ist „gute" Kinder- und Jugendliteratur?

Hinweise zur Bewertung und Beurteilung

Die Qualitätsmerkmale von Kinder- und Jugendliteratur haben sich im Laufe ihrer Geschichte mehrfach gewandelt. Für die Zeit der Aufklärung ging die erste Frage auf die Verbindung des Nützlichen mit dem Angenehmen, der Belehrung mit der Unterhaltung. Aber schon im Ausgang des 18. Jahrhunderts gab es erste Stimmen, die vor der „seichten Unterhaltung" warnten und davor, die Kinder- und Jugendliteratur fabrikmäßig herzustellen. Didaktische Absicht war es – meint Malte Dahrendorf (1977) – vor minderwertiger Romanlektüre zu warnen. Die pädagogische Idee, die dahinter stand, war die der Verbreitung der aufgeklärten Werte der Vernunft und des tugendhaften Handelns. Später wurden dann die psychologischen Momente „wahrhaft kindlich" und „Phantasie" betont, wobei Phantasie verkürzt verstanden wurde als Instrument und Transportmittel affirmativ verstandener Inhalte. Die Kinder- und Jugendliteratur machte sich zur Stimme der Untertanengesinnung, der Herrschertreue, ja sogar der Kriegstreiberei. Dagegen setzt 1896 Heinrich Wolgast die Forderung nach Tendenzfreiheit und ästhetischer Wertung. Er forderte „Absichtlosigkeit" im doppelten Sinne: Einmal als Abwesenheit von „Tendenz" und zum anderen psychologisch als den Verzicht, auf die Adressaten Rücksicht zu nehmen, sondern nur die Kunst und die Literatur im Auge zu haben. Damit war das Primat des Pädagogischen fraglich geworden.

Jetzt trat neben das pädagogische Kritikmoment, das leserpsychologische und der Kunst-Charakter. Die Kriterien zur Beurteilung von Kinder- und Jugendliteratur vor allem seit der Nachkriegszeit waren dann: a) der ästhetische Maßstab (Ganzheit, Echtheit, Stimmigkeit, ausgewogene Bauform), b) Kindergemäßheit, c) die abendländischen Werte. Diese Kategorien sollten helfen, Schundliteratur von wertvoller Kinder- und Jugendliteratur zu unterscheiden. Aber es zeigte sich, daß diese Begriffe praktisch nur von begrenztem Nutzen waren. Sie erlaubten nur eine „idealistische" Kinder- und Jugendliteraturkritik. Was aber ein „gutes" Kinder- und Jugendbuch sein sollte, war mit ihrer Hilfe nicht mehr nachvollziehbar. Als neue Varianten des kritischen Umgangs mit Kinder- und Jugendliteratur boten sich seit den 70er Jahren die marxistisch-materialistische und die soziologisch-ideologiekritische, wie M. Dahrendorf (1977) sie nennt, an. Durch sie wurden Fragen nach der Sozialisation der Leser, nach ihrer Sprachfähigkeit und der Marktabhängigkeit von Kinder- und Jugendliteratur diskutierbar. Eine nur „immanente" Wertung wurde durch sie überschritten, indem jetzt die Kinder- und Jugendliteratur in ein gesellschaftliches Bedingungsgefüge eingebunden war. In ihrer Kritik an den undurchschauten sozialisatorischen Funktionen von Kinder- und Jugendliteratur wollten die Vertreter dieser Richtungen auf die je individuelle Emanzipation der Leser hinwirken durch die Entfaltung von Kreativität, Sensibilität und die Erweiterung der Kommunikationsfähigkeit. Die Fragen, um die sich jetzt bemüht wird, lauten unter anderem: Was ist an Wirklichkeitsverlust, – verdrängung und -verfälschung in den Kinder- und Jugendbüchern erkennbar? Oder umgekehrt: Welche neuen Erfahrungen und welche Rollenentfaltung erlaubt ein Text oder eine Illustration den jungen Lesern?

Auch wenn es, wie angedeutet, fraglich ist, ob es *das* Kriterium einer Bewertung von Kinder- und Jugendliteratur gibt, so ist es doch so, daß sich eine Vielzahl von Institutionen und Organisationen öffentlicher oder privater Art um Sichtung und Beurteilung von Kinder- und Jugendliteratur bemühen: Da wäre einmal die Arbeitsgemeinschaft Jugendliteratur und Medien (ehemals: Vereinigte Jugendschriftenausschüsse) zu erwähnen, die sich um die Sichtung der Kinder- und Jugendliteratur im Hinblick auf ihre schulische Verwendbarkeit kümmert. Ein weiteres wichtiges Gremium ist der Arbeitskreis für Jugendliteratur und der von ihm organisierte Deutsche Jugendliteraturpreis, der sich um die Förderung der Leseerziehung verdient macht und die literarische Bildung als Teil kultureller Jugendarbeit ansieht. Nicht unerwähnt sollte die Deutsche Akademie für Kinder- und Jugendliteratur bleiben, die sich um die literarästhetische Fragestellung bemüht und gegen ideologische Verengungen angehen will. Gleichsam als Gegenpol existierte bis 1992 der „Roter Elefant. Arbeitskreis Kinder-Bücher-Medien", der der kritisch engagierten Kinder- und Jugendliteratur weiterhelfen wollte, sich an den Bedürfnissen der Kinder orientierte und auf eine alternative Kinderkultur zielte.

So verschieden die hier genannten Vereine auch sind, sie haben alle gemeinsam die Idee der Förderung der Kinder- und Jugendliteratur, wobei die jeweiligen Kriterien nach der Art der Blickrichtung und des Interesses sehr unterschiedlich sind. Alle wollen sie die Qualität der Kinder- und Jugendliteratur verbessern, daß dabei sehr divergente Ergebnisse herauskommen, kann nicht verwundern. Denn wenn der Deutsche Ärztinnenbund mit seiner „Silbernen Feder" Aufklärung über Gesundheit und Krankheit unterstützen will, so deckt sich das nur wenig mit dem Interesse zum Beispiel der SPD-Charlottenburg/Berlin und ihrem antifaschistischen Jugendmedienpreis „Das rote Tuch". Wiederum verschieden ist dann der Hamelner Rattenfänger-Literaturpreis, dem es um Märchen und Phantastische Kinder- und Jugendliteratur geht. Wenn man nach der Qualität im Kinder- und Jugendbuch fragt, muß man nach dem Interesse fragen, das damit verbunden wird.

In die Bewertung von Kinder- und Jugendliteratur, das hat sich immer wieder gezeigt, spielen pädagogische, psychologische, politische und ästhetische Maßstäbe und Vormeinungen hinein. Und stets wird das Verhältnis von subjektivem Urteil und „objektivem" Maßstab problematisch bleiben. Dennoch wird in der Gegenwart Kinder- und Jugendliteratur gewertet und beurteilt. Um das zu leisten, könnte man – wie K.E. Maier (1975) vorgeschlagen hat – beim literarischen Aspekt beginnen mit Fragen nach dem Themenkreis, der Inhaltsfeststellung, Form- und Aufbauanalyse, sprachlicher Beurteilung, den soziologisch bedingten Fakten wie schichtspezifische Sprechweise, triviale oder elitäre Darstellungsform und -inhalt. Unter pädagogisch-funktionalem Gesichtspunkt könnte es angebracht erscheinen, nach der erzieherischen Relevanz eines Textes zu fragen, den vermutlichen und tatsächlichen Wirkungen, der beabsichtigten oder unerwünschten Beeinflussung der Lernprozesse und dies hinsichtlich des einzelnen wie der Gesellschaft. Leserpsychologisch geht es um den Bezug Buch-Leser, den Leser als Ansprech- und Kommunikationspartner des Autors (Schichtzugehörigkeit, Milieu, Bildungsgrad, Lernmotivation, Leseinteressen, Lesealter). Diese drei Stufen, die in theoretischer Absicht unterschieden wurden, gehen alltagspraktisch ineinander über, sie sind integriert; eine Isolation der Aspekte ist deshalb unangebracht.

In der Kritik der Kinder- und Jugendliteratur ergibt sich dadurch eine produktive Konkurrenz von ästhetischem Prioritätsanspruch, pädagogischem Dominanzdenken und psychologischer Relativierung durch den Werk-Leser-Bezug. Dann ist es möglich, eine Kinder- und Jugendliteratur zu entwickeln, die weder unterfordert — sich bei den Lesern anbiedert —, noch überfordert u gar keine Rücksicht auf die Leser nimmt.

Gerhard Haas (1976) hat nachfolgende Kriterien zur Bewertung und Beurteilung von Kinder- und Jugendliteratur als Hilfsmittel zur Sichtung vorgeschlagen:

1. Rezeptionsfunktionale Kriterien

1.1 Befriedigt das Buch die vorfindlichen, in der Regel stark aktional getönten Lesebedürfnisse, d.h. die Bedürfnisse für Spannung, (Stoff, Handlung) und Abwechslung (Handlungsführung, Gesprächsanteil, sprachliche Mittel)?

1.2 Befriedigt das Buch die entwicklungspsychologisch und soziostrukturell bedingten Bedürfnisse sowohl nach bestätigender Umweltorientierung als auch nach einem (realistischen oder phantastischen) Simulationsraum für Alternativen zur momentan erlebten und gelebten Wirklichkeit? (...)

1.3 Befriedigt das Buch das aus den Lebenserfahrungen des Kindes/Jugendlichen gespeiste Problemdiskussionsbedürfnis: Erwachsene-Kinder, Eltern-Kinder, Schule, Lehrer, eingeschränkte Kompetenz, eingeschränkte Aktionsmöglichkeit, Rollenfixierung, soziale Diskriminierung, Außenseiterproblematik usw?

2. Im weitesten Sinne pädagogische Kriterien

2.1 Enthält der Text Leseanreize, die Nicht- und Wenigleser zu Lesern machen könnten?

2.2 Ist es ein Text für Spezialisten? Ist er geeignet, den Gegenstand/das Thema einer größeren Gruppe zugänglich zu machen? Wäre eine solche Ausweitung pädagogisch wünschenswert bzw. könnte sie eine sozial oder psychologisch oder in anderer Hinsicht wertmäßig bestimmbare Funktion erfüllen?

2.3 Ist es ein Text, der das Kind/den Jugendlichen mit Fragestellungen bzw. Problemfeldern bekanntmacht, die für die augenblickliche oder künftige Lebensführung und Lebensbewältigung wünschbar sind?

2.4 Macht der Text mit anderen als in der sozialen/nationalen, ethnischen Gruppe vorfindlichen Lebensformen / Lebensentwürfen / Lebensbedingungen / Wertstrukturen bekannt, deren Kenntnis für eine humane, gerechte, friedliche Weiterentwicklung der menschlichen Gesellschaft von Belang sind?

2.5 (...) Enthält der Text ,Welt', hat er Bedeutung für eine humane Lebensverwirklichung? Hat er in diesem Sinne — jetzt von Markt, Angebot, Bedürfnis ausgesehen — Pilotfunktion? D.h. auch: Sagt er etwas aus, gestaltet er etwas, das/und unter diesen Aspekten noch nicht gestaltet/gesagt wurde?

2.6 *Hilft der Text dem Leser, sich selbst besser zu verstehen, sich mit sich selbst zu verständigen? Ist er geeignet, die kreativ-produktiven Kräfte des Lesers, seine bewußtseinserweiternde, sozial oder individuell wirksam werdende Phantasie auszubilden und neben den kognitiven Fähigkeiten auch eine affektive Sensibilität zu entwickeln?*
2.7 *Beachtet der Text — ohne Wirklichkeit zu verfälschen! — bei all dem die psychische und stofflich-sachliche Belastbarkeit des jungen Lesers? Stehen Belastungen und Entlastung/Hilfe in einem die durchschnittlichen Möglichkeiten des jungen Lesers nicht überfordernden Verhältnis?*
2.8 *Ermöglicht der Text Glückserfahrungen bzw. von der Gesellschaft bejahbare Werterfahrungen? Signalisiert er in einer möglicherweise dunkel gezeichneten Realität auch den Vor-Schein besserer Möglichkeiten? Ermutigt er in diesem Sinne zum Handeln? Ermutigt er zum Leben?*

3. Ästhetische Kriterien

3.1 *Entspricht der Text ohne Einschränkung einem sprachlich-stilistischen Standard? (= Grenzlinie für Fälle, in denen die rezeptionsfunktionalen und pädagogischen Aspekte betont positiv, aber von der gestalterischen Balance aus betrachtet einseitig in Erscheinung treten.)*
3.2 *Ist der Text darüber hinaus*
3.2.1 *sprachlich*
3.2.2 *handlungsmäßig/stofflich originell, d.h. unverwechselbar? Auf die Kriterien 1.1 bis 1.3 bezogen: Entspricht der Autor den Bedürfnissen der Leser mit unverbrauchten, d.h. neu literarisch entworfenen (z.B. Science Fiction) oder neu bedeutsam gemachten (z.B. Indianer) Themen in unverbrauchter, origineller Form oder aber mit verbrauchten, zum Klischee erstarrten Stoffen und Formen?*
3.3 *Hat der Text anders beschreibbare ästhetische Qualitäten (Bauform, Stil, Erzählhaltung usw.)*
3.4 *Stehen Text und Bild in einem für den Leser/Betrachter erkennbar funktionalen Verhältnis zueinander, d.h. trägt das Bild zum Text, der Text zum Bild etwas bei: z.B. zusätzliche Aussage/Information, Akzentuierung von Aussage/Details oder Aussagetendenzen, Aufforderung zum Gegen-den-Strich-Lesen, Ironisierung oder Verfremdung der Aussage mit Aufforerungscharakter, kognitive oder affektive Lesemotivierung, emotionale Vertiefung usw. oder aber wiederholen sich Bild und Text lediglich.*

Auf dem Hintergrund der Problematisierung der Literaturkritik, die sie für überflüssig erklärt, in der Kritiker als „marktkonforme Zirkulationsagenten" (H.M. Enzensberger) beschimpft werden, scheint die Kritik von Kinderbüchern ein Sekundärphänomen. Zweitrangig auch in der Hinsicht, daß sich, wie behauptet wurde, in den vergangenen Jahren die Kinderliteratur verändert, aber die Kinderbuchkritik damit nicht Schritt gehalten habe.

Mit der Kinderliteraturkritik steht es nicht zum Besten. Sie sei unbrauchbar und leiste nicht einmal einen Beitrag beim Vorsortieren der alljährlichen Produktion und gebe keine verläßlichen Orientierungshilfen. So lauten Einwände. Die Dominanz der Frage nach dem Nutzen ist unabweisbar und die Abwesenheit poetologischer Analyse in der Kinderbuchkritik offensichtlich. Das habe einen Grund darin, wurde zu bedenken gegeben, daß die Kritik von Kinderliteratur keine literaturwissenschaftlich fundierte Tradition habe. Diese Traditionslosigkeit und Ortlosigkeit erlaube es kaum, daß Kinderliteraturkritik tatsächlich zur Bestimmung des „ästhetischen Mehrwerts" beitrage.

Ich möchte mit der rhetorischen Frage beginnen: Ist es sinnvoll, der Beziehung von Kinderliteratur und Literaturkritik nachzugehen? Ich spreche absichtsvoll und nachdrücklich von Literaturkritik und nicht etwa von Kinderliteraturkritik. Dieser Terminus ist zum einen unbeholfen lang und zum anderen deutet er auf eine Einschränkung, die unangebracht erscheint. Wenn ich nämlich Bücher für Kinder kritisiere, dann rezensiere ich nicht für Kinder, sondern ich rezensiere Literatur. Ich rufe dies in Erinnerung, weil hinsichtlich dieses „kritischen Geschäfts" der Hinweis auftaucht, daß es an der Sache vorbeigehe, weil Kinder keine Kritiken läsen oder sie nicht verstünden.

Das klingt idealistisch und nicht danach, als würde Literaturkritik nicht auch mit Marktmechanismen, Verkaufsanteilen und Auflagenhöhen zu tun haben. Es ist nicht ganz grundlos von Lothar Baier behauptet und begründet worden, daß und wie der literarische Markt sich selbst bedient. Er sieht Literaturkritik als „Wurmfortsatz der großen Verlage"; eine Behauptung, die er mit vielen Beispielen belegt. Es ist gar nicht selten, daß sich Kritikertätigkeit, Mitgliedschaft in Literaturjuries und Arbeit als Verlagsgutachter in einer Person vereinigen. Das führt bei persönlicher Durchsetzungskraft zu einigem Einfluß und einer effektiven Arbeit. Das System der rotierenden Mitgliedschaft in den diversen Juries scheint auch in der kinderliterarischen Landschaft ein verbreitetes Phänomen.

Seit dem Philanthropinismus scheint die Kinderliteratur an die Didaxis gebunden, scheint sie nicht Literatur per se, sondern Vorstufe zur Literatur zu sein, Propädeutikum. Mit dieser Zuordnung geht eine Abwertung einher. Obwohl bei den Alten die Lehrdichtung gleichen Ranges wie die drei anderen großen Gattungen: Epik, Dramatik und Lyrik war, und als ob nicht jede dieser drei wiederum in sich (mehr oder weniger erkennbar) ein lehrhaftes Element notwendig einschlösse. Nicht das Didaktische an sich ist das Problem, sondern die Schere der Zensur, die damit einhergeht. Eine Schere, die sich in die Gewänder des Kindgemäßen, Kindertümlichen oder Kindgerechten einkleidet. Wobei diese je nach den Zeitläufen sehr wandelbar waren. So galt z.B. lange Zeit der Tod als Thema für Kinder als unzuträglich, aber nicht in gleichem Maße der Tod fürs Vaterland. Was sich pädagogisch gab, war weltanschauliche Camouflage.

Weltanschauung war es, die die Kinderliteratur und ihre Kritik im 19. und 20. Jahrhundert dominierte: Mal war sie patriotisch, mal war sie sentimental, mal folgte sie gar Träumen von einer „Großmacht der Jugend- und Volksliteratur", mal gab sie sich national und dann nationalsozialistisch wie etwa bei Lehrern und Jugendschriftlern Wilhelm Fronemann und Severin Rüttgers. Jedoch als der pur weltanschauliche Zugriff – Tendenzliteratur – von Heinrich Wolgast überwunden werden sollte, geschah dies durch die Forderung nach Tendenzfreiheit und durch den Rückgriff auf eine allem Avantgardistischen abholde Ästhetik, die sich an der Vergangenheit, am poetischen Realismus eines Theodor Storm oder der Heimatliteratur eines Peter Rosegger orientierte. Gleichwohl wurde Wolgasts Credo, das durchzogen war von lebensphilosphischen und sozialistischen Versatzstücken, auf lange Sicht wirksam.

Allein die Tatsache, daß Wolgast Gewicht auf ästhetische Fragen legte, machte Schule. Dies hatte jedoch den Preis, daß die Kinderliteratur und ihre Kritik bis heute einer antimodernistischen Haltung anhängen, ihre Vorbilder in der Vergangenheit suchen und zu selten auf neue Möglichkeiten sinnen. Es ist kein Zufall, daß es noch immer als Verdikt gilt, wenn über ein Buch gesagt wird, es erreiche die Kinder nicht. Es gilt aber nicht in gleicher Weise als Verdikt, wenn entsprechend formuliert würde, daß ein Buch den erreichten kinderliterarischen Stand verfehle und unterhalb der gegebenen Möglichkeiten verharre.

Selbst die neueren Fachjournale zur Kinderliteratur kommen selten über Kurzrezensionen hinaus; am liebsten noch als Sammelrezension. Es kann aber doch nicht im Ernst Aufgabe von Kritik sein, daß je Vergleichbare herauszustellen, sondern sie hätte das Neue, das Besondere, das Eigensinnige eines Textes, was ihn von anderen, älteren oder zeitgenössischen, unterscheidet, herauszuarbeiten. Dann gelänge es, aus der Amateurliga der Kritik in die Profiklasse aufzusteigen, wie es Hans-Heino Ewers (1988) gefordert hat.

Sehr häufig bestätigt die zeitgenössische Kinderliteraturkritik wider Willen das Vorurteil über Kinderbücher als „pädagogische Gebrauchsliteratur". In einem Essay „Zur Geschichte der Kinder- und Jugendliteraturkritik" (1988) behauptet deshalb der Bielefelder Germanist Norbert Hopster, daß der derzeitigen Kritik die Fähigkeit abgehe, Kinderliteratur als das darzustellen, „was sie in der heutigen Gesellschaft – noch immer – ist: Eine literarische Legitimation für jene Form der ‚Kindheit', die die Gesellschaft zur Reproduktion ihres gegenwärtigen Zustandes benötigt." Dieser Autor fordert eine eingreifende Ästhetik, „durch die auf Seiten der Leser und Leserinnen über freigesetzte Phantasien die im gesellschaftlichen Disziplinierungsprozeß verdrängten Antriebs- und Kommunikationspotentiale wieder ins Realitätsbewußtsein zurückgebunden werden könnten." An Stelle von Kritik herrsche ein „sanfter, linder Krankenschwesternton" vor, wie die Kritikerin Ute Blaich einmal selbstkritisch anmerkte. Dieser Ton erfährt dadurch Verstärkung, daß viele der Rezensenten sich in erster Linie als Leseförderer oder Vermittler und nicht als Literaturkritiker verstehen.

Um mehr zu sein, müßte sich die Kinderliteraturkritik notwendig des literaturwissenschaftlichen Instrumentariums versichern. Sie hätte etwa nach der Stellung eines Buches im Werk eines Autors, seiner Beziehung zu früheren oder anders gearteten Werken zu fragen. Setzt es fort, verändert es zum Beispiel die Märchentradition oder treibt es sie – bewußtlos – in den eingefahrenen Bahnen weiter? Welche Traditionen zitiert das Werk? Ironisiert es seine Vergangenheit oder bagatellisiert es seine Vorläufer? Dann die Frage nach Stil und Tonlage eines Buches: Welches Vokabular wird bevorzugt, gibt es allzu hohe Töne, geradezu pathetische Partien oder versucht sich einer nüchtern zu vergewissern? Folgen die Autoren den zahlreichen parataktischen Vorbildern oder trauen sie ihren Lesern kompliziertere hypotaktische Satzgefüge zu? Schließlich, was ist der Erzählerstandpunkt, und wie ist das Verhältnis des Autors zu seinen Protagonisten und zum Leser? Will er ihn zur Mündigkeit anhalten oder entmündigt er ihn, weil der Autor sich als „Führer" aufspielt? Weiß der Autor mehr als der Leser und läßt er es ihn spüren, oder gibt es zwischen beiden einen Vertrag zwecks gemeinsamer Wahrheitsfindung und ästhetischen Zugewinns?

Kinderliteraturkritik könnte die Aufgabe haben, die Stellung eines Werkes in der Gegenwart und im Verfolg der Geschichte aufzuzeigen. Das heißt, daß es an der Zeit wäre, die vorherrschenden Formen der Buchbesprechung abzulösen durch eine Kinderliteraturkritik, die diesen Namen wirklich verdiente. Sie dürfte bei einem isolierenden Verfahren nicht stehenbleiben, sondern sollte zu einem synthetischen Vorgehen gelangen. Damit ist gemeint zu respektieren, daß Kinderliteratur — wie Literatur überhaupt — ein Verweisungszusammenhang ist, weshalb die Aufgabe entsteht, diese Verweisungen aufzudecken, um den werk- und literaturgeschichtlichen Prozeß durchsichtig zu machen.

Der vorherrschenden Kinderbuchkritik hängt die „Last der Pädagogik" an. Die Forderung nach einer „Literarisierung" der Kinderbuchkritik ist noch jung. Dies sind denn auch die zwei dominanten kritischen Positionen: die anthropologische, sie ist leserorientiert (Lebenshilfe, -führung) und die literarische Kritik („ästhetischer Mehrwert", literarische Qualität), sie ist textorientiert. Je nachdem, wie die Entscheidung ausfällt, ergibt sich entweder eine Kinderbuchkritik, die ihren Namen als Kritik verdient, oder sie bleibt Kundendienst. Der Autor Gerhard Köpf hat die Frage „Hat Literatur Kritik nötig?" eindeutig mit ja beantwortet und der Kritik neben anderen vor allem zwei Funktionen zugewiesen, die auch für die Kritik der Kinderliteratur Interesse beanspruchen: „Die Literatur braucht eine Kritik, die durch ihre Praxis das Verhältnis von Ästhetik und Moral stets neu einem Diskurs unterzieht." Und: „Die Literatur braucht eine Kritik, die nicht nur urteilt, sondern die Einsicht in die Geschichtlichkeit der jeweiligen literarischen Position vermittelt, welche die kritische Distanz zum eigenen Handeln einschließt."

Zwei Literaturen?

Schlußbemerkung

Verfolgt man den Weg, den die Kinder- und Jugendliteratur in den letzten beiden Jahrhunderten zurückgelegt hat, dann überschaut man eine Entwicklung, die sich in eigentümlichen Pendelschlägen vollzogen hat. Sie bewegt sich hin und her zwischen ihren zwei traditionellen Aufgaben, Nutzen zu bringen und Vergnügen zu bereiten, ohne daß die eine Funktion gegenüber der anderen lange die Oberhand gewinnen konnte. Erkennbar ist anfänglich eine enge Beziehung der Kinder- und Jugendliteratur zum Unterricht. Denn viele der philanthropischen Kinder- und Jugendbücher waren gedacht als Gesprächsanlaß zwischen Kindern und Hauslehrer. Kinderlektüre ist damals in weiten Teilen Schullektüre gewesen. Bekannt ist aber, daß gerade Joachim H. Campes „Robinson der Jüngere" eben nicht um des mitgeteilten Sachwissens willen gelesen wurde, sondern wegen des Ausbruchs und des Abenteuers.

Wenn wir Kinder- und Jugendliteratur werten, kann dies nicht unter pädagogischen Vorzeichen allein geschehen. Sie muß ebenso als Literatur — als Entwurf neuer Wirklichkeiten — gelesen werden, denn sie enthält nicht nur handlungsanleitende Elemente, die beitragen wollen, sich in der Wirklichkeit zurechtzufinden, sondern auch solche Teile, die der Wirklichkeit den Spiegel vorhalten und ein Ungenügen an ihr mitteilen. Kinder- und Jugendliteratur ist wie jede Literatur nicht nur Abbild, sondern auch Entwurf. Das eigene Recht dieser ‚zweiten' Wirklichkeit gilt es erst einmal zu akzeptieren. In einem weiteren Schritt erfolgt dann die Reflexion darüber, welcher Realitätsbezug hergestellt werden kann, in wieweit er gelungen erscheint und was ein Text verfehlt.

Wir sollten uns bewußt bleiben, daß die literarische Wirklichkeit eine geschaffene, konstruierte Wirklichkeit ist, die nicht restlos aufgelöst werden kann. Diese Spannung macht den Reiz von Literatur aus. Ihre Distanz zum Vorfindlichen und Alltäglichen impliziert schon Kritik. Sie hält sich fern und läßt auf diese Weise vielleicht manches erkennen, was aus der Nähe betrachtet nicht zu verstehen ist. Zudem bedeutet Literatur Spiel, wenn auch ein ernsthaftes: Ein Spiel mit Sprache und ein Spiel mit Welt, indem sie neben die gewohnte eine andere ‚höhere' setzt, damit wir an der ersten — ein wenig — irre werden.

Über die Chancen von Kinder- und Jugendliteratur können wir dennoch nicht vergessen, daß dem einzelnen Werk kritisch nachzufragen ist. Wir müssen gewahr bleiben, daß es den Autoren nicht immer gelingen kann, die Potentialität von Literatur zu entfalten. Ja, daß sie — im Gegenteil — verengen und begrenzen. Kinder- und Jugendliteratur ist dieser Gefahr in verstärktem Maße ausgesetzt, wenn sie sich nach ihren Adressaten und deren angenommenen begrenzten Auffassungsvermögen richten zu müssen glaubt.

Wir dürfen darum nicht übersehen, daß aus der Offenheit der Kinder und Jugendlichen und ihrer häufig noch nicht schematisierten Auffassungsgabe eine Möglichkeit erwächst, wenn auch nicht begrifflich-rational, so doch durch Bilder und Metaphern Interessen bei ihnen zu wecken. Das noch unausgebildete Vermögen der jungen Leser, sich sprachlich versiert über Literatur auszulassen, wird im Gegenzug durch ihre Fähigkeit kompensiert, Kunst und Literatur emotional und mit allen Sinnen wahrzunehmen.

Daß das junge Publikum für die Autoren attraktiv ist, deutet sich darin an, daß in der Gegenwart immer mehr Autoren für Kinder und Jugendliche zu schreiben begonnen haben: Genannt seien hier Günter Herburger, Peter Härtling, Peter Bichsel und Max von der Grün. Dies nachdem jahrzehntelang nur Erich Kästner sowohl Bücher für Erwachsene als auch für junge Leser verfaßt hatte. Und welche Rolle die Kinder- und Jugendliteratur zu spielen vermag, spricht aus dem Sachverhalt, daß Autoren, die vormals vor allem für Kinder und Jugendliche geschrieben haben, jetzt das allgemeine Lesepublikum ansprechen und akzeptiert werden: Willi Fährmann, Hans Chr. Kirsch, Irina Korschunow, Barbara Bartos-Höppner, Leonie Ossowski, Janosch und natürlich Michael Ende und seit 1989 auch Benno Pludra sowie andere Autoren der neuen ‚Bundesländer'. Bisher hieß es, daß die Kinder sich die Weltliteratur zu eigen gemacht haben, indem sie zum Beispiel Jonathan Swifts „Gullivers Reisen" oder Daniel Defoes „Robinson Crusoe" zu lesen begannen. Derzeit scheint ein entgegengesetzter Prozeß stattzufinden, in dem die spezifische Kinder- und Jugendliteratur von immer weiteren Leserkreisen ohne Altersbegrenzung rezipiert wird.

Ein Grund für die Aufhebung der Grenzen ist, daß die Kinder- und Jugendliteratur thematisch weiter, stilistisch offener und vielfältiger geworden ist. Nur selten noch wird Einfachheit mit Simplizität verwechselt. Der Unterschied zwischen den ‚zwei Literaturen' ist kein qualitativer mehr, er ist allenfalls ein gradueller.

Der Wandel, der nur angedeutet werden kann, zeigt sich ebenso in der Veränderung der ‚Soziologie' der Autoren. Im 18. und 19. Jahrhundert rekrutierte sich das Gros der Kinder- und Jugendbuchautoren aus den Kreisen der Theologen, Pädagogen und der Frauen der höheren Stände; Ausnahme war die romantische Kinder- und Jugendliteratur, die von Germanisten und Literaten geschrieben wurde. Zwar stellen die drei großen Gruppen auch heute noch einen erheblichen Teil der Autorenschaft, aber erweitert durch jene, die zuvor oder gleichzeitig zum Beispiel als Illustrator, Journalist oder Lektor sowie in anderen Berufen tätig waren oder es noch sind. Die ‚Monokultur' der Erzieher in diesem Bereich, obwohl der Lehreranteil bedeutsam geblieben ist, ist der Differenzierung gewichen. Zugleich hat die Kinder- und Jugendliteratur es wieder vermocht, Einlaß in den Unterricht und in die Schule zu finden, aber nicht des Schulstoffes und der Lernziele wegen. Das ist vielmehr begründet in den Ideen einer ästhetischen Erziehung, die weiß, daß man nicht nur von Sachen sprechen darf, vielmehr wahrhaftig zu Menschen reden sollte.

Zitierte Literatur

Philippe Ariès „Geschichte der Kindheit" Hanser: München 1975

Ulrike Bastian „Märchen" in: „Lexikon der Kinder- und Jugendliteratur" Bd. 2 Beltz: Weinheim/Basel 1977 S. 423-426

Jörg Becker „Alltäglicher Rassismus" Campus: Frankfurt 1977

Bruno Bettelheim „Kinder brauchen Märchen" DVA: Stuttgart 1977

Ute Blaich „Nächtliche Begegnung der dritten Art" in: „Oetinger-Lesebuch Almanach 1984/1985" Oetinger: Hamburg 21. Jg. 1984. S. 200-209

Ernst Bloch „Erbschaft dieser Zeit" Suhrkamp: Frankfurt 1973

Ursula Bode „Die Utopie kommt durch die Wohnungstür" in „Oetinger Almanach" Oetinger: Hamburg 19. Jg. 1981. S. 7-16

Viktor Böhm „Karl May und das Geheimnis seines Erfolges" Österreichischer Bundesverlag: Wien 1955

Charlotte Bühler „Das Märchen und die Phantasie des Kindes" Barth: München 1958

Christa Bürger „Die soziale Funktion volkstümlicher Erzählformen" in: Heinz Ide (Hrsg.) „Projekt Deutschunterricht" Bd. 1 Metzler: Stuttgart 1971. S. 26-56

Marieluise Christadler „Literarische Mobilmachung" Haag & Herchen: Frankfurt 1978

Malte Dahrendorf „Kritik der Kinder- und Jugendliteratur" in: „Lexikon der Kinder- und Jugendliteratur" Bd. 2 Beltz: Weinheim/Basel 1977

Klaus Doderer „Kinder- und Jugendliteratur" in: „Lexikon der Kinder- und Jugendliteratur" Bd. 2 Beltz: Weinheim/Basel 1977

Klaus Doderer „Jeansliteratur" in: „Lexikon der Kinder- und Jugendliteratur" Bd. 4 Beltz: Weinheim/Basel 1982

Norbert Elias „Der Prozeß der Zivilisation" 2 Bde. Suhrkamp: Frankfurt 1978

Hans-Heino Ewers „Kinder- und Jugendliteratur der Aufklärung" Reclam: Stuttgart 1980

Hans-Heino Ewers „Kinder- und Jugendliteratur der Romantik" Reclam: Stuttgart 1985

Wilhelm Fronemann „Das Erbe Wolgasts. Ein Querschnitt durch die heutige Jugendschriftenfrage" Julius Beltz Verlag: Langensalza 1927

Dagmar Grenz „Mädchenliteratur" Metzler: Stuttgart 1981

Herbert Günther „Der Versteckspieler. Die Lebensgeschichte des Wilhelm Busch" Union Verlag: Stuttgart 1991

Gerhard Haas „Überlegungen zum Bewertungsverfahren bei der Vergabe des Deutschen Jugendbuchpreises" in: „Der Deutsche Jugendpreis in der Diskussion" München: Arbeitskreis für Jugendliteratur 1976. S. 26-30

Peter Härtling: „Der Anspruch der Kinderliteratur. Rede im Institut für Jugendbuchforschung der Universität Frankfurt am 28. Juni 1991. Mit Kinderbriefen an Peter Härtling und Literatur zum kinderliterarischen Werk" Frankfurt: Institut für Jugendbuchforschung 1991 (Jahresgabe 1991. Freundeskreis des Instituts für Jugendbuchforschung) 32 S.

Hartmut von Hentig „Vorwort" in: Ph. Ariès a.a.O.

Winfred Kaminski (zus. mit I. Wernicke) „Fantasy and Social Values in German and American Children's Literature" in: „Mitteilungen des Instituts für Jugendbuchforschung" Frankfurt 1984. 2. S. 9-28

Max Lüthi „Märchen" Metzler: Stuttgart 1962

Karl E. Maier „Anmerkungen zur Beurteilung von Kinder- und Jugendliteratur" in: „Der Deutsche Jugendbuchpreis in der Diskussion" München: Arbeitskreis für Jugendliteratur 1976. S. 9-25

Lloyd deMause „Hört ihr die Kinder weinen" Suhrkamp: Frankfurt 1977

Helmut Müller/Horst Künnemann „Bilderbuch" in: „Lexikon der Kinder- und Jugendliteratur" Bd. 1 Beltz: Weinheim/Basel 1975

Christine Nöstlinger/Hans J. Gelberg „Interview" (unveröffentlicht) 1972

Bernd Otto „Die Aufarbeitung der Epoche des Nationalsozialismus im fiktionalen Jugendbuch" P. Lang: Frankfurt 1981

Walter Pape „Das literarische Kinderbuch" de Gruyter: Berlin/New York 1981

Andreas von Prondczynski „Die unendliche Sehnsucht nach sich selbst" Dipa: Frankfurt 1983

Regula Renschler „Die Dritte Welt in der Kinder- und Jugendliteratur" in: „Lexikon der Kinder- und Jugendliteratur" Bd. 4 Beltz: Weinheim/Basel 1982. S. 161-164

Dieter Richter/Johannes Merkel „Märchen, Phantasie und soziales Lernen" Basis: Berlin 1974

Gert Ueding „Glanzvolles Elend. Versuch über Kitsch und Kolportage" Suhrkamp: Frankfurt 1973

Bernd Weber „Der deutsche Faschismus als Thema neuerer Jugendliteratur" P. Lang: Frankfurt 1980

Weiterführende Literatur

„Ästhetik der Kinderliteratur. Plädoyers für ein poetisches Bewußtsein". Hrsg. von Klaus Doderer, Beltz: Weinheim/Basel 1981

Altner Manfred Hrsg. „Das proletarische Kinderbuch. Dokumente zur Geschichte der sozialistischen deutschen Kinder- und Jugendliteratur Verlag der Kunst: Dresden 1988

Bamberger, Richard „Jugendlektüre". Verlag für Jugend & Volk: Wien 1965

Becker, Jörg Hrsg. „Die Diskussion um das Jugendbuch. Ein forschungsgeschichtlicher Überblick von 1890 bis heute" Wissenschaftliche Buchgesellschaft: Darmstadt 1986

Bauer, Karl W./Hengst, H. „Wirklichkeit aus zweiter Hand". Rowohlt: Reinbek b. Hamburg 1980

Baumgärtner, Alfred Clemens; Pleticha, Heinrich Hrsg. „ABC und Abenteuer. Texte und Dokumente zur Geschichte des deutschen Kinder- und Jugendbuches" 2 Bde. Dtv: München 1985

„Das Bilderbuch" Hrsg. Klaus Doderer/Helmut Müller, Beltz: Weinheim/Basel 1975

Dahrendorf, Malte „Kinder- und Jugendliteratur im bürgerlichen Zeitalter" Scriptor: Kronberg i. Ts. 1980

Dahrendorf, Malte „Das Mädchenbuch und seine Leserin", Beltz: Weinheim/Basel 1980 4. Aufl.

„Didaktik der Jugendliteratur" Hrsg. Jutta Grützmacher, Metzler: Stuttgart 1979

Diskussion Deutsch „Jugendliteratur" Heft 1 bis 3, Diesterweg: Frankfurt 1978-1980

Doderer, Klaus Hrsg. „Zwischen Trümmern und Wohlstand. Literatur der Jugend 1945-1960", Beltz: Weinheim u. Basel 1988

Dyhrenfurth, Irene „Geschichte des deutschen Jugendbuches", Atlantis: Zürich/Freiburg [3]1967

Eckardt, Juliane „Kinder- und Jugendliteratur" Wissenschaftliche Buchgesellschaft: Darmstadt 1987

Ewers, Hans-Heino „Kindheit als poetische Daseinsform. Studien zur Entstehung der romantischen Kindheitsutopie im 18. Jahrhundert" Fink: München 1989

Franz, Kurt „Kinderlyrik", UTB: München 1979

Franz, Kurt/Meyer, Bernhard „Was Kinder alles lesen" Ehrenwirth: München [3]1983

Freund, Winfried „Das zeitgenössische Kinder- und Jugendbuch", Schöningh: Paderborn 1982

„Geschichte der deutschen Kinder- und Jugendliteratur" (hrsgg. von Reiner Wild) Metzler: Stuttgart 1990

Hagemann, Cornelia „Bilderbücher als Sozialisationsfaktoren", Lang: Frankfurt/Bern 1981

„Handbuch zur Kinder- und Jugendliteratur von 1750-1800." Hrsg. von Theodor Brüggemann und Hans Heino Ewers, Metzler: Stuttgart 1982

Hurrelmann, Bettina „Kinderliteratur im sozialen Kontext", Beltz: Weinheim/Basel 1982

Jensen, Klaus/Rogge, Jan Uwe „Der Medienmarkt für Kinder in der Bundesrepublik", Tübinger Vereinigung für Volkskunde: Tübingen 1980

„Jugend, Literatur und Identität" Hrsg. von Wolfgang Wangerin, Agentur Pedersen: Braunschweig 1983

„Jugendliteratur in der Bundesrepublik Deutschland", Hrsg. Winfred Kaminski/Barbara Scharioth, Arbeitskreis für Jugendliteratur: München 1986

Kaminski, Winfred „Antizipation und Erinnerung. Studien zur Kinder- und Jugendliteratur in pädagogischer Absicht", M&P Verlag für Wissenschaft und Forschung: Stuttgart 1992

Kaminski, Winfred „Heroische Innerlichkeit. Studien zur Jugendliteratur vor und nach 1945", dipa: Frankfurt a.M. 1987

Kaminski, Winfred „Vom Zauber der Märchen. Ein pädagogischer Leitfaden" M. Grünewald. Mainz 1997

„Kinder- und Jugendlektüre im Unterricht" Hrsg. Theodor Karst, 2 Bde. Klinkhardt: Bad Heilbrunn 1978/1979

„Kinder- und Jugendliteratur" Hrsg. Margareta Gorschenek/Annamaria Rucktäschel, UTB: München 1979

„Kinder- und Jugendliteratur" Hrsg. Gerhard Haas, Reclam: Stuttgart 1984

„Kinder- und Jugendmedien" Hrsg. Dietrich Grünewald/Winfred Kaminski, Beltz: Weinheim/Basel 1984

„Kinderliteratur in der Bundesrepublik Deutschland" Hrsg. Winfred Kaminski/Franz Meyer, Arbeitskreis für Jugendliteratur: München ²1986

„Kinderliteratur und Rezeption" Hrsg. Bettina Hurrelmann, Burgbücherei Schneider: Baltmannsweiler 1980

„Kinderschaukel 1 und 2. Ein Lesebuch zur Geschichte der Kindheit in Deutschland" Hrsg. Marie Luise Könneker, Luchterhand: Darmstadt/Neuwied 1976/1977

„Kindheit in der modernen Literatur" Hrsg. Th. Karst/R. Overbeck/R. Tabbert, Scriptor: Kronberg 1976

„Kinderwelten. Kinder und Kindheiten in der neueren Literatur" Festschrift für Klaus Doderer Beltz: Weinheim 1985

„Klassiker der Kinder- und Jugendliteratur" (hrsgg. von Bettina Hurrelmann) Fischer Taschenbuchverlag: Frankfurt a.M. 1995

„Kritische Stichwörter zur Kinderkultur" Hrsg. Karl W. Bauer und H. Hengst, Fink: München 1978

Krüger, Anna „Die erzählende Kinder- und Jugendliteratur im Wandel", Diesterweg: Frankfurt 1980

Lenzen, Klaus-Dieter „Kinderkultur — die sanfte Anpassung", Fischer Taschenbuchverlag: Frankfurt 1978

„Lexikon der Kinder- und Jugendliteratur" Hrsg. Klaus Doderer, 4 Bde., Beltz: Weinheim/Basel 1975-1982

„Literatur für Kinder" Hrsg. Maria Lypp, Vandenhoeck & Ruprecht: Göttingen 1977

„Literaturrezeption bei Kindern und Jugendlichen" Hrsg. A.C. Baumgärtner, Burgbücherei Schneider: Baltmannsweiler 1982

Lüthi, Max „Das europäische Volksmärchen" Francke: Bern ^{7}1981

Mattenklott, Gundel „Zauberkreide. Kinderliteratur seit 1945" Metzler: Stuttgart 1989

Müller, Helmut „Zur Lage der Jugendbuchautoren", Beltz: Weinheim/Basel 1980

Nassen, Ulrich „Jugendbuch und Konjunktur 1933-1945" Fink: München 1987

Pech, Klaus-Ulrich Hrsg. „Kinder- und Jugendliteratur vom Biedermeier bis zum Realismus. Eine Textsammlung" Reclam: Stuttgart 1985

Richter, Dieter „Das fremde Kind. Zur Entstehung der Kindheitsbilder des bürgerlichen Zeitalters" S. Fischer: Frankfurt a.M. 1987

„Das politische Kinderbuch" Hrsg. D. Richter, Luchterhand: Darmstadt/Neuwied 1973

„Rotkäppchens Lust und Leid" Hrsg. Jack Zipes, Diederichs: Köln 1982

Schenda, Rudolf „Volk ohne Buch. Studien zur Sozialgeschichte der populären Lesestoffe", Klostermann: Frankfurt 1970

Scherf, Walter „Strukturanalyse der Kinder- und Jugendliteratur" Klinkhardt: Bad Heilbrunn 1978

„Über Märchen für Kinder von heute". Hrsg. Klaus Doderer, Beltz: Weinheim/Basel 1983

„Und wenn sie nicht gestorben sind . . . Perspektiven auf das Märchen" Hrsg. Helmut Brackert, Suhrkamp: Frankfurt 1980

Walter, Dirk „Zeitkritik und Idyllensehnsucht. Erich Kästners Frühwerk (1928 - 1933)" Winter: Heidelberg 1977

Wolff, Rudolf Hrsg. „Erich Kästner. Werk und Wirkung" Bouvier: Bonn 1983

Wolgast, Heinrich „Das Elend unserer Jugendliteratur" (1896), Fernau: Hamburg/Leipzig ^{2}1899

„Zum Kinderbuch" Hrsg. Jörg Drews, Insel: Frankfurt 1975

Anschriften

'Rund um die Kinder- und Jugendliteratur'
Arbeitsgemeinschaft Jugendliteratur und Medien in der GEW
c/o Jörg Knobloch
Kiebitzweg 48
85356 Freising

Arbeitsgemeinschaft von Jugendbuchverlegern (AvJ)
Pfizerstr. 5-7
70184 Stuttgart

Arbeitskreis für Jugendliteratur e.V.
Schlörstr. 10
80634 München

Friedrich-Bödecker-Kreis (Bundesverband)
zu Hd. G. Bergmann
Fischtorplatz 23
55116 Mainz

Börsenverein für den deutschen Buchhandel
Großer Hirschgraben 17-21
60311 Frankfurt a.M.

Borromäusverein e.V.
Wittelsbacher Ring 9
53115 Bonn

Deutsche Akademie für Kinder- und Jugendliteratur in Volkach e.V.
Hauptstr. 42
97332 Volkach

Stiftung Lesen
Fischtorplatz 23
55116 Mainz

Deutscher Verband Evangelischer Büchereien e.V.
Bürger Str. 2
37073 Göttingen

Europäische Märchengesellschaft e.V.
Schloß Bentlage
Postfach 1322
48403 Rheine

Institut für Jugendbuchforschung
der J. W. Goethe-Universität
Myliusstr. 30
60323 Frankfurt a.M.

Internationale Jugendbibliothek
Schloß Blutenburg
81247 München

Jugendschriften-Ausschuß des BLLV
Bavariaring 37
80336 München

Kommission Kinder- und Jugendbibliotheken
Fehrbelliner Platz 3
10119 Berlin

Österreich: Internationales Institut für Jugendliteratur und Leseforschung
Mayerhofgasse 6
A-1040 Wien

Schweiz:
Schweizerischer Bund für Jugendliteratur
Herzogstr. 5
CH-3014 Bern

Schweizerisches Jugendbuchinstitut
Zeltweg 13
CH-8008 Zürich

Sammlungen

Arbeitsstelle für Leseforschung und Kinder- und Jugendmedien (ALEKI)
Universität zu Köln
B.-Feilchenfeld-Str. 11
D-50969 Köln

Wilhelm Busch-Museum
Georgengarten 1
30167 Hannover

Gutenberg-Museum
Liebfrauenplatz 5
55116 Mainz

Sammlung Hobrecker
c/o Universitätsbibliothek der TU Braunschweig
Pockelsstr. 13
38106 Braunschweig

Heinrich Hoffmann-Museum
Schubertstr. 20
60325 Frankfurt a.M.

Institut für Jugendbuchforschung
der J.W. Goethe Universität
Myliusstr. 30
60323 Frankfurt a.M.

Internationale Jugendbibliothek
Schloß Blutenburg
81247 München

Kinderbuchabteilung
der Deutschen Staatsbibliothek
Unter den Linden 8
10117 Berlin

Klingspormuseum
Herrnstr. 80
63065 Offenbach

Karl May-Gesellschaft
Swebenbrunnen 8c
22159 Hamburg

Struwwelpeter-Museum
Bendergasse 1
D-60311 Frankfurt a.M.

Fachzeitschriften

„1000&1 Buch"
Mayerhofgasse 6
A-1040 Wien

„Beiträge Jugendliteratur und Medien"
Juventa-Verlag
Ehretstr. 3
69469 Weinheim

„Buch und Bibliothek"
Verlag Bock + Herchen
Postfach 1145
53581 Bad Honnef

„Bulletin Jugend und Literatur"
Eulenhof Verlag
Sartoriusstr. 22
20257 Hamburg

„Eselsohr. Fachzeitschrift für Kinder- und Jugendmedien"
Layenhof Geb. 5801
55126 Mainz

„Fundevogel. Kritisches Kindermedien-Magazin"
dipa Verlag
Nassauer Str. 1-3
60439 Frankfurt a.M.

IJB-Report
Schloß Blutenburg
81247 München

„JuLit. Informationen Arbeitskreis für Jugendliteratur"
Schlörstr. 10
80634 München

„Jugendliteratur"
Herzogstr. 5
CH-3014 Bern

„Mitteilungen des Instituts für Jugendbuchforschung"
Myliusstr. 30
60323 Frankfurt a.M.

„Volkacher Bote"
Mitteilungsblatt der Deutschen Akademie für Kinder- und Jugendliteratur
Hauptstr. 42
97332 Volkach